KB074289

성공을
넘어선
CEO

우 름 두 운 사 람 인 ★

365일 독자와 함께 지식을 공유하고 희망을 열어가겠습니다.
당신의 지혜와 풍요로운 삶의 지수를 높이는 든든한 아인북스가 되겠습니다.

성공을
넘어선
CEO

Manage
Your Hope!

캐롤 프랭크 지음 | 이은주 옮김

아인북스

머리말

　기업인 윌리엄 콜리William Cawley는 "내 평생 그렇게 참담한 경험은 처음이었어요."라고 말했다. 윌리엄을 비롯하여 프랭크가 소개한 29명의 기업인들이 겪었던 실패담을 통해 다른 많은 기업인들의 실패의 향연이 종말을 고하게 되는지도 잘 모르겠다. 다만 여기서 얻은 교훈을 마음에 새긴다면 아까운 돈을 잃을 일도 없고 골칫거리에서도 해방되는 길이 열릴 것이다. 이 책에서 소개한 기업인 중에는 비싼 학비를 들여 MBA를 딴 사람들도 있다. 그런 사람들의 경험에서 교훈을 얻는다면 돈 들이지 않고 가치 있는 정보를 얻게 되는 셈이다.

　필자는 지난 13년 동안 MIT에서 개최하는 경영자 훈련 프로그램 MIT/Inc./YEO '거인의 탄생Birthing of Giants' 과정을 주관해왔다. 이 프로그램 가운데 가장 큰 인기를 모은 것은 '닥터 에드 로버츠 나이트 오브 더 리빙 데드Dr. Ed Roberts Night of the Living Dead' 행사였다. MIT 슬론 경영대학원의 전설로 남아 있는 인물의 이름을 딴 이 행사는 연사로 선정된 60명이 자신들의 이력을 밝히고 사업을 하는 과정에서 겪었던 가장 끔찍한 실패담 그리고 그 쓰라린 실패를 어떻게 딛고 일어섰는지에 관해 이야기하는 자리다.

　기막히게 놀랍고 또 위안이 되는 사실은 나름대로 성공했다는 사업가들이 그런 처참한 실패를 딛고도 '살아남아' 자신들의 이야기를 남에게 들려 줄 수 있게 됐다는 점이다. 이 책은 이들 성공한 사업가들이 털어놓은 이야기를 바탕으로 사업하는 사람들은 절대, 절대, 포기해서는 안 된다고 하는 점을 가르치고 있다. 그렇다. 때로는 전략을 수정해야 할 때도 있고 업종 자체를 바꿔야 하는 경우도 있겠지만 어떤 경우이든 간에 사업가는 인내심을 발휘하여 역경과 시련의 시험대를 무사히 통과해야 한다.

사업가들의 실패담, 특히 프랭크가 이 책에서 소개한 사람들의 이야기는 스티브 잡스Steve Jobs의 이야기를 연상시킨다. 스티브 잡스는 30세가 되기도 전에 수십억 달러 규모의 회사를 세웠으나 '자식' 과도 같은 자신의 총아 애플 컴퓨터만 남의 손에 들려주고 쫓겨났다. 그러나 잡스는 이에 굴하지 않고 또 다른 회사인 픽사Pixar: 애니메이션 제작사-역주를 설립했고 마침내 다시 애플사로 입성하는 데 성공했다. 애플사 창업에서부터 그곳에서 쫓겨났다가 다시 애플사로 돌아간 잡스의 긴 여정을 보면 스티브 잡스 판 '니모를 찾아서Finding Nemo' 를 보는 것만 같다. 잡스의 경우를 대입하여 이렇게 말할 수 있겠다. "벼락 성공에 그렇게 오랜 시간이 걸리다니!"

인내하고 배우며 사업가로서의 그 여정을 즐겨라.

-번 해니쉬Verne Harnish

청년실업인모임Young Entrepreneurs' organization 설립자
《Mastering the Rockefeller Habits: What You Must Do
to Increase the Value of Your Fast-Growth Firm
록펠러의 습관 따라잡기: 고속 성장 기업으로서의 가치 증대를 위해 반드시 해야 할 일》의 저자
가젤스 사Gazelles, Inc. CEO

서문

　연사의 강연을 들으면서 느낀 것은 실수나 시련, 역경 극복을 주제로
한 내용은 항상 청중의 관심을 사로잡는다는 사실이었다. 사업상의 실
패를 교통사고와 같은 충격적인 사건으로 보는 사람들도 있지만 필자는
실패를 그저 피해야 할 비극으로만 여기는 것에는 동의하지 않는다. 자
신의 실수에서는 경험을, 남의 실수에서는 지혜를 배울 수 있다.

　이런 실패담을 들었을 당시는 필자가 사업상 최대의 위기를 맞아 힘
겨운 싸움을 하고 있던 때였다.

　다음번에 그런 실패담을 접하자 처음에 들었던 이야기에 더욱 힘이
실리는 느낌이었다. 필자는 〈월스트리트저널Wall Street Journal〉에서 '동
기 유발에 관한 강연자를 위하여, 실패는 실패를 부른다For Motivational
Speakers, Nothing Succeeds Like Failure' 란 제하의 기사를 읽고 있었다. 이 기
사에서는 신종 연사 집단에 관해 묘사하고 있었다. 이들은 스스로의 실
패 경험과 그 실패를 통해 얻은 교훈, 재기하기까지의 과정 등을 상세하
게 전했다. 베스트셀러를 기록한 경영 서적의 저자 톰 피터즈Tom Peters
는 이런 말을 했다. "실패를 통해서만이 자신이 어떤 잘못을 했는지 확
인할 수 있고 성공의 걸림돌이 되는 그러한 잘못을 다시는 범하지 않을
수 있다."

필자가 청년실업인모임YEO의 전략적 제휴 및 언론 담당자 매트 플라덴카Matt Mladenka와 대화를 나눈 것이 출판을 결정하게 된 결정적인 계기이자 마지막 단계가 되어 이 책이 탄생하게 됐다. 필자는 그간 사업을 하며 겪었던 숱한 어려움 그리고 그러한 어려움을 극복하기 위해 했던 일들에 관해 이야기를 나눴다. 그러자 플라덴카는 YEO 회원 가운데도 필자와 비슷한 경험담을 이야기하는 사람들이 있다고 말해 필자를 놀라게 했다. 그리고 그런 이야기는 매우 흥미 있고 유익한 내용이라 누구든 그런 이야기를 모아 책으로 펴내는 것이 좋겠다는 의견을 냈다.

섬광처럼 내 머릿속을 스친 아이디어

필자는 사업체를 운영하면서 거의 파산에 이를 정도로 어려운 고비를 몇 번이나 넘긴 적이 있고 그간의 실패와 재기의 여정을 상세하게 기록해두고 있었다. 이런 기록을 바탕으로 책을 펴내어 하나의 완성된 기록물로 남기지 않는다면 그런 기록과 자료가 무슨 의미가 있겠는가? 필자의 졸저《성공을 넘어선 CEO》는 이렇게 해서 세상의 빛을 보게 됐다. 이 책의 목적은 한때 크나큰 실수를 했거나 고난과 시련을 겪어야 했던 사업가들이 그러한 어려움을 극복하고 재기에 성공하게 되기까지의 흥미진진한 이야기를 들려주는 데 있다.

이 책에 소개된 사람들은 시련이 닥쳤을 때 숱한 불면의 '밤' 과 스트레스로 가득한 '낮' 을 보냈다. 그러나 우리는 '이런 사람들이 그런 저런 시련을 겪었구나!' 라고 생각하는 것에만 머물러서는 안 된다. 단순히 쓰라린 실패 경험의 흔적을 보고 넘어가는 것이 아니라 이들이 했던 실수와 이들이 맞닥뜨렸던 시련에서 교훈을 얻어 사업가에게 필요한 '지혜'를 얻어가기 바란다. 창업을 계획하고 있는가? 그렇다면 아마 여러분도 언젠가는 이들이 겪었던 것과 같은 고난과 시련을 겪게 될 것이다. 이 책은 여러분이 똑같은 실수를 하지 않도록 하는데 도움이 될 것이다.

필자는 독자들이 이 책에서 많은 것을 얻어갈 수 있기를 바란다. 아울러 수십 편의 사례 정보가 사업체를 운영하는 사람들에게 실질적인 도움을 줄 것으로 기대한다. 또한 이 책에서 얻은 교훈을 혼자만 간직하지 말고 주변 사람들에게도 전해 주기 바란다. 하지만 무엇보다 중요한 것은 다른 이들의 실패담을 읽고 안도의 한숨을 내쉬며 이렇게 말할 수 있기를 바라는 마음이다. "휴, 다행이다. 내가 아니라 저 사람들이 그런 일을 먼저 겪었으니 말이야. 그런 일이 생겼을 때 어떻게 하면 되는지 이제 알았으니 얼마나 다행이야."

여러분의 성공을 기원한다.

-캐롤 프랭크
텍사스 주 댈러스
carol@carolfrank.com

감사의 말

책은 많은 사람들의 노력이 집결되어 이루어지는 공동 작업의 산물이다. 그러므로 이 책의 저자를 '캐롤 프랭크' 한 사람으로 표기한 것은 편의상 그렇게 한 것일 뿐 실제로 이 책에는 다른 많은 사람의 땀과 노력이 들어가 있다고 봐야 한다. 먼저 공저자였던 트레이 게리슨Trey Garrison에게 감사를 표하고 싶다.

또한 영감을 불어넣어주고 용기를 북돋워주었던 친구이자 사업 파트너인 마크 글룩Mark Gluck, 많은 시간을 할애하여 필자를 도왔던 사업상의 스승 존 로버츠John Roberts에게도 감사한다.

다음으로는 이 프로젝트를 시행하는 데 도움을 주고 이 책에 등장한 많은 사람들을 필자에게 소개해줬던 YEO 커뮤니케이션 담당자 매트 플라덴카에게 감사의 뜻을 전한다. 그리고 전문가 정신에 입각하여 여러 가지를 알려주고 안내해줬던 브라운 북스Brown Books의 밀리 브라운Milli Brown, 가장 친한 친구이자 스승이고 신랄한 비평가가 돼 줬던 라이노어 마르티네즈Lynore Martinez에게도 감사한다. 마지막으로 결코 쉽지 않았을 것임에도 자신의 쓰라린 실패담을 기꺼이 털어놨던, 이 책에 등장한 모든 사업가에게 깊은 감사를 전한다.

Carol
Frank

이 름 **캐롤 프랭크**
회사명 **에비앙어드벤처스**Avian Adventures
부 문 **애완동물용품**
연수입 **210만 달러**

나는 내 운명의 주인이요, 내 영혼의 선장이다.

– W. E. 헨리W. E. Henley ['정복되지 않는Invictus' 中]

자유, 자유는 기업가 정신의 핵심 요체다. 스스로의 운명을 헤쳐 나가는 자유, 자신이 결정한 방향대로 사업을 꾸려 나가는 자유, 재정적 성공과 안정이 가져다 준 자유, 비전을 실현 하고자 하는 정신의 자유.

언젠가는 큰 기회가 찾아올 날이 반드시 있을 것이다. 그때 찾 아온 기회를 놓치지 않고 십분 활용할 수 있을만한 위치에 가 있 어야 한다.

– 샘 월튼Sam Walton, 월마트 창업자

그렇다면 자유란 과연 무엇인가? 삶이 주는 온갖 시련의 틈바구니에서 자유라는 의미가 갖는 표면적이고 피상적인 군더더기를 다 떼고 나면 단 한 가지 핵심적 의미, 즉 선택의 자유라는 의미만 남는다. 자유가 과연 무엇인지 그리고 자유가 가져다주는 것이 무엇인지는 선택권을 가진다는 것으로 이해할 수 있다. 아이러니하게도 선택의 자유는 또한 자유를 보장해주는 수단이 되기도 한다.

사업가는 크던 작던 간에 다른 사람들이 미처 눈치 채지 못한 기회를 포착한다. 훌륭한 사업가는 그렇게 포착한 기회를 놓고 자신의 창의성을 발휘할 수 있는 능력도 있다. 즉, 이들은 한 가지 목표를 달성하는 데 가장 효과적인 방식으로 자원을 배분한다. 하지만 사업가에게 가장 중요한 것은 이 모든 일을 구체화시키는 데 필요한 선택의 자유가 있어야 한다는 점이다. 즉 여러 가지 선택지를 미리 확보해 놓고 있어야 한다. 선택의 여지가 전혀 없다면 선택의 자유가 있다는 것이 아무런 의미도 없어진다.

성공하는 사람들에게는 실패하는 사람들에게서는 볼 수 없는 습관이 있다.

– 토마스 에디슨Thomas Edison

사업가는 방법을 변화시킬 능력이 자신에게 있다는 점을 확고

하게 믿고 성공하려는 강한 열망과 의지력으로 무장한 채 일을 추진해 나간다. 이들은 가치를 창조하는 일에 초점을 맞추는 한편 더 좋게, 더 빠르게 그리고 더 낮은 비용으로 일을 도모하려 한다. 또한 규칙을 파괴하거나 일반적으로 용인된 경계를 넘어서려 하거나 전통이나 관습에 맞서는 등의 위험을 기꺼이 감수한다. 이 모든 것은 하나의 수단이자 목표로서의 '자유'라는 미덕의 가치를 그만큼 높게 평가한 데서 비롯된다. 사업가에게는 매일이 도전 상황이고 이에 따라 자신의 의지와 결심은 매번 시험대에 오른다. 그러나 이들은 자신이 정한 길을 묵묵히 걸어가면서 맞닥뜨리는 도전이나 시련을 극복하고 여기서 교훈을 얻으면서 성장해간다.

사업가의 삶은, 인생 그 자체라고 해도 과언이 아니다. 인생이 그렇듯이 유능한 사업가라고 해서 앞으로 다가올 상황을 완벽히 예측하고 이에 대비할 수는 없는 노릇이다. 사주로서 또는 사장으로서 한 기업을 책임지는 막중한 자리에 올랐을 때 겪어야 하는 수많은 도전 상황을 완벽하게 예측하고 준비하기란 사실상 어렵다. 비록 누군가 도와줄 수는 있겠지만 결국은 '자신'의 돈과 시간과 정력을 쏟아 부어야만 한다. 하지만 아니라고 말할 자유, 저 길이 아니라 이 길을 택할 자유, 나름의 시장과 틈새와 새로운 가치를 찾을 자유만 있다면 상황은 달라진다.

나의 실패담은 선택권 혹은 자유 그리고 자기신뢰가 얼마나 중요한 가치인지를 반증하는 예가 될 것이다.

나의 독립적 성향은 어린 시절에 겪었던 여러 가지 사건이 복합적으로 작용하여 형성된 것이다. 아주 어렸을 때 부모님이 이혼을 했고 아버지와 오빠가 비극적 죽음을 맞았다. 이런 일련의 사건들은 어린 나에게서 영원이라거나 안정 따위의 개념을 송두리째 앗아가기에 충분했다. 하지만 이런 일과 이후의 여러 가지 경험에도 불구하고 낙천적으로 생각하려고 무진 애를 썼고 사람들 그리고 인생의 선의를 믿으려고 노력했다.

낙관론에 입각한 신념은 우리를 성취로 이끌어주는 힘이다. 희망과 확신이 없이는 아무 것도 이루어지지 않는다.

— 헬렌 켈러Helen Keller

나는 경영학 석사 학위가 있는 CPA공인회계사로서 항상 스스로 비즈니스에 정통한 사람이라고 생각했다. 나는 천성적으로 어떤 일에 가장 적합한 사람을 찾는 편이고 콧대만 세운 탓에 일을 망치는 일이 없도록 그 사람이 하는 말을 전적으로 믿으려고 노력하는 주의다.

큰 회계 법인에 감사로 재직할 당시 나는 서로 다른 기업 고객들이 어떻게 사업을 운영하는지 그 방식을 관찰하는 데 큰 흥미를 느꼈다. 이때의 경험은 기업의 운영 방식을 이해하는 바탕이 됐다.

하지만 그곳에서 오래 머물지는 못했다. 잠깐 동안 라디오 광고 영업을 하다가 속칭 '헤드헌터' 일을 한 후에는 이런 일에 진저리가 났다. 나는 10대 때부터 제대로 운영되지 못하는 기업에 넌덜머리가 나서 나름의 규칙을 정했다. 밤에는 학교에 가야하고 두 개나 되는 축구팀의 주장 일도 맡아야 했으며 낮에는 헤드헌터 일도 해야 했지만 어떻게든 짬을 내어 내 자신의 사업을 구상하는 일에 골몰했다.

나의 첫 사업은 대학원 과제를 하다가 시작됐다. 내가 일했던 헤드헌팅 회사고급 인력 알선 회사-역주 사장의 도움을 받아 '애니멀킹덤 The Animal Kingdom : 동물왕국' 이라는 상호로 회사를 창업했다. 이는 미 애완동물용품 업체의 쌍두마차라 할 펫코Petco와 페츠마트Petsmart 가 탄생하기 전의 일이었다. 나는 애니멀킹덤을 구멍가게가 아닌 전문적인 대형 애완용품점으로 키워나갈 생각이었다. 계획대로라면 조만간 지역 체인망도 구축할 예정이었다. 비록 점포 한 개만 운영하는 선에서 멈추기는 했지만 나는 여기서 두 가지 새로운 경험을 하게 됐다. 하나는 한 기업의 주인이 된다는 것이 어떤 의미인지 하는 부분이고 나머지 하나는 소매점 차원에서의 직원을 관리하는 일이었다. 전자는 신이 내려준 음식처럼 달콤했지만 후자는 그리 만족스럽지 못했다. 사업 첫 해에는 거의 80만 달러에 달하는 수익을 올렸다. 그리고 여러 가지 일로 혼란스러웠던 시절이기도 하다.

나는 곧이곧대로 둥근 구멍에는 둥근 말뚝을, 네모난 구멍에는 네모 말뚝을 박으면 된다고 생각했다. 그러나 상황은 그리 간단치 않았고 매일이 혼돈의 연속이었다. 한 마디로 직원들은 모두 내 맘과 같지 않았다. 하다못해 출근 시간 하나까지에도 스트레스를 받아야 했다. 도대체 제시간에 출근하는 직원이 몇 명 되질 않았다. 내가 관리했던 매장의 직원 가운데는 마음에 드는 여성 고객의 전화번호를 수표에서 보고 적은 다음 집으로 전화를 걸어 그 고객을 성가시게 한 사람도 있었다. 금전등록기를 조작하여 일주일에 200여 달러씩 몰래 빼낸 직원도 있었다. 나는 정작 사업을 운영하는 일이 아니라 장부를 점검하고 직원들을 관리하는 데 많은 시간을 할애해야 했다.

교훈
'한 번 눈감아주면 두 번을 속이려한다' 라는 중국 속담을 기억하라.

자신이 운영하는 사업에 자신만큼 열심인 사람은 아무도 없기 때문에 자신의 돈은 그 누구도 아닌 자신이 챙겨야 한다. 그리고 또 한 가지 배운 것이 있다면 자신의 장점과 약점을 정확히 알아야 한다는 점이다. 선택한 업종이 자신의 성격이나 스타일에 적합한가?

소매업에서 손을 떼고 싶었으나 외국산 새들의 아름다움에 매료되어 끝내 이 업계에서 발을 빼지 못했다. 말 그대로 수백 마리나 되는 앵무새에게 먹이를 주어 정성껏 키웠으며 일로서 시작한 작업에 강한 애착을 갖게 됐다. 1991년, 애니멀킹덤을 매각한 후 앵무새에 대한 열정에 따라 애완용 조류용품을 전문적으로 취급하는 도매업체를 차렸다.

애완동물용품점 뒤편에 있는 600제곱피트약 17평짜리 조그만 공간에서 시작한 에비앙킹덤서플라이Avian Kingdom Supply는 창업한 지 4년도 안되어 1만 7000제곱피트약 480평 규모로 커졌고 직원 12명에 170만 달러의 수익을 올리는 기업으로 성장했다. 이런 괄목할만한 성장을 이룬 주된 이유는 다른 사람들이 미처 생각지 못한 대형 새장을 사업 품목으로 선택했던 데에 있는 것 같다. 애완용 조류 시장은 아직 유아기 단계에 머물러 있었고현재 미국 시장에서 취급하는 새는 1700만 마리나 된다 사실상 1000달러짜리 새를 거실에서 두고 감상하려 할 때 선택할 만한 새장이 마땅치 않았다. 나는 마음에 드는 새장을 발견할 때마다 값을 개의치 않고 사들였다. 새장 판매상은 마진을 두둑이 남기고 새장을 팔았다.

새장 공급업자를 찾던 1993년에 멕시코 티후아나에서 한 업체를 찾아냈다. 이 회사는 품질도 그런대로 괜찮은 제품을 적당한 가격에 공급했다. 일단 이 회사로부터 공급받을 새장 모델을 선택하고 증가 추세를 보이던 애완동물 및 애완조류 매장 고객을 대상으로 새장을 판매하기 시작했다. 이 새장은 고추 먹기 경연대회에서 팔리는 제산제^{위산을 중화시켜 복통을 완화시키는 제제-역주}처럼 불티나게 팔려 나갔다. 에비앙킹덤서플라이는 트럭을 동원하여 주문 물량을 운송 했으나 밀려드는 수요를 감당하기에는 역부족이었다.

천재일우의 기회를 잡은 것이다. 차기 빅 히트 상품을 생각해내 느라 머리를 쥐어짜는 데 많은 시간을 할애하는 사업가들이 적지 않았다. 그런데 나는 제조업체에서 수요를 따라가지 못할 정도로 주문이 많은데다가 그러한 추세가 수그러들 기미도 보이지 않는 제품을 보유하고 있는 것이다. 그 해에 에비앙어드벤처스가 마침 내 탄생했다.

일단 제일 중요한 일부터 처리해야 했다. 멕시코에서 기존 물량 을 수입하는 것만으로는 부족했다. 이런 상태를 유지했다가는 나 의 사업이 정상 궤도에 오르기도 전에 자금력이 더 좋거나 더 좋 은 유통망을 갖춘 다른 업체에게 기회를 빼앗겨 새로 찾은 틈새시 장에서 퇴출되는 신세가 될지도 몰랐다. 나에게는 직접 통제가 가 능한 '내 것'이 필요했다. 〈댈러스모닝뉴스〉지에 에비앙킹덤의 성공에 관한 기사가 나간 후 랜들*이라는 사람으로부터 전화 한 통을 받았다. 랜들은 자신의 가족이 멕시코에서 제조공장 아홉 곳 을 운영하고 있으며 새장 사업에 관해 나와 이야기를 나누고 싶다 고 했다. 댈러스에 사는 랜들과 그의 아들은 자격증명서와 실적 보고서 그리고, 전 부시 대통령과 찍은 사진까지 가지고 찾아와 나를 안심시켰다.

이들은 아주 정직하고 믿음직스런 모습으로 다가왔으며 티후아나에서 들여오는 것과 거의 유사한 새장을 훨씬 낮은 가격에 납품하겠다고 제의했다. 랜들의 아들이라는 사람은 자신을 설계사라고 소개하고 몇 개월 동안은 자신들이 소유한 공장 중 한 곳에서 새장 제조 업무를 감독할 것이라고 말했다.

그러나 불행하게도 첫 번째 납품이 몇 개월 지연됐고 제품의 품질도 수준 이하였다. 물품 인도 후 며칠이 지나자 랜들 부자는 차후 주문을 해달라고 귀찮게 했다. 그런데 이번에는 전보다 비싼 가격을 요구했다. 첫 번째 납품 결과에 크게 실망했던 나는 당분간 추후 주문을 하지 않기로 결정했다. 이는 결과적으로 잘한 결정이었다. 물품 인도 후 며칠이 지나 과달라하라에 사는 카를로스*라는 사람한테서 팩스 한 장을 받았다. 카를로스가 서툰 영어로 적은 내용을 보고 나는 놀라서 눈이 휘둥그레졌다. 요컨대, 더 이상 중간상랜들 부자을 통해 새장을 납품하고 싶지 않으니 자신한테서 직접 구매하는 것이 어떻겠느냐는 내용이었다. 팩스를 읽으면서 속았다는 사실을 깨닫고는, 어찌된 영문인지 몰라 어리둥절하던 마음이 곧 분노로 바뀌었다. 랜들에게는 가족 소유의 공장이 없었다. 그러면서 공장이 있다고 거짓말을 했을 뿐 아니라 랜들 부자가 보여준 각종 자격증명서도 모두 가짜로 드러났다.

교훈

사업 파트너를 선정할 때는 철저한 조사 없이 상대가 한 말만을 액면 그대로 받아들여서는 안 된다. 설사 그 사람이 전 대통령과 친분이 있다고 말해도 마찬가지다.

성공하는 사업가라면 '경쟁자와는 다르게 혹은 더 잘 할 수 없다면 그 일을 추진하는 것은 시간 낭비일 뿐이다' 라는 말을 새겨들어야 한다. 그래서 절친한 친구인 조엘 해밀턴Joel Hamilton에게 연락을 취했다. 해밀턴은 조경학 석사 학위를 가지고 있으며 댈러스 동물원에서 수년 동안 조류를 관리한 경험이 있는 친구였다.

나는 해밀턴에게 이렇게 말했다.

> "뭔가 색다른 것이 필요해. 경쟁업체의 새장과는 확연히 다른 독특한 뭔가가 말이야. 에비앙어드벤처스라는 상호를 새겨 넣어도 부끄럽지 않은 멋진 디자인이었으면 좋겠어."

해밀턴은 펜을 들어 종이 위에 긁적이는 것 같더니 이내 몇 가지 도안을 그려냈다. 한편 나는 새 도안대로 에비앙어드벤처스 새장을 만들어 줄 제조업자를 찾아 나섰고 멕시코에서 적임자를 발견했다. 그 사람의 이름은 조지*였고 가구와 위성 안테나를 제조하는 사람이었다. 조지는 이 새로운 사업에 파트너로 참여하는 데 상당히 적극적이었고 멕시코와 미국 간 무역에 관심이 아주 많은 것이 분명했다.

직원 관리를 하면서 경험을 했음에도 불구하고 타고난 낙천주의는 어찌할 수 없는 것인지, 파트너 혹은 동료로서 함께 일하는 사람들은 모두 나와 동일한 수준의 목표와 충성도, 기준 등을 가지고 있을 것이라 생각했다. 조지와 파트너 관계를 맺는 데 있어 유일한 단서 조항은 물류에 관한 부분 뿐이었다. 즉, 조지가 첫 번째 주문 물량을 만족스런 품질로 신속히 제조할 수 있느냐 하는 부분이었다.

한편, 나는 이미 미국 내 유통망 기반을 확보해 놓은 상태였다. 네트워크 신봉주의자이자 지도자 기질이 다분했던 나는 애완동물산업유통업자협회Pet Industry Distributors Association: PIDA 이사회의 수석 부회장이 됐다. 이는 미국내 거대 애완동물산업 유통업자와 계약을 체결할 수 있는 인맥과 조직망을 형성하는 데 도움이 됐다.

특히 사업 초기 단계에서는 신규 개척 분야를 주도하는 것도 또 관련 산업 단체의 장이 되는 것 자체도 버거운 일일 수 있다.

나는 에비앙어드벤처스를 창업하기 전에 PIDA에서 일했고 나중에 그 덕을 톡톡히 보았다.

교훈

아는 사람이 많아질수록 사업은 더욱 번창한다.

　새로 디자인한 새장에 대한 반응은 가히 폭발적이었다. 에비앙
어드벤처스는 1996년 8월까지 새장을 1000개 이상 주문 받았다.
나는 에비앙킹덤서플라이도 함께 운영했기 때문에 초의 양쪽에 모
두 불을 붙인 것처럼 동분서주 정신이 없었다. 그래도 친구라든가
믿을만한 사업 파트너가 자신을 실망시키는 일이 일어나는 것은
상상도 할 수 없었기 때문에 조지와 내가 우호적이고 신뢰할만한
관계를 형성하고 있다는 사실에 마음이 놓였다. 그래서 바쁜 와중
에도 조지 부부의 결혼 25주년 기념일에는 짬을 내어 멕시코까지
날아가기도 했다.

　사업 규모가 커지자 서면 계약서를 작성할 필요성 역시 커졌다.
그런데 우리는 이미 친구 관계가 됐기 때문에 새삼스럽게 계약서
따위를 작성하는 일이 영 껄끄럽게 느껴졌다. 수차례에 걸쳐 계약
협의를 하려 했으나 조지는 자금 확보를 위해 추가로 여러 업체를
파트너를 확보했으며 이들은 나에 대해 매우 강경한 태도를 취했
다. 보증 기간 없음, 하자 부품 교체 의무 없음, 내 회사의 승낙 없
이 자신들이 원하는 지역에서 새장을 만들 수 있는 권리 보장 등
말도 안 되는 조건을 요구하기에 이르렀다.

　이때 나는 평소와 달리 최소한의 조건만 요구하고 나머지는 들

어주기로 결정했다. 사업은 계속 잘 되고 있었고 국제 계약은 미국 이외 지역에서 시행하기 어렵다는 판단에서 더 이상 이 문제에 매달리지 않았다. 나는 파트너와의 친분 관계와 사업적 성공이 주는 행복감에 도취되어 '희망'과 '추측'이라고 하는 두 '사기꾼'에게 회사의 미래를 걸었던 것이다.

1997년 6월, 애완동물 산업 박람회에 조지를 손님으로 초청했다. 사업은 순조롭게 진행됐으나 새장의 포장이나 정교함을 요하는 부분에 대한 고객 불만이 몇 건 있었다. 그래서 이런 내용을 조지에게 전하는 것보다 그런 불만 사항을 조지가 직접 듣게 하는 것이 낫겠다는 생각을 했다. 그러면 조지가 문제를 시정하는 데 적극적으로 나설 것으로 보았다.

박람회가 열리는 동안, 조지에게 나의 회사보다 규모가 더 큰 경쟁사의 부스를 가리켰다. 그리고 그 회사가 연초 재판매용으로 새장이 필요한데 에비앙어드벤처스 새장을 판매할 의향이 없느냐고 물었다는 이야기를 들려줬다. 그러나 나는 기존 고객의 수요도 다 충족시키지 못하고 있던 터라 그 제의를 거절했고 나중에 믿을만한 소식통을 통해 이 회사가 에비앙어드벤처스를 업계에서 몰아낼 목적으로 멕시코에서 외주 제조사를 물색하고 있다는 소식을 전해 들었을 때도 마음이 바뀌지 않았다고 설명해줬다. 나는 계속해서 이 회사가 앞으로 새로운 경쟁사가 될 것이 뻔하기 때문에 우리 제품의 품질을 더욱 증진시키고 물량을 충분히 확보하는 일이 더 중요해졌다고 말했다.

품질에 신경 좀 써달라는 의미로 한 말이었는데 그 결과는 참담했다. 조지는 나의 기대를 뒤로 하고 이 잠재 경쟁사 부스로 가서 능글맞은 웃음을 띠며 자신을 소개하고 배신의 더러운 악수를 청했다. "내가 에비앙어드벤처스에 새장을 만들어 납품하고 있소. 이제 당신 회사에 납품하고 싶은데 어떻게 생각하시오?"

배신당한 예수는 키스라도 받았다. 그러나 나는 그런 호사도 없이 철저하게 배신당했다.

손에는 새를 들고 **등 뒤로는 칼을 품다**

등 뒤에 비수를 꽂는 이 추잡한 배신행위는 이후 수개월에 걸쳐 서서히 진행되기 시작했다. 1997년 7월까지 에비앙어드벤처스의 매출은 250만 달러를 기록했다. 새 제품이 성공하면서 주문량이 밀려드는 통에 고객이 물건을 인수하려면 8주 정도는 기다려야 했다. 그러던 어느 더운 여름날, 다분히 계산된 행위였겠지만 어쨌거나 그날 조지가 전화를 걸어와 이렇게 통보했다. "캐롤, 물품 대금을 선지급하지 않으면 더 이상 납품을 하지 않겠소."

"뭐라고요?" 나는 깜짝 놀라 소리쳤다. "아니 그게 말이 됩니까? 주문할 때 선적 준비금으로 10만 달러를 지불했고 그 이후 15일 이

내에 잔금을 완불하는 방식으로 결제를 해오지 않았습니까? 선불
이라니요? 만약 그렇게 하지 못하겠다면 우리가 주문한 그 새장을
어떻게 하겠다는 겁니까?"

불행하게도, 조지가 어떻게 했는지는 금방 알 수 있었다.

교훈

**명확하게 계약을 하지 않으면 기념일 같은 것은 수십 번 챙겨도 아무
소용이 없다.**

내가 한 실수라면 새장 하나를 주문하더라도 계약서를 작성하여
이에 따라야 했는데 그렇게 하지 못했다는 것이다. 정확한 계약서
를 작성했더라면 디자인한 새장을 조지가 다른 누군가에게 팔아넘
기는 일을 막을 수 있었을 것이다. 두 번째 실수는 적어도 미국 내
에서 법적 효력을 가질 수 있도록 새장 디자인에 대해 특허권을 취
득했어야 했는데 그렇게 하지 않았다는 사실이다.

이야기는 여기서 끝나지 않았다. 1997년 10월, 우수 고객 가운
데 한 사람인 마이크가 전화를 걸어왔다. 그리고 이렇게 말했다.
"캐롤, 좀 전에 당신의 최대 경쟁업체 가운데 한 곳에서 내게 전화
를 했는데 말이오. 에비앙어드벤처스 새장을 팔겠다고 제의하던데
대체 어찌된 일이오?"

"그럴 리가!" 나는 이렇게 대답했다. "에비앙어드벤처스 새장과 비슷한 제품을 팔겠다는 말이겠지요." 정신이 나갔거나 파렴치한 작자가 아니라면 버젓이 남의 회사 제품을 자사 제품으로 둔갑시켜 판매할, 간 큰 회사가 어디 있겠는가 싶었던 것이 솔직한 심정이었다.

그러나 마이크의 말은 이러한 나의 기대를 여지없이 무너뜨리기에 충분했다.

> **"** 글쎄, 그렇게 간단히 생각할 것만도 아닌 것 같은데……그 사람들 말로는 당신 회사 제품을 제조하는 업자와 새장 구매 계약을 맺었다는 것 같던데요? **"**

마이크의 말 한마디 한마디가 따귀를 올려 부치는 손처럼 매서웠고 뾰족한 송곳으로 창자를 찌르는 것 같은 아픔이 느껴졌다. 나는 한때 위성 안테나를 만들던 조지를 수백만 달러 규모의 새장 제조업자로 만들어 준 장본인이다. 그 점에 대해 고마워한 사람도 조지였다. 그런데 그런 사람이 배신을 했다는 사실이 믿기지 않았다. 하지만 조지의 배신에 대한 분노는 이내 나 자신에 대한 자책으로 바뀌었다. 지적 재산을 도둑맞았다. 주의했더라면 충분히 지킬 수도 있었는데 말이다.

나는 조지를 신뢰했고 에비앙어드벤처스와 에비앙킹덤서플라이를 함께 운영하느라 너무 바쁜 나머지 새장 디자인의 특허를 취득할 시간적 또 금전적 여유가 없었다. 왈칵 울음이 쏟아질 것 같은 것을 꾹 참고 지적재산권 전문 변호사에게 전화를 걸었다. 그러나 새장이 시장에 나온 지 이미 1년여가 지났기 때문에 특허권을 취득할 수 있는 법적 권리가 이미 상실됐다는 답변밖에 듣지 못했다.

변호사는 이런 제안을 했다. "그러나 새장 설계 도면에 대한 저작권은 취득이 가능합니다. 저작권을 취득한다고 해서 뭐 많은 것을 기대할 수는 없지만 말입니다." 순진하게도 이 변호사의 말을 액면 그대로 믿고 설계도에 관한 저작권을 취득하는 외에 더 이상의 조치를 취하지 않았다.

회사의 경쟁업체와 조지를 상대로 내가 할 수 있는 일이 아무 것도 없다는 생각에 가슴이 찢어지는 것처럼 아팠지만 경쟁사가 내 회사의 새장을 자사 제품인 것처럼 시장에 내다 파는 것을 눈뜨고 바라볼 수밖에 다른 도리가 없다고 생각했다. 1997년 가을 내내 경쟁사는 고객을 빼앗아 가려고 에비앙어드벤처스의 거의 모든 고객과 접촉을 벌였다. 그러나 천만 다행스럽게도 나는 자사 고객과 긴밀한 관계를 구축해왔기 때문에 고객을 경쟁사에 다 빼앗기는 수모는 당하지 않았다. 경쟁사가 빼앗아 간 고객은 10명 가운데 한명에 불과했다.

끈질긴 근성과 고객과의 약속을 지키는 신용을 바탕으로 사업은 그럭저럭 꾸려나갈 수 있었지만 1997년과 1998년, 1999년 매출은

210만 달러를 정점으로 하여 서서히 상승세가 둔화되다가 결국 고속 성장 곡선의 기세가 꺾였다. 불행하게도, 싫든 좋든 간에 나에게는 조지 외에 다른 선택의 여지가 없었기 때문에 우리를 궁지에 몰아넣은 조지로부터 여전히 새장을 납품받아야 하는 상황이었다.

조지한테서 새장을 구매한 4년 동안 제품을 공급해 줄 다른 제조업자가 필요하다는 사실을 절실히 느꼈다. '공급처 물색, 공급처 물색, 더 많은 공급처……' 는 YEO 회원들이 입에 달고 다니며 기회 있을 때마다 주장하던 말이었다. 그러나 자사가 하는 일에 관해 잘 알고 있는 단일 공급처와 거래하는 것이 훨씬 쉽기 때문에 복수 공급처와 거래하는 일이 그리 만만치는 않다.

1997년, 조지로부터 뼈아픈 '배신' 을 당한 직후 제2의 공급처를 적극적으로 찾아 나서기 시작했다. 이렇게 해서 처음 만난 사람이 역시 멕시코 출신의 제라르도였다. 제라르도는 당시 자동차 부품을 제조하고 있었다. 랜들 부자에게 호되게 당한 경험이 있었기 때문에 제라르도에 관해 철저한 조사를 했다. 제라르도의 평판 조회 결과는 만족스러운 수준이었다.

제라르도가 에비앙어드벤처스 새장을 정상 속도로 생산해낼 수 있게 하기 위해 그 다음 1년 6개월 동안 여섯 차례에 걸쳐 출장을 다녀왔고 여기에 들인 시간만 수백 시간, 경비만도 2만 5000달러가 들었다. 1998년 6월완료에 6개월이 걸림의 첫 번째 납품 결과는 최악이었다. 이 제품은 휴스턴에 있는 에비앙어드벤처스의 한 고객에게 인도됐으나 에비앙측은 이를 전량 반품 처리하기로 결정했다.

나중에서야 하는 말이지만, 완벽한 새장을 만들겠다고 했던 약속을 지키지 않고 첫 번째 납품에서 나를 크게 실망시킨 제라르도와 거래 관계를 청산했어야 옳았다. 그러나 제라르도는 인간적으로 괜찮아 보였고 이 사람과 함께 열심히 해서 뭔가를 만들어내겠다는 열망이 지나쳤던 탓에 제라르도에게 너무 많은 기회를 준 것이 잘못이었다. 자동차 부품을 잘 만든다고 해서 새장을 잘 만들 수 있다는 것은 아니다. 제2의 공급처를 하루빨리 확보하여 조지와 같은 배신자와 거래를 끊고자 했던 열망이 너무 강했던 것이 화를 자초했다.

세관 관련 **문제**

1999년 8월, 여전히 조지에게서 물건을 구매하는 한편 중국에서 새장을 제조하는 문제를 검토하기 시작했다. 그때 나는 미국 세관이 저작권을 침해한 물품은 반입을 허용하지 않는다는 사실을 알게 됐다. 예를 들어, 세관이 '리바이스Levi's' 로고가 부착된 청바지 컨테이너를 발견한 경우에는 리바이스 청바지 제조사인 리바이스 트라우스Levi Strauss에 연락하여 그 청바지가 진품인지 확인한다. 확인 결과 진품이 아닌 경우 세관원들이 물품을 압류 처리한다. 내가 처음에 상담했던 변호사는 이런 내용을 말해 주지 않았다.

교훈

선택의 자유를 가진다는 것은 대단히 중요하다. 여러 의견 가운데 사업의 운명을 가르는 중요한 내용이 있을 수 있는 법이다.

변호사를 선택하는 것도 마찬가지다. 만일 의사가 자신에게 죽을 병에 걸렸다고 판정하는 경우에는^{에비앙어드벤처스의 상황에 딱 맞는다} 다른 의사를 찾아가 의견을 들어볼 필요가 있다. 변호사 한 사람과 상담하면 선택할 수 있는 의견도 단 한 가지 밖에 없다. 다른 분야도 다 마찬가지겠지만 민법처럼 가변성이 많은 분야의 경우에는 특히 여러 사람의 의견을 들어보는 좋다.

나는 즉시 미국 세관에 저작권 등록을 하고 검사관을 만나러 러레이도 세관 사무소로 날아갔다. 연방 정부에서 공정한 판단을 내려주길 기대했다.

그러한 기대는 한 통의 전화와 함께 현실이 됐다. 1999년 11월 초에 조지한테서 전화가 걸려온 것이다.

"캐롤!" 조지는 다급한 듯 소리를 질렀다. "당신 대체 무슨 생각으로 내 물건을 압류하게 만든 거요?" 그렇다. 달콤한 아주 달콤한 복수였다. 이런 생각이 들자 주체할 수 없는 흥분을 느꼈다. 지난 2년 동안 이런 순간이 오기를 얼마나 고대했던가!

조지는 계속해서 말을 이었다. "당신, 내 사업을 말아먹을 작정이군! 세관에서 압류를 풀도록 당장 조치를 취하지 않으면 더 이상 당신 회사에 납품하지 않을 것이오." 그 순간에는 새장을 파는 일은 어찌되든 상관없다는 기분이었다. 어쨌거나 이런 파렴치한 인간에게는 절대 굴복하고 싶지 않았고 다른 공급처도 이미 물색 중에 있는 상황이었기 때문이다.

나는 차갑게 말했다. "절대 그렇게는 못합니다. 당신이 나를 궁지에 몰아넣었는데 내가 압류를 풀어줄 것 같소? 당신이 만든 새장을 다른 사람에게 팔든 말든 나랑은 상관없는 일이오. 그러나 다른 사람이 다 나처럼 만만하다고 생각하지는 마시오."

그러자 조지는 한발 물러서며 이렇게 말했다. "아니, 내 말은 그게 아니고… 당신의 새장과는 다른 디자인으로 새장을 만들겠다니까요. 오늘밤이라도 그 설계도를 이메일로 보내 주겠소. 디자인이 다르다는 것이 확인되면 압류를 풀어주고 물품을 내게 돌려보내 주시오. 그러면 새 디자인대로 재작업을 할 생각이오."

지난 2년여 만에 처음으로 경쟁사가 나의 새장을 파는 악몽에서 벗어날 수 있었다. 마침내 조지가 보낸 새로운 설계도를 바라보며 황홀한 기분에 빠져들었다. 누가 보아도 나의 새장과 혼동할 일이 없을 만큼 전혀 다른 디자인이었다. 박람회장에서 사람들이 의아

한 표정으로 에비앙어드벤처스 부스로 다가와 '에비앙어드벤처스는 망했다고 생각했는데?'라거나 '경쟁사한테 팔린 게 아니었어?', '조지가 경쟁사에 새장을 판매하고 있으니까 에비앙어드벤처스에선 새장을 더는 못 팔줄 알았는데?' 등등의 이야기를 하는 난감한 장면을 상상하며 더 이상 고통스러워하지 않아도 됐다. 살다 보면 좋은 날도 있다. 그 당시가 바로 그런 날들이었다. 사업가의 삶이 아닌 평범한 인생이었다면 사람의 열정과 인내심의 한계를 시험하는 일이 그토록 잦지는 않았을 것이고 그랬다면 나의 시련도 아마 여기서 종지부를 찍었을 것이다. 그러나 안타깝게도 시련은 계속됐다.

1999년 가을, 멕시코 통상 위원이 제2의 공급처 후보로 알렉스*라는 사람을 소개해줬다. 알렉스는 자신의 친척이 댈러스에 살고 있다는 설명과 함께 나무랄 데 없이 훌륭한 샘플을 보내왔고 나는 또 다시 이 사람을 믿었다. 그래서 1999년 12월에 주문을 했을 뿐만 아니라 전에는 한 번도 그런 식으로 거래하지 않았는데 이번에는 1만 1000달러 이상의 선금을 멕시코로 송금하기까지 했다. 마침내 배신자 조지를 대신할 공급처를 확보했다고 확신했다. 그러나 또 다시 비싼 수업료를 치르고, 검증되지 않은 공급처를 믿고 거래한다는 것이 얼마나 위험천만한 일인지를 깨닫는 것으로 끝이 났다.

새장 속의 광대 1979년에 제작된 영화 제목-역주: 소송

조지와의 '새장 전쟁'에서 이겼다고 확신한 나는 직원들과 함께
제3세대 새장 모델인 '케이지 2000^{Cage 2000}'을 만드는 일에 박차를
가했다. 이 차세대 새장 디자인은 경쟁사 제품과는 확연히 차별화
되는 나만의 새장으로 남을 것이고, 특히 이제 자사 새장 디자인을
바꿔야 하는 경쟁사를 크게 따돌릴 수 있게 됐다. 그러나 행운은
계속되지 않았다. 알렉스에게 첫 주문을 내고 나서 한 달쯤 후인
2000년 1월 13일, 에비앙어드벤처스는 도도새이상한 나라의 엘리스에 나오
는 도도새의 판정 이야기 참고-역주가 제안한 것과 같은 엉뚱한 '경기'에 얼
떨결에 휘말리게 됐다.

댈러스 카운티 보안관 사무실 소속 영장 송달관이 사무실에 찾
아와 에비앙어드벤처스사와 나를 상대피고로 하여 제기한 소장을
전달했다. 경쟁사가 에비앙어드벤처스사와 나를 사기와 기망, 불
공정 거래 행위 및 부당 경쟁 혐의로 고소했던 것이다.

"뭐라고요?" 도대체 무슨 일이 일어난 것인지 이해할 수 없었던
나는 이렇게 물을 수밖에 없었다. "아니, 그 사람들이 왜 나를 고소
한단 말입니까?"

화가 머리끝까지 올라 송달관이 건네 준 두툼한 서류 뭉치를
신경질적으로 들춰보던 나는 1999년 10월, 국경에서 자신의 선
적 물품이 압류되고 나서 3일 후에 서명한 것으로 되어 있는 조

지의 선서 진술서를 발견했다. 이것이 바로 이 사건의 핵심 원인이었다.

법정에서 선서한 것과 같은 법적 효력을 지니는 이 진술서에서 조지는 내가 자신을 만났던 1995년 이전에 이미 새장을 만들었으며 나에게 저작권이 있는 그 새장의 최초 디자이너이자 유일한 창안자가 바로 자신이라고 진술했다.

소장에는 이렇게 기술되어 있었다. '에비앙에비앙어드벤처스를 지칭함-역주과 프랭크필자인 캐롤 프랭크를 지칭함-역주는 고소인의 고객 조지의 사업을 방해할 불법적인 목적으로 미 저작권 사무소에 저작물혹은 창작물: 문제가 된 새장을 의미함-역주에 관한 저작권 등록을 신청했다. 이 신청에서 에비앙과 프랭크는 의도적으로 중요한 사실을 거짓으로 혹은 기만적으로 기술하거나 잘못 진술하여 저작권 사무소가 피고소인의 말만 믿고 저작권 등록 처리를 하게 하였으므로 이 등록은 무효다. 에비앙과 프랭크 모두 제조자조지를 의미함-역주가 이 저작물의 창안자이자 저작권 소유자라는 사실을 알았으면서도 프랭크는 자신이 이 저작물의 창안자라고 했고, 에비앙은 자사가 저작권 소유자라고 거짓 진술을 했다.'

조지는 이후 전화 통화에서 자신이 어디에 서명하는지도 몰랐고 툴레인 대학에서 MBA를 땄고 영어도 유창하다 자신은 에비앙어드벤처스 새장의 최초 디자이너가 아니고 그저 원 제품을 약간 보완시키는 정도 밖에 하지 않았다는 사실을 잘 알고 있다고 말했다.

아마도 조지는 자신이 미국 이외의 지역에 거주하기 때문에 위증의 책임이 없다고 생각하고 자신의 거래처를 위해 이런 진술서에 서명했던 것으로 보인다. 결국 4년이라는 시간과 수백만 달러가 들어갔던 조지와의 거래 관계는 여기서 종지부를 찍었다. 그런 다음 알렉스에게 전화를 걸어 외주 제작 물량을 전량 소화할 수 있겠느냐고 물었다. 당연히 알렉스는 흔쾌히 이 제의를 받아들였고 조지와의 거래량 전부를 알렉스에게 일임했다.

다행스럽게도 나는 조엘의 서명과 날짜가 표시된 원본 설계도는 물론이고 조지와 나누었던 서신과 각종 문서를 모두 보관하고 있었다. 따라서 이 재판에서 패소할 걱정은 하지 않으나 문제는 소송비용이었다.

교훈

공급업자 및 고객과 관련된 모든 문서를 보관하라. 자신이 가입한 보험의 약관 범위에 관해 상세히 살펴보고 의문나는 사항이 있으면 반드시 물어서 확인하고 넘어가라.

이 문제를 상의하기 위해 만났던 변호사 가운데 네 번째 변호사가 보험회사에 가서 내가 가입한 사업자책임보험으로 이 문제를 해결할 수 없는지 물어보라고 조언했다. 보험사는 마지못해 이번 소송 문제를 처리하겠다고 답변해왔다. 여기에는 단 한 가지 '단서 조항'이 있었다. 이 단서 조항에 따르면 보험사에게는 에비앙 측에 그러한 혜택을 받을 권리가 있는지를 법정에서 가릴 수 있는 선택권이 있다. 이에 따라 보험사는 소송비용을 부담할 책임이 어디에 있는지 판결해 달라는 취지의 소송을 제기할 수 있다. 다행히 에비앙이 유리한 입장이었다. 이 소송은 2년 6개월이 걸렸으며 소송비용도 25만 달러나 들었다.

한편 나는 에비앙어드벤처스를 꾸려나가는 데도 힘을 써야 했다. 2000년 2월과 3월에 알렉스에게 15만 달러어치의 새장 800개를 주문했다. 알렉스의 공장을 수차례 방문하던 중 한번은 알렉스가 나를 똑바로 바라보며 이렇게 말했다.

> "캐롤, 아무 걱정 하지 마세요. 3월말까지 새장 1000개를 생산하는 데 아무런 문제가 없다니까요."

사업이 활기를 띠게 된 여러 가지 이유 가운데 하나는 알렉스가 보내준 멋진 샘플을 몇몇 박람회에 출품하여 좋은 반응을 얻었기 때문이다. 나는 품질이 한층 향상된 새로운 새장 '케이지 2000'을 고객에게 홍보하기 시작했고 이들로부터 주문이 쇄도했다.

그런데 알렉스가 약속한 첫 번째 납품일이 도래했으나 선적이 이루어지지 않았다. 알렉스는 다음에는 반드시 납품일을 지키겠다고 약속했다. 두 번째 납품일도 지켜지지 않았다. 세 번째 역시 지켜지지 않자 나는 큰 실수를 저지른 것 같아 몹시 불안해지기 시작했다. 그러던 중 4월 19일, 마침내 고객들이 어떻게 된 일인지 묻기 시작했다. 나는 전력을 다해 신제품을 홍보했으나 고객들의 인내심에도 한계가 있었다.

교훈

언제나 자신이 할 수 있는 것보다 적게 약속하고, 실제 인도할 때는 더 많이 할 수 있게 하라.

물건을 두 달 동안이나 수령하지 못하면 누구라도 현금 사정이 악화된다. 설상가상으로, 높아진 품질 수준에 맞게 새장을 제작하려면 7만 달러는 있어야 제조에 들어갈 수 있다며 우는 소리를 하는 알렉스의 말에 깜빡 속아 넘어갔다. 제품이 완성되기 전까지 제조업자에게 절대 대금을 지불하지 말았어야 하는 것이 정상이다. 그러나 나는 이미 조지와의 거래 관계를 청산했기 때문에 궁지에 몰린 기분에서 달리 선택의 여지가 없었다.

알렉스에게 송금한 대금의 일부라도 돌려달라고 여러 번 이야기했다. 그러면 매번 "은행 대출을 받으면 일부라도 바로 돌려줄게요."라고 말하며 요리조리 피해나갔다. 그러나 받겠다던 은행 대출은 받은 적도 없었다. 그리고 나중에야 알게 된 사실이지만 알렉스는 새 거래처로부터 선금을 받아 이전 빚을 청산하는 수법을 사용하고 있었다. 랜들 부자에게 당한 것과 똑같이 뒤통수를 맞았다. 거래처에 대한 철저한 조사를 해야 했음에도 그렇게 하지 않은 탓에 자사 고객에게 공수표만 날리는 거짓말쟁이로 전락하고 말았다. 적어도 알렉스와 최근에 거래한 고객에게 물어 알렉스와의 거래가 만족스러웠는지 정도는 알아봤어야 했다. 그리고 알렉스에게 송금하기 전에 먼저 은행 담당자에게 부탁하여 알렉스의 재무제표 정도는 열람했어야 했다.

교훈

철저히 조사하는 데 있어 과잉 조사란 있을 수 없다. 조사는 아무리 철저히 해도 지나치지 않는다.

하지만 다음에 벌어진 일을 생각하면 이 정도는 약과였다. 재앙은 이제부터 시작이었다. 마침내 알렉스의 공장에서 새장 60개를 선적한 것은 5월 말이었다.

나는 한 페인트 회사에게 정식 허가를 내주었는데도 알렉스는 나의 승인도 없이 수준이 떨어지는 다른 페인트 회사와 계약을 맺는 방법으로 제작비를 절약했다. 결국 페인트 조각이 떨어져나가는 일이 발생했다. 문제를 더욱 심각하게 만든 것은 재생용지를 사용한 홑겹 마분지 상자를 구입하여 75-120파운드짜리 금속재 새장을 포장했다는 점이다. 운송 도중 새장은 모두 파손됐고 운송을 담당했던 UPS^{택배회사} 측은 새장을 잘못 포장했기 때문에 제품이 파손된 것이라며 손해 배상을 거부했다. 엄밀히 말해 UPS의 주장이 옳았다. 결국 에비앙어드벤처스는 불만을 토로한 고객에게 수천 달러를 환불해 줘야 했다.

8월, 마침내 알렉스는 불량 페인트를 사용한 나머지 새장을 폐기 처분하고 새로 제작에 들어갔다. 9월 초^{알렉스에게 첫 주문을 낸지 9개월만에} 새로 제작한 새장 일부를 공인된 파워 코팅 공장인 테크노알람브라^{Tecno Alambre}로 보냈다. 그리고 9월 첫째 주에 나에게 전화를 걸어 9월 15일까지 새장 100개에 대한 코팅을 완료하고 19일까지는 댈러스로 보낼 수 있을 것이라고 말했다. 고객으로부터 사전 주문을 받은 상태였고 사업이 침체되는 것을 막기 위해 필사적이었던 나는 9월 27일에 멕시코에 당도하여 전체 선적 물량을 조사했다. 이때도 이미 선적일이 일주일이나 지연된 상태였다.

눈앞에 펼쳐진 첫 번째 상황은 페인트칠이 완료된 새장이 단 한 개도 없었다는 사실이다. 몇 주일 후 컵받이가 새장에 제대로 부착되지 않았다는 것을 발견했다. 결국 알렉스에게 트럭을 보낼 테니 작업이 완료된 새장만이라도 실어 보내라고 말했다.

결국 우리 손에 쥐어진 제품은 얼마 되지 않았다. 회사의 재정

상태도 문제였지만 내 평판도 땅에 떨어졌다.

11월 28일, 새장 147개가 댈러스에 도착했다. 결과는 어땠을까? 다행스럽게도 고객들이 이 새장을 몹시 마음에 들어 했고 반품은 하나도 발생하지 않았다. 나는 항상 내가 만든 새장이 디자인이나 특징, 색상 면에서 타 경쟁사 제품을 앞지른다고 믿고 있었다. 이런 새장을 만들어냈으니 판매하는 데도 문제가 없을 것이라 믿어 의심치 않았다. 하지만 납품이 자꾸 지연되자 내 고객들이 타격을 입기 시작했다. 에비앙어드벤처스는 미국 최대 애완동물용품 유통업자에게 새장을 공급하는 독점 판매자였다. 그러나 2000년 말이 되자 이들이 모두 경쟁사 제품에 눈을 돌리게 됐다. 이에 따라 매출은 210만 달러에서 30만 달러로 급감했다.

미국 내 제조업자 물색의 **시행착오**

알렉스만 믿고 있다가는 될 일도 안 되겠다 싶었기에 종전과는 180도 다른 뭔가 획기적인 돌파구가 필요한 시점이라고 생각했다. 그래서 내 오랜 친구이자 경험도 많고 통찰력도 겸비한 경영 전문가에게 연락을 취해 조언을 듣기로 했다. 이 친구는 내게 열정이 가득해 보이는 남성 한명을 소개해줬다. 데이비드*라고 하는 이 사람은 내 사무실에서 8마일약 13킬로미터 정도 떨어진 곳에서 최첨단 자동화기기 매장을 운영하는 사람이었다. 내 친구는 미국 내에서 새장을 제조할 적임자로는 데이비드만한 사람이 없다고 생각했다.

2000년 6월, 데이비드와 나는 멕시코에 지불하는 금액보다 5% 인상된 가격으로 새장 공급계약을 체결했다. 나는 이러한 사실에 매우 흡족했다. 에비앙어드벤처스의 고객을 경쟁사에 빼앗기지 않으려고 필사적인 노력을 기울이고 있는 가운데 데이비드는 내게 편지를 보내 8월 중순까지는 일일 새장 생산량이 75개에서 100개 정도 될 것이라고 말했다. 편지에서 특히 자신은 대량 생산 작업이 전문이며 이번에도 문제가 없다는 점을 강조했다.

데이비드와의 거래 결과는 어땠을까? 8월 말까지 데이비드는 단 한 개의 새장도 만들지 못했다. 데이비드는 직원 몇 명이 그만둔 데다 새장을 만드는 작업이 생각했던 것보다 훨씬 어려웠다고 변명했다. 9월 중순, 데이비드는 자사 투자자들이 손을 떼고 있어 자신도 매장을 정리하는 단계라고 알려왔다. 10월 초까지 데이비드가 만든 새장은 50개가 전부였다. 일이 이 지경이 되자 하나님이 나를 새장 바닥에 꿇어앉히기로 작정을 하신 것이 아닌가하는 생각을 하게 됐다. 일이 꼬여도 어쩌면 이렇게까지 꼬일까 싶어 하나님이 원망스러웠다.

그러나 나는 다시 댈러스 지역에서 기계 매장을 운영하는 다른 세 명과 접촉하여 새장을 만들어줄 수 있는지 타진했다. 하지만 이들은 모두 멕시코에 지불하는 금액을 훨씬 상회하는 높은 가격을 제시했다. '미국산' 새장을 고대하고 있는 고객들이 얼마나 실망할까에 생각이 미치자 좌절감은 이내 절망감으로 다가왔다.

이 와중에도 조지와의 소송은 계속되고 있었다.

┃절대 **포기하지 않는다**

경쟁사가 '에비앙어드벤처스를 벌레처럼 뭉개버리고' 나와 내 회사를 업계에서 완전히 몰아내려는 술책으로 시작된 이 소송은 그러나 결국 에비앙과 내게 유리하게 전개됐다. 소송에서의 방어책의 일환으로 소송비용은 보험사가 지불 에비앙 측은 저작권 침해 혐의로 경쟁사와 조지 모두를 상대로 맞고소를 했다. 승산이 있었으므로 시간을 얼마든지 끌어도 상관은 없었지만 더 이상 이런 일에 돈을 쓰거나 마음 상해하고 싶은 생각이 전혀 없었다.

고소 이후 2년 6개월이 흘렀고 관련 서류만 3만 장에 이르렀다. 판사는 양 당사자에게 재판까지 가지 말고 합의할 것을 강력하게 권했다. 2002년 8월, 마침내 양당사자가 합의에 이르렀고 나는 합의금을 챙겨 이 돈으로 부채를 갚았고 휘청거릴 대로 휘청거리던 재정 상태에 숨통을 터 줄 수 있었다.

그 시점이 매우 절묘했다고 밖에 표현이 안 된다. 에비앙의 가용 자원이 거의 바닥이 난 위험천만한 시점에 이렇듯 기적적인 일이 발생했다는 사실이 놀라울 뿐이었다. 나는 계속해서 제조업자 열다섯 명을 만나고 다니며 새장 제조 의사를 타진했다. 친구와 가족, 업계 지인들 모두 그만 포기하라고 충고했다. 하지만 새에 대한 나의 열정 때문에 앵무새를 돌보는 일을 업으로 삼겠다는 내 꿈을 도저히 접을 수가 없었다. 결국 중국에서 새장을 제조할만한 업자를 찾았고 첫 번째 주문량이 선적 준비를 마쳤다. 마침내 에비앙어드벤처스를 다시 최고의 자리로 올려줄 제품을 갖게 될 것이고 그러기 위해 합의금이 필요했다.

새로 거래하게 된 제조업자는 나를 실망시키지 않았다. 2003년, 에비앙어드벤처스는 창사 이래 최고의 수익을 올렸다. 오늘날 에비앙어드벤처스는 연일 최고 매출기록을 경신하며 정상 궤도에 올랐고 나는 인생과 사업에 이르는 모든 면에서 종전과 다른 새로운 관점을 지니게 됐다.

많은 사람들이 그렇듯이 나 역시 사업에 관해서는 모르는 것이 없다고 자부할 정도로 자만심이 가득했었다. CPA와 MBA 등 누구나 부러워할 자격증과 학위도 있고 경험도 풍부하지 않은가! 그러나 인생이라는 과목의 '철학박사' 학위를 따내는 데 필요한 것은 아무 것도 알지 못했다.

법적으로 또 사업적으로 악몽 같은 사건을 경험하면서 글자 그대로 언제고 파산하여 길거리로 내몰릴 수 있는 것이 인생이라는 사실을 뼈저리게 깨달았다. 사업은 아직도 내 열정의 요체지만 지금은 인생의 다른 측면을 관조하는 시간도 가진다.

나는 더 이상 인간적인 정 때문에 내 기대를 충족시키지 못하는 사람들을 잘라내지 못하고 미적거리거나 소심하게 일처리를 하지 않는다. 내 가슴 속에는 여전히 낙관론이 똬리를 틀고 있고 사람을 믿는 마음도 여전하지만 나와 거래를 하고 싶은 사람이 있다면 내 기대치를 반드시 충족시켜야 하며 서면 계약서 역시 반드시 작성해야 한다. 법정 싸움이 남긴 상흔이 아직도 아프다. 그래서 나는 모든 자원을 총동원해서라도 거래 목적을 달성하는 일에 매진할 것이다. 그리고 '말보다는 행동' 이란 문구를 가슴에 새겨 이를 사람을 판단하는 근거로 삼았다.

인생의 모든 측면에서 가장 중요하게 생각하는 것은 선택권을 가질 자유, 바로 그것이다. 나는 이제 단 하나의 제의, 한 사람의 조언, 한 사람의 전문가 혹은 변호사, 제조업자, 부동산중개업자 등에 목을 매지 않을 것이다물론 사랑하는 사람은 단 한 사람이어야 하지만 말이다. 그 이유가 무엇일까? 재정적 성공이나 유산을 물려받는 것, 갈채를 받고 특권을 누리는 것보다 여러 가지 대안 가운데 하나를 선택할 수 있는 '자유' 가 더 가치 있다고 생각한다.

모든 것을 잃었던 순간에도 이 교훈만은 절대 잊지 않았다.

"강한 것에 맞서 싸워 승리를 쟁취하는 것이 더 훌륭하다. 승리도 참패도 모르는 허약한 영혼의 소유자가 되기보다는 설사 실패하더라도 대범하게 도전하는 것이 훨씬 가치 있는 일이다."

– 시어도어 루즈벨트Theodore Roosevelt

"용기 있게 도전하는 자만이 진정 가치 있는 인생을 살아가는 것이다"

– 루스 프리드먼Ruth Freedman

성공을 넘어선 **CEO**

사업 분야에 관한
철저한 조사

DO AS I SAY
NOT AS I DID

Amilya
Antonetti

이 름 **에밀리아 안토네티**Amilya Antonetti
회사명 **소프웍스**Soapworks
부 문 **무독성 세정제**
연수입 **미공개**

에밀리아는 알레르기나 천식으로 고생하거나 화학물질에 민감한 반응을 보이는 사람들을 겨냥하여 천연물질을 원료로 한 무독성 세정제를 만들고 있다. 에밀리아가 만드는 세정제는 저알레르기성, 무독성, 생분해성, 무동물성이 특징이며 고급 식물성 기름을 원료로 해서 만든다. 인체 및 환경 친화적 제품으로서 누구나 쉽게 사용할 수 있는 고효율 세정 제품이다.

수년 전, 갓 태어난 에밀리아의 아들 데이비드에게 심각한 문제가 있었다. 아이가 이상하리만치 과하게 치대고 보채는 데다 호흡곤란과 발진 증세까지 보였다. 그런데 통상 사용하던 약으로는 전혀 차도를 보이지 않았다. 에밀리아는 동종요법과 대체 의학의 도

48
성공을 넘어선 CEO

움에 의지하던 중 아들의 히스테리 반응과 기타 증상의 원인이 매일 사용하다시피 하는 세정제에 있다는 사실을 알게 됐다. 이 세정제에 함유된 화학물질이 문제였다. 시중 잡화점에서 파는 세정제에는 유독성 화학물질이 함유되어 있었다. 그래서 천연 비누를 사용해 봤더니 앞서 말한 증상들은 나타나지 않았다. 그러나 문제는 이런 제품은 가격이 너무 비싸고 아무데서나 쉽게 구할 수 있는 것이 아니라는 데 있었다. 더구나 세정력이 떨어지는 것도 불만이었다.

결국 에밀리아는 직접 비누를 만들기 시작했다. 에밀리아는 자신이 만든 비누를 친구와 이웃에게 나눠 줬다. 그러자 제품을 써본 사람들로부터 입소문이 들불처럼 퍼져나갔다. 에밀리아는 이를 계기로 창업을 결심하게 됐다.

어려움을 겪고 있는 사람들에게 도움을 주겠다는 순진한 생각에 '사업'이라는 마인드 없이 무턱대고 첫 발을 내디딘 것이 문제였다. 에밀리아는 당시 자신이 뛰어들려고 하는 업계에 대해 아무런 사전 지식과 준비 없이 일단 일을 저질렀다. 시쳇말로 '무식하면 용감하다'는 말이 딱 들어맞는 상황이었다. 에밀리아는 전 재산을 모두 털어 창업 및 사업 운영 자금에 충당했다. 이렇게 빼도 박도 못할 만큼 회사에 깊숙이 개입된 상태에서 일은 터졌다.

에밀리아가 발을 들여놓은 업계에는 경쟁자가, 그것도 쟁쟁한 경쟁업체들이 너무 많았다. 다이얼Dial, 클로록스Clorox, 프록터앤겜

블러Procter & Gamble 등 이름만 들어도 기가 질릴만한 업계 강자들이 수두룩했다. 그러나 이제는 다윗이 골리앗을 쓰러뜨렸다는 말을 할 수 있을는지도 모르겠다. 하지만 이런 이야기가 사람들에게 오래 기억되는 이유는 이런 일은 그리 흔하게 일어나지 않기 때문이다.

에밀리아는 그야말로 브랜딩과 마케팅의 전형적인 장場이라 할 살벌한 업종을 선택했다는 사실을 비로소 깨달았다. '소프 오페라soap opera, 연속극을 지칭하는 말-역주'라는 말이 괜히 나온 것이 아니었다. 1950년대에 시작된 상업 방송은 주로 세정제 업체의 스폰서십에 크게 의존하고 있었다. 에밀리아가 맞서야 할 경쟁 상대는 자산 규모가 10억 달러대에 이르는 거대 기업으로서 광고와 마케팅 예산으로 수천만 달러를 펑펑 사용하는 그런 업체들이었다.

에밀리아는 당시의 당황스런 상황을 상기하며 이렇게 입을 뗐다.

> **❝**이들 업체는 자사 제품을 소비자에게 알리기 위해 막대한 자금을 쏟아 붓고 있었어요. 이런 회사들을 상대로 대체 내가 뭘 할 수 있었겠어요?**❞**

더군다나 에밀리아는 소매점이 어떻게 운영되며 소매업계가 어떻게 돌아가고 있는지 조사하지도 않았다고 했다. 소매점이나 약국에서는 소비자에게 가장 좋은 제품이 어떤 것인지 그것만 눈에 불을 켜고 찾고 있을 것이라고만 생각했다. 그러니까 질 좋은 제품만 만들면 소매점에 납품하는 것은 어렵지 않다고 생각한 것이다. 팔짱끼고 서서 한가하게 구경하는 사람들이나 할 법한 순진한 생각을 소위 회사 사장이라는 사람이 하고 있었던 것이다.

> "마치 '부동산업'을 방불케 했죠. 매장의 진열 공간 하나하나가 다 돈이었어요. 브랜딩 작업에 수백만 달러를 사용하는 거대 기업들과 싸워야 하는 상황이 현실로 다가온 거죠. 그래서 난 내가 가진 모든 것을 처분하여 회사에 쏟아 부었어요. 그랬기 때문에 내게 실패란 있을 수 없었지요. 실패는 곧 완벽한 파산을 의미했기 때문에 '한두 번의 실패는 있을 수도 있다'고 하는 호사스런 여유를 부릴 수가 없는 형편이었죠."

에밀리아는 브랜딩과 홍보에 회사의 사활이 달려 있다는 사실을 깨달았다. 당장 회사 이름부터 지어야 했고 구매자들에게 다른 거대 경쟁사 제품과 비교해 자사 제품이 우월하다는 점을 충분히 납득시킬 필요도 있었다. 이렇듯 자신이 해야 할 일이 무엇인지는 알았으나 어떻게 해야 하는지는 몰랐다.

> "그래서 무작정 가장 큰 PR 회사를 찾아갔어요. 이 회사에 결코 적지 않은 비용을 지불했으나 결국 돈만 날린 셈이 됐답니다. 이 회사는 내 생각대로 움직여주지 않았어요. '출혈'이 심해 휘청거릴

51

제1부 사업 분야에 관한 철저한 조사

정도로 내게는 큰돈이었으나 한창 잘나가는 거대 회사로서는 나 같은 조무래기는 고객 축에도 끼지 못할 정도였어요. 한 마디로 내가 지불하는 비용은 이 회사엔 조족지혈에 불과했죠. 이 기간 동안은 내 월급조차 받지 못하는 형편이었으나 이 큰 PR 회사는 내게 아무 것도 해주지 못했어요.**"**

결국 이 회사와의 거래관계를 청산하고 자사 규모에도 걸맞고 또 자신의 사고방식과도 잘 맞는 다른 회사를 찾아보았다. 마침내 비용 대비 효율성이 높은 마케팅, 소비자/기업에 대한 적절한 홍보, 몇 차례의 게릴라 마케팅 전술 등을 통해 점차 브랜드 인지도를 구축하면서 매장 진열대에 자사 제품을 올리기 시작했다. 에밀리아의 회사는 전국적으로 큰 성공을 거두었으며 이 제품은 잡화상과 약국 등지에서 쉽게 찾아볼 수 있게 됐다.

▥ 잃은 것

규모가 큰 거대 PR 대행사를 선택하는 바람에 재정적으로 큰 부담을 지고 몇 년 동안 현금 사정이 좋지 않아 아주 애를 먹었으며, 그런 투자에도 불구하고 결국은 아무 소득도 얻지 못해 시간만 낭비한 결과가 됐다.

▶ 무엇이 문제였나?

_경쟁자의 이면

에밀리아는 엄청난 속력으로 거꾸로 떨어지는 절벽 다이버와 같은 모양새로 세정제 사업에 뛰어들었다. 그야말로 맨 땅에 헤딩하는 것과 별반 다르지 않을 정도로 무모한 도전인 듯 보였다. 성공한 기업인들 대부분이 그렇듯이 에밀리아 역시 열정만은 누구 못지않았다. 하지만 열정만 있다고 성공이 보장되는 것은 아니다. '아는 것이 힘' 이라는 말이 있다. 상투적인 말이기는 하지만 틀린 말이 아니기 때문에 그렇게 오랜 세월을 두고 회자되는 것이다. 에밀리아는 자신이 맞붙어야 할 경쟁사에 관해 아무런 조사도 하지 않았다. 또한 잡화점에서 물건을 어떻게 구매하여 진열하는지에 관해서도 사전 조사를 하지 않았다. 브랜드 인지도를 높이기 위해 무엇을 해야 하는지에 대해서도 숙고하지 않았다. 직관에 의지하는 것도 좋지만 직관만 믿다가는 낭패를 보기 십상이다. 사전 조사를 철저히 하지 않은 탓에 진취적으로 추진해야 할 일들이 생각지못한 암초에 부딪치거나 잘못된 선택을 하게 됐다. 에밀리아는 소프웍스에 전 재산을 털어 넣다시피 하지만 않았어도 그렇게 쟁쟁한 기업들이 바로 자신이 맞서야 할 경쟁사라는 사실을 알았을 때 바로 손을 털고 나왔을 것이다.

_발에 맞지 않는 신발

규모가 큰 잘 나가는 회사만 찾을 것이 아니다. 창업 초기에는 더욱 그러하다. 홍보 대행사든 로펌(법률사무소)이든 회계사무소든 아니면 도매업자든 또 어떤 유형의 서비스 제공자든 간에 다 마찬가지다.

> ❝너무 급하게 그러면서 또 너무 큰 회사만 찾았던 게 불찰이었어요.❞

규모가 작은 회사는 큰 회사에 비해 가지고 있는 자원이 많지 않을 수 있지만 창업한 지 얼마 안 되는 기업에게는 이런 회사가 더 적합할지도 모른다. 규모가 좀 작은 광고대행사와 신규 기업은 서로의 가려운 곳을 긁어줄 수 있는 최상의 사업 파트너일지도 모른다. 이런 광고대행사는 전화 응답도 성실히 해 주고 고객의 성공에 큰 관심을 나타낸다. 이들 중소규모 광고대행사는 이 자체를 하나의 투자라고 생각하기 때문이다.

> ❝대규모 광고대행사가 어떤 결정을 내리는지, 또 어떤 반응을 나타내는지 마냥 기다릴 수는 없어요. 갈 길 바쁜 창업자에게 그럴 시간이 어디 있겠어요? 내가 만약 변호사에게 전화를 걸었는데 48시간이 지나도록 감감 무소식이라고 생각해 봐요. 세상에나 48시간이라니? 이 정도면 판을 갈아엎고 다시 짜고도 남을 만큼 긴 시

간이에요. 나 같으면 차라리 새판을 짜겠어요. 쓸데없이 기다리고 있을 이유가 없죠. 그럴 시간이 있으면 내 일처럼 팔을 걷어 부치고 나서 줄 만한 다른 사람을 찾아보는 게 백번 나아요.**"**

질문

+ 신제품을 출시하기 전에 경쟁사 제품의 장, 단점을 철저히 분석했는가?

+ '골리앗'이 대응 공격을 해올 때 이를 버텨낼 만한 자금력은 있는가?

+ 자사에 걸맞은 적정 규모의 서비스 업체를 선택하는가 아니면 '무조건 큰 것이 좋다'는 잘못된 생각을 버리지 못하고 큰 회사만 찾아다니는가?

Michael
Berolzheimer

이 름 **마이클 베롤츠하이머**Michael Berolzheimer
회사명 **P&M시더프로덕츠**P&M Cedar Products · **칼 시더**Cal Cedar
부 문 **특수 목재 가공품**
연수입 **1억 달러**

　모험자본가혹은 모험 자본 투자가 마이클 베롤츠하이머는 소비자 제품 사업에 관심이 많았다. 그래서 모든 사람들이 알 수 있을만한 이른바 '대박' 상품을 개발하는 데 주력했고 첫 번째 모험자본회사 얼리스테이지Early Stages를 이끌면서 특별히 그리고 유일하게 소비자 제품에 사업에 초점을 맞췄다.

　하버드 대학 MBA 출신인데다, 힘도 덜 들고 점화율도 높은 듀라플레임DuraFlameTM 장작 개발에 참여하는 등 목재 가공품 개발 사업 분야와 관련하여 특이한 이력을 지닌 마이클은 동서양을 넘어 광범위하게 경험의 손길을 뻗쳤던 매우 열정적인 인물이다. 이 사람의 이야기는 사업을 하는 모든 사람에게 도움이 될 것이라 자부한다.

한 서구 기업이 동양 시장에 진입하려고 애를 썼던 사례가 어느 사업자에게 도움이 되겠는가 싶을 것이다. 하지만 좀 더 자세히 들여다보면 이는 상이한 지역 더 나아가 상이한 문화의 차이를 극복하고 양자 간에 거래를 성사시키려고 노력하는 사람들에게 큰 도움이 될 것이다.

한 명의 가이진gaijin*, 즉 야만인이 일본 젓가락 시장에 진입하겠다고 애쓴 도전사는 흡사 라쇼몽Rashomon**의 내용처럼 어리둥절한 기분을 느끼게 한다.

가이진*
외국인을 일컫는 일본말로 글자그대로 해석하면 '야만인'이라는 뜻이다.

라쇼몽**
아쿠타가와 류노스케의 단편집으로 현대 일본 문학을 대표하는 작품이다. 이 단편집에는 '숲 속에서'라는 단편도 포함되어 있다. 내용은 노상강도 사건을 목격한 증인들의 서로 다른 증언을 토대로, 사람마다 동일한 사건을 얼마나 다르게 보는지 또 똑같은 말을 듣고 그 의미를 어떻게 다르게 받아들이는지를 보여주고 있다.

▎젓가락 시장 **진입의 어려움**

마이클은 이렇게 말했다.

> "나는 항상 작은 연못의 큰 물고기가 되고 싶었어요. 고교 운동 동아리에서부터 대학 사교클럽에 이르기까지 어떤 모임에서든 그 조직의 우두머리가 되고 싶었지요. 또 소규모 시장의 상당 부분을 점유하고도 싶었어요. 일본 젓가락 사업에 뛰어든 것도 다 이런 이유 때문이지요."

그래서 형제와 함께 제재 사업체 피앤엠시더프로덕츠P&M Cedar Products를 운영하고 있던 마이클은 자신들에게 큰 기회가 될 만한 분야를 생각해냈다. 듀라플레임 장작 개발과 특수목 가공 분야에 경험이 많았던 마이클은 이 새로운 기회를 개척하는 일에 주저함이 없었다.

그런데 특수 유형의 젓가락 제조용 목재를 공급하는 데 문제가 있다는 사실을 알게 됐다. 일본에서는 오리나무로 만든 젓가락 수요가 특히 많다. 오리나무는 일본에서 생산되는데 갈수록 그 공급이 줄고 있다는 것이 문제였다. 그런데 이 오리나무는 캐나다에서도 생산된다. 이 점에 착안한 마이클은 캐나다 브리티시컬럼비아 지역에서 오리나무를 재배하여 젓가락을 생산한 후 이를 일본 시장에 내다 팔 계획을 세웠다.

베롤츠하이머 형제는 밴쿠버 북쪽 도사일 크리크 지역에 부지를 마련하고 외부 자본 300만 달러와 자체 조달한 자금 200만 달러를 준비하여 젓가락 제조 및 판매 사업에 박차를 가했다.

사업의 기본 계획은 아주 간단했다. 마이클은 일명 OSB라고 하는 배향성 판상 제품의 제조 및 가공업체인 루이지애나퍼시픽Louisiana Pacific과 제휴할 생각이었다. "루이지애나퍼시픽에서 원하는 것은 목재의 섬유뿐이므로 우리는 최고급 원목을 확보할 수 있는 거지요. 이 양질의 원목을 인근 공장에서 젓가락으로 가공하면 됩니다." 마이클의 말이다.

일본인을 판매인으로 고용하여 젓가락 모양과 품질에 관한 조언을 참고로 제품 사양을 만들고 제작에 들어갔다.

"1년 6개월 후 우리는 많은 문제에 봉착했지만 공장 가동이 서서히 정상화되기 시작했지요. 4년이 지난 후 일일 생산량이 100만 개에서 150만 개에 이르게 됐어요."

그런데 무엇이 문제란 말인가? 계속해서 마이클은 말을 이었다.

> "우리는 젓가락 품질에 관해 전부 이해하고 있다고 생각했어요. 젓가락 제조업체에서 일한 경험이 있는 일본인을 판매인으로 고용했기 때문에 우리는 이 직원이 양 문화 간의 미묘한 차이와 세부 사항까지 알고 있을 것으로 생각했지요. 그러나 막상 제품을 출시하고 난 후 품질에 관한 불만이 많다는 사실을 알게 됐어요. 우리는 이러한 피드백을 바탕으로 품질 개선을 위해 열아홉 가지나 수정했지요. 그러나 그것으로도 문제는 여전히 해결되지 않았지요."

젓가락은 그냥 젓가락이 아닌가? 젓가락이 다 그렇지 뭐 특별한 것이 있겠느냐고 생각하겠지만 절대 그렇지 않다. 마이클은 일본에서는 어떤 종류의 젓가락을 사용하느냐에 따라 그 식당의 등급이 매겨진다는 사실을 알게 됐다. 일본 내 패스트푸드점이나 미국 내 아시아 식당에서 주로 사용하는 젓가락을 '코반koban'이라고 한다. 코반은 경사면이 없으며 아주 간단하고 쉽게 제작된다. [KFC

등에서 사용하는 '스포크'^{포크 겸용 스푼으로 원래는 상표명-역주} 정도 등급으로 보면 된다]

그리고 '켄로쿠^{kenroku}'라는 것이 있는데 이 젓가락은 이보다는 좀 더 고급스러운 식당에서 사용된다. 일본인들은 젓가락 모양에 신경을 많이 쓴다. 젓가락은 흰색 나무로 만든 것이어야 하고 경사면이 있고 마디가 없으며 대칭형인 데다 곱게 다듬어진 모양을 최고로 친다. 최고급 식당에서는 '켄소가^{kensoga}'라고 하는 역시 최고급 젓가락을 사용하는데 미국의 5성급 호텔에서 섬세한 크리스털 세공이나 그물눈 장식에 신경을 쓰듯 일본에서는 이런 고급 젓가락을 선택하는 데 신경을 많이 쓴다.

" 결국 우리는 품질 기준이 뭔지도 몰랐고 또, 가령 알았다 해도 그런 부분에 관해 의사소통을 원활히 할 능력이 없는 일본인을 직원으로 고용했거나, 아니면 우리가 이 직원의 말을 귀담아 듣지 않았거나 우리의 잘못을 지적해 줄만한 용기가 없는 사람을 고용한 것이 분명했지요. 제품을 실은 컨테이너가 일본 항구에 입항했지만 도매상들은 이를 거들떠보지도 않았어요. "

" 소비자의 요구라든가 제품의 품질 요건 등에 관해 제대로 이해하지 못한 거지요. 제품을 가공하는 과정에서도 또 다른 문제가 있었으나 무엇보다 가장 큰 실수는 소비자가 무엇을 요구하는지 몰랐다는 부분입니다. "

▣ 잃은 것

약 600만 달러, 생산에 필요한 많은 기간과 노력

▶ 무엇이 문제였나?

_누구나 '야만인'이 될 수 있다

일본말에는 외국인을 뜻하는 말로서 '가이진'이란 단어가 있다. 가이진은 글자 그대로 '야만인'을 의미한다. 생각해보면 마이클이 들고 간 젓가락은 일본인들이 볼 때 '야만적'인 것에 딱 들어맞았다. 조악한 품질의 이 제품으로는 일본 시장을 공략하기에 역부족이었다. 마이클은 소비자 '입맛'의 미묘한 차이를 이해하지 못했다. 이는 아마도 문화적인 차이 그리고 양 문화 간의 의사소통 결여에 그 원인이 있는 듯하다.

> **"**기업이 성공하려면 사장에서부터 말단 직원에 이르기까지 제품의 미묘한 차이점과 세부 사항 등을 철저히 파악하고 소비자가 그 제품으로부터 원하는 것이 무엇인지에 관해 상세히 알아야 합니다. 제 경우만 해도 그렇지요. 제품의 품질 수준에 관한 차이점과 일본인의 생각, 일본 외식 사업 동향 등에 관해 몇 주일을 할애해서라도 철저히 연구한 후에 제품 사양을 만들었어야 했지요.**"**

이제야 하는 말이지만 문화 간의 차이점을 파악하는 것은 오히려 쉽다. 같은 문화 또는 같은 시장 내에도 이러한 차이점은 존재한다. 무지개 색 허리띠를 두른 핑크빛 테디베어 인형은 불티나게 팔리는 데 희뿌연 허리띠를 두른 테디베어 진열대는 왜 파리를 날리고 있을까? 특정 디자인의 바지를 어떤 소매상은 외면하는 데 다른 소매상은 이 바지에 사족을 못 쓰는 이유가 무엇인가? 같은 문화, 같은 시장 내에서도 이런데 하물며 서로 다른 문화 간에는 어떨까? 마이클과 같이 어떤 시장에 관해 문외한인 경우 그 시장의 미묘한 차이점을 포착하고 이해하기란 결코 쉽지 않다.

소비자에게 판매하고자 하는 제품 자체만 아는 것으로는 부족하다. 소비자가 그 제품을 원하는 이유가 무엇인지도 알아야 한다. 단순히 제품의 이미지나 기능적 부분을 떠나 그 제품이 소비자에게 어떤 의미가 있는지를 알아야 한다.

외눈박이 사업가의 **말로**

몇 년 후 마이클은 동서양 무역을 목적으로 하여 또 다른 목재 가공 사업에 손을 댔다. 제품의 원료가 되는 참피나무를 충분히 공급할 수 있고 값싼 노동력을 주무기로 한 중국에서 베니션 블라인드를 제조하여 이 제품을 미국으로 수입하려는 계획이었다.

"앞선 실패 경험에서 충분히 교훈을 얻었다고 생각했어요. 그래서 우리는 충분한 시간을 가지고 물류 문제라든가 시장 상황, 제품 등에 관해 연구했지요. 오랜 조사와 연구 그리고 철저한 사업 계획을 토대로 참피나무 사업에 착수했어요. 이 분야 사업에 관해 연구하느라 꼬박 2년이 걸렸지요. 우리는 젓가락 사업의 실패를 거울삼아 제품의 품질에 관한 부분을 철저히 조사했어요. 그런 다음 자금을 동원했지요. 이 과정이 3년에서 4년 정도 소요됐어요. 마침내 공장을 가동했는데 거래처는 한 곳이었어요. 그리고 우리는 컨테이너 서너 대 분량을 시험 선적했어요. 그런데 여기서 처음으로 문제가 발생한 겁니다."

사실, 최초의 문제를 꼽으라면 마이클이 단 한 명의 고객을 상대로 거래를 시작했다는 점을 들 수 있다. 배타성이 강한 블라인드 제조 및 도매 사업 분야에서는 이러한 단선적 거래 행위를 흔하게 볼 수 있다.

첫 번째 선적 당시 제품 분류와 품질 검사 문제가 발생했다. 이번에도 이 부분에 대해서는 아무런 준비도 해놓지 못했다. 이는 창업 회사라면 으레 겪는 통과의례와도 같은 것이다. 마이클은 품질 검사 과정을 개선했고 검사자의 수를 늘렸을 뿐 아니라 검사에 도움에 되도록 조도를 높이기까지 했다.

이 작업은 완료됐고 드디어 공장이 가동됐다. 최초 고객으로부터의 주문이 약간 감소하긴 했으나 공장을 계속 가동하여 재고물량이 쌓여갔다. 기본적으로 이들은 다음에 주문이 들어올 것이라고 철썩 같이 믿고 있었다. 다음 번 주문을 받고 물건을 납품했을 때 또 다른 문제가 발생했다.

결국 마이클은 블라인드 사업의 미묘한 특성을 이해하기 위해 세미나에 참석하기에 이르렀다. 블라인드 제조업 종사자들은 제품 결함을 찾아내기 위해 특정 불빛 하에서 특정 방식으로 블라인드의 슬랫을 들어 올리는 방법을 사용한다. 그 결과 블라인드 업계에서 용인할 수 없는 정도의 결함이 발견됐다. "우리는 제품에 관해 세세한 부분까지 모두 연구했다고 확신했지요. 그런데 이런 것은 금시초문이었어요." 마이클은 겸연쩍어하며 계속해서 이렇게 말했다. "검토해보니 우리에게는 재고 문제, 제품상의 결함, 제조 공정상의 결함 등 모두 세 가지 문제가 있었어요. 그런 와중에 현금 상황은 점점 더 악화됐지요."

마이클과 팀원들은 제조 공정상의 문제를 해결하려고 동분서주했으나 9개월 이상의 시간을 보낸 후에야 문제를 해결할 수 있었다. 마이클은 고객과 긴밀한 관계를 형성했기 때문에 고객은 계속해서 주문을 해왔지만 몇 가지 문제로 인해 재정이 크게 악화됐다.

▥ 잃은 것

수 년간의 창업준비 시간과 400만 달러

▶ 무엇이 문제였나?

_이전 경험에서 교훈을 얻었음에도 실수를 되풀이하다

마이클은 바보가 아니다. 그리고 막무가내 식으로 무모하게 들이밀지도 않았다. 자신의 능력껏 세부 조사를 철저히 했다. 앞선 젓가락 사업 실패에서 중요한 교훈도 얻었다. 이를 바탕으로 수년 동안 이 사업을 준비했다.

문제는 언제 어디서나 내가 알지 못하는 것이 항상 존재하게 마련이라는 점이다. 즉, 전혀 생각지도 못했고 준비하지도 못했던 새로운 문제가 불쑥 나타난다. 자신이 구상하는 사업이 현실성을 결여한 것일 수 있다는 사실, 생각했던 것보다 더 빠르게 전진해야 할지도 모른다는 사실 등을 항상 염두에 두어야 한다. 마이클로서는 최선을 다했으나 앞길을 방해하는 요인들이 수없이 존재하며 이런 일은 누구에게나 일어날 수 있다. 하지만 마이클은 전적인 책임감을 느끼기는 했지만 이러한 방해 요소에 대해 그 어느 것에도 굴복하지 않았고, 사업적 시련에서 얻은 교훈을 항상 염두에 뒀다는 면에서 사업적 성공이라는 측면보다 이 사람의 성격이나 인성에 더 박수를 보내고 싶다.

> " 기업인에게 품질 문제는 아주 중요하지요. 우리 역시 품질에 관한 한 충분히 연구하고 검토했다고 생각했지만 놓친 부분이 있더군요. 처음부터 고객이 바라는 품질 요건이 무엇인지 제대로 파악하

고 이를 충족시켰더라면 좋았을 것을…… 우리는 실수를 했지만 여러분은 이런 실수를 하지 말기를 바랄 뿐이지요. 이 부분을 철저히 파악하고 이해해야 합니다."

교훈

때로는 자신감이 화를 부를 수도 있다. '엔진'을 한 번 더 살펴본다고 해서 나쁠 것은 없다.

질문

+ 고객/소비자의 기대치를 충족시켰거나 이를 상회했다고 확신하는가?

Gary
Hoover

이 름 **게리 후버** Gary Hoover
회사명 **북스톱** Bookstop · **트레블페스트** Travelfest
부 문 **소매 서점 체인 · 소매 여행사**
연수입 **6500만 달러 · 2500만 달러**

게리 후버는 단호하고 분명한 눈초리와 강한 행동력을 지닌 인물로 성공 경험 못지않게 실패 경험 역시 적지 않다는 면에서 그리고 '끝' 이라는 단어를 모르는 저돌적인 성격의 소유자라는 점에서 전형적인 사업가라 할 수 있다. 게리는 수백만 달러를 벌었다가 이를 다 털어 먹었고 다시 수백만 달러를 벌어들이기도 했다. 이사회에서부터 산업 패러다임 변화에 이르기까지 온갖 것들 때문에 좌절을 경험했다. 그러나 이 모든 시련에 굴하지 않고 자신의 비전을 실현시키려고 애썼으며 게리 자신은 다른 사람과 다르게 생각하고 행동하는 방법을 알고 있었다. 최근에 대형 서점에 가본 적이 있는가? 게리가 바로 이 '대형 서점' 개념을 창시한 사람이다. 인터넷 기반 정보 서비스를 이용해 본 적이 있는가? 이 개념 역시 게리가 창시자다.

　게리가 처음으로 그리고 가장 큰 관심을 보인 곳은 소매 사업 분야였다. 게리는 새로운 방식으로 제품이나 서비스를 직접 소비자에게 제공하면서 소비자 기반의 다양성을 충족시키는 방법이 없을까 항상 궁리했다. 게리의 첫 번째 회사는 1980년대에 창업한 북스톱이었다. 당시 미국 내 소매 서점 체인업계 4위에 올랐던 북스톱은 1989년에 4150만 달러 가격으로 반즈앤노블Barnes & Noble 사에 매각됐다. 새로이 모험자본가들을 영입한 이후인 1987년, 게리는 쓰라린 교훈의 '예고편' 쯤 되는 사건을 경험하게 됐다. 신입 투자자의 요청으로 북스톱 이사회에서 회사를 운영할 경험 많은 전문 경영인의 영입을 요구했다. 회사 규모가 커져 지금까지와 같은 운영 방식으로는 성장에 한계가 있다고 느낀 것 같다. 신입 투자자의 입김은 막강했다. 따라서 이들은 통보는 물론 정리할 시간도 주지 않은 채 게리를 몰아냈다.

　그 때를 게리는 이렇게 회상했다. "이 일은 개인적으로는 물론이고 회사한테도 큰 상처를 입혔지요. 내가 회사를 떠날 때 같이 회사를 그만두겠다고 고집을 부리던 다른 이사들에게 그렇게 하지 말라고 설득하느라 애를 먹었지요. 창업 이래 7년 동안 성장을 거듭하며 그만큼 커준 회사가 계속해서 존속할 수 있기를 바랐어요. 내 자신의 감정을 그 정도로 제어할 수 있었던 것도 아마 처음이 아니었을까 싶어요."

게리가 차린 두 번째 회사는 레퍼런스 프레스Reference Press였는데 이는 나중에 후버스Hoovers로 개명됐다. 후버스는 일반 기업 정보와 공기업 전체 그리고 대부분의 사기업 관련 배경 정보를 제공했다. 후버스닷컴Hoovers.com은 투자자에서부터 구직자, 사업 분석가, 언론인 등에 이르기까지 광범위한 사람들의 주요 정보원 역할을 하고 있다.

> **"**한 사람의 사업가로서 나는 자신이 선택한 업종에 관해 알아야 할 것이 상당히 많다는 사실을 깨달았어요. 그런데 대다수가 자신이 몸담고 있는 업종에 관해 잘 모르는 경우가 많다는 사실도 알았지요. 이런 사람들은 그저 신화를 믿는 것이죠. 객관적인 시각으로 자신의 업종을 바라보질 않는 거예요. 그러니까 외부에서 그 업계를 어떻게 생각하는지 모르는 거지요. 자신이 인터뷰하고 있는 회사 혹은 투자하고 있는 회사에 관해서 잘 모른 사람들이 대부분입니다. 여기에 후버스와 같은 회사의 존재 이유가 있는 것이겠지요.**"**

2003년, 후버스는 던앤브래드스트리트Dunn & Bradstreet: 세계적인 신용평가회사에 1억 1700만 달러에 매각됐다. 이 두 번째 창업 아이템은 기대 이상의 성과를 나타낸 것이 사실이다. 하지만 가장 큰 인생의 교훈을 남긴 것은 세 번째 사업체였던 트레블페스트였다. 상호만

봐서는 말 그대로 축제와도 같은 기쁜 일이 연상되겠지만 '인간' 게리 후버에게 이 사업 아이템은 한 마디로 악몽 그 자체였다.

1990년대 초부터 생각해왔던 아이템인데, 말하자면 여행 안내 서비스에서부터 특수 여행 상품 판매와 솔루션을 접목한 초대형 여행사를 만드는 것이었다. 트레블페스트에서는 여행용품과 지도, 서적 등을 판매했다. 고객이 어느 지역을 여행하든 관계없이 해당 지역의 당일 환율로 환전도 해줬다. 휴가 여행이나 출장을 떠나는 사람들이 이용할 수 있도록 사내에 외국어 강좌까지 마련했다. 그리고 대다수 여행사가 통상 월요일부터 금요일까지 오전 9시에서 오후 5시까지 문을 여는 것에 비해 트레블페스트는 일주일 내내 그것도 밤늦게까지 영업을 했다. 그러면서 여행사를 찾는 고객들에게 직접 서비스를 제공하는 한편, 여행지에 상관없이 고객 지원 서비스를 제공했다.

통상 생각이 너무 앞서나가거나 너무 혁신적이면 모험자본가들이 관심을 덜 보이기 때문에 게리는 모험자본^{venture capital}을 끌어들일 수가 없었다. 그래서 북스톱을 창업했을 때와 마찬가지로 엔젤 투자자^{주로 신생 벤처 기업에 투자하는 소액 투자자-역주}에게 눈을 돌렸으며 텍사스주 법에 따라 자가 인수 공모를 통해서도 자금을 모았다.

총 1300만 달러를 모았고 이 자금으로 1994년과 1997년 사이에 여행 사무소 세 곳을 개소했는데 두 곳은 오스틴에서고 나머지 한 곳은 휴스턴에서였다. 그리고 개소식은 게리가 기대했던 것 이상으로 대성황을 이뤘다.

"서적과 여행용품 취급으로 각 사무소당 연간 100만 달러 정도의 매출을 생각했는데 사무소당 대략 80만 달러의 매출을 올렸고 매출총이윤은 35~40% 정도였어요. 매출 예상치에 어느 정도 근접하기는 했지만 한 가지 놓친 부분이 있었어요. 그것은 바로 항공권 판매였지요."

게리는 계속해서 이렇게 말했다. "항공권 판매를 시작하고 나서 2, 3년 후쯤 되면 사무소당 매출이 300만 달러는 될 것으로 봤어요. 당시 판매 수수료는 약 10%였지요. 그런데 사무소당 1000만 달러 매출 시대를 연 것이지요. 가히 폭발적인 성장세라고 할 수 있을 겁니다. 아무도 예상치 못한 가운데 항공권 매출 부문이 주력 사업 부문이 되었지요. 그래서 우리는 경험 많은 여행사 직원을 확보하느라 무진 애를 써야 했어요."

사업은 아주 잘 진행됐다. 그러나 모든 일에는 '끝'이 있게 마련이다.

1997년 말과 1998년 초에 주요 항공사들이 경비 절감에 들어갔고 그 방법 가운데 하나가, 바로 여행사에 지불하는 수수료 비율을 낮추는 일이었다. 이 수수료는 당시 트레블페스트의 주요 현금원이었다.

"우리로서는 현금 흐름이 막힐 수 있는 상황이 달가울 리 없었어요." 이 손실분을 보전할 수 있는 획기적인 방법을 찾아내느라

고군분투했다. 여행비용 인상도 생각해봤고 매출액이익률이 높았던 여행용품이나 서적 판매에 한층 열을 올리기도 했다. 항공사의 경비 절감책이 불러온 난감한 상황에서 게리를 구해줬던 단어는 '변화', '고군분투', '창의성' 등이었다. 게리는 다른 여행사에 자신이 생각해낸 아이디어를 팔았다. 쇼핑몰과 공항 청사내에 설치된 키오스크무인정보단말기-역주도 마찬가지였다.

시련이 왔을 때 게리는 이에 굴하지 않았다. 주택을 담보로 하여 대출받은 돈 30만 달러 외에도 친구들한테서 수십만 달러를 빌려 회사에 쏟아 부었다. 부채에 허덕이다 파산하지 않기 위해서는 회사를 더 키워야 했고 그래서 기관투자가에게 눈을 돌리기 시작했다.

"이들 기관투자가 사무실에 찾아가면 책상 위에 신문 두 개가 놓여 있곤 했지요. 하나는 인터넷 때문에 여행사가 줄줄이 문을 닫고 있다는 내용이었고 또 하나는 항공사에서 항공권 판매 수수료를 계속해서 인하하고 있다는 내용이었지요. 한 마디로 투자의 '투' 자도 꺼내지 못하는 상황이 된 거지요."

결국 게리는 오스틴에 있던 사무소 하나를 지역 여행사 한 곳에다 매각했으나 여행업계에서의 전면 철수가 이루어진 시점에서 보면 이는 때늦은 조치에 불과했다. 고군분투에도 불구하고 트레블페스트는 결국 무릎을 꿇고 말았다. 트레블페스트가 망하자 게리는 북스톱과 후버스를 통해 번 돈 대부분을 모두 날렸고 빚만 잔뜩 진 채 물러나게 됐다.

그러나 항상 그랬던 것처럼 게리는 여전히 용맹스런 '전사'였고 현재 새로운 사업 아이템네 번째 새로운 시작이 될 것이다을 구상 중에 있다. 이 책을 집필하고 있던 당시 게리는 다음 사업 아이템은 노스탤지어향수와 역사 관련 소매업이 될 것이라고만 말해 주었다. 게리는 훌륭한 사업가 혹은 대박 상품이라도 수 년간에 걸친 시행착오와 좌절 끝에 성공에 이르게 된다는 교훈을 잘 알고 있다.

> "위기는 실제로 존재합니다. 교과서에서나 볼 수 있는 것이 아니란 얘기죠. 그렇기 때문에 성공한 사업가에게 갈채를 보내는 겁니다. 그들이 취한 기회가 그 사람의 인생을 송두리째 삼켜버릴 수도 있음에도 과감히 그런 위험을 감수한 사람들이니까요."

잃은 것

생각하기도 싫을 만큼 엄청나게 많은 돈, 여기에는 자신의 돈은 물론이고 투자자들의 돈도 포함되어 있다. 그리고 아주 잠깐 동안이기는 했지만 사업가로서의 자신감 상실

무엇이 문제였나?

_종사하고자 하는 업계에 관해 깊이 조사하지 않았다

게리 자신도 시인했듯이 창업했던 회사 가운데 하나가, 사업하

는 사람들에게 해당 사업과 업계 관련 정보를 제공해주는 업체인 후버스였다는 사실은 매우 아이러니하다. 여행업에 관해 연구하는 데 많은 시간을 할애했고 2개 항공사 간부들과도 만나는 기회가 있었음에도 불구하고 대다수 항공사가 여행사를 싫어한다는 사실을 전혀 알지 못했다. 항공사가 여행사에 지불하는 수수료를 삭감하기 시작했을 당시 게리는 그야말로 허를 찔린 것이나 다름이 없었다.

> "실패의 주원인은 업계의 상황 변화였어요. 그런데 나는 그러한 변화의 조짐을 알아채지 못했지요."

철저한 조사와 연구를 통해 관련 정보를 많이 알면 알수록 유리하다.

_귀중한 달걀을 한 바구니에 몰아 담았다

게리는 트레블페스트를 운영하면서 자신이 소매업을 선호하는 이유가 무엇인지 깨달았다. 다름 아닌 광범한 시장 잠재력, 다른 말로 하자면 '개별 소비자'의 범위가 상당히 넓게 존재한다는 점이 바로 그것이었다.

게리는 단 하나의 거래처, 즉 항공사에 회사의 운명을 걸고 사업에 착수했다. 항공업계는 관행상 유사한 정책을 사용하는 경향이 강하다. 말하자면 한 항공사가 어떤 정책을 사용하면 다른 항공사도 비슷한 정책을 구사한다.

> "사업가의 가장 기본적인 목표는 자신의 비전을 실현하고 운명을 스스로 개척해나가는 것이지요. 단일 공급업자, 단일 판매업자, 단일 고객에 의존한다거나 정부의 특정 정책에만 의존하는 경우에 이런 부분에 변동이 생기면 속수무책입니다. 나는 공급업자나 고객, 정부 관계자 등이 내 회사의 명줄을 틀어쥐게 뇌두고 싶지 않아요."

북스톱을 운영할 때는 1987년에 모집한 2차 모험자본가들이 게리 자신의 운명을 좌우한 적이 있다. 결국 이들은 게리를 야몰차게 쫓아냈다.

최근 게리는 《후버스의 비전: 성공 사업을 위한 독창적 사고Hoover's Vision: Original Thinking for Business Success》란 저서를 출간했다. 이 책은 특히 큰 그림과 전략에 중점을 둔 성공 사업의 비결에 관한 내용을 다루고 있다. 그리고 이루어지지 못하는 부분에 주안점을 둔 냉소적 시각이 아니라 무엇을 이룰 수 있는가 하는 부분에 초점을 맞춰 개인과 사회, 더 나아가 미국의 미래에 대한 예측과 비전을 제시한다.

투자자가 자신의 회사에 투자하는 이유가 장기적인 측면에서 볼 때 여러분의 목표에 어긋나는 것일 수도 있다.

질문

+ 성장 자금을 동원하기 위해 외부 투자 자금을 모으려할 때 투자자들이 자신의 회사에 관심을 갖는 진정한 이유가 무엇인지 알아보았는가?

+ 포트폴리오상의 기업 가운데 일부 기업 창업자를 인터뷰하여 자사와의 계약 내용에 만족하고 있는지 확인했는가?

+ 수익의 주요 원천이 정부의 특정 규정인가? 그렇다면 다양성을 위한 조치를 적극적으로 추진하고 있는가?

Dorthy
Miller

이 름 **도르시 밀러**Dorthy Miller
회사명 **밀러에이전시**Miller Agency
부 문 **자동차 딜러 전문 광고대행사**
연수입 **1250만 달러**

도르시 밀러의 이야기는 1980년대에 유행했던 게리 뉴먼의 노래를 연상시킨다.

"내 차 안에서, 나는 더없이 안전한 기분이 드네, 차 안의 모든 문을 잠글 수 있지, 그것이 내가 살 수 있는 유일한 방법이야. 차 안에서 말이지."

유능한 기계공이 자동차 수리에 관해 훤히 알고 있는 것처럼 도르시는 자동차 마케팅에 관해서는 모르는 것이 없을 정도로 해박한 지식을 갖고 있다. 도르시는 25년쯤 전에 한 백화점에서 구매 담당자로 일했고 켄터키주에 있는 렉싱턴 주니어 칼리지에서 마케팅과 머천다이징을 가르쳤다. 도르시를 알고 있던 한 자동차 딜러가 자신이 운영하고 있는 대리점 내에 광고대행사업부를 설치, 운영해 줄 수 없겠느냐고 제의해왔다.

도르시는 온 열정을 바쳐 열심히 일했고 얼마 지나지 않아 자동차 판매에 관해 모르는 것이 없을 정도가 됐다. 도르시는 무엇이 팔렸는지 또 무엇이 팔리지 않았는지에 관해 속속들이 꿰고 있었다. 그리고 구매자를 구슬리는 방법과 장기적 전략을 수립하는 방법을 터득했고 자동차 설계와 광고 매체 구매에서부터 딜러에게 중요한 것이 무엇인지에 이르기까지 속속들이 알게 됐다.

몇 년이 지난 후 도르시는 당시 맥시나에이전시Maxina Agency라고 하는 한 광고대행사에 고용됐다. 그리고 3년이 채 못 되어 이 회사를 아예 인수해버렸다. 이렇게 해서 밀러에이전시가 탄생했다. 1987년, 회사를 렉싱턴에서 댈러스로 옮겼으며 현재 이 회사는 연매출 1500만 달러 규모의 튼실한 기업이 됐고 텍사스와 오클라호마, 아칸소 지역 최고의 자동차 판매 대리점 전문 광고대행사로 자리매김했다.

도르시는 제대로 된 의사결정자들만 만날 수 있다면 자동차 판매 대리점 업계에서 자신들이 설득시키지 못할 고객이 없다고 자신한다. 하지만 자동차라고 항상 잘 달릴 수만은 없는 법! 그래서 8기통이면 엔진 여덟 개가 모두 점화됐는지 또 엔진 스트로킹은 부드러운지 항상 점검하지 않으면 안 된다.

이제 막 출발선에 선 사람으로서 도르시는 틈새시장 전문가로 만족할 수 없었고 수차례에 걸쳐 자동차 판매 부문을 넘어 사업을 확장시키려 노력했다. 자동차 판매업 가운데 한 가지 부문에서는 전문가인 것이 확실했지만 자동차 마케팅 부문에는 자신이 미처 파악하지 못한 다른 중요한 요소들이 존재한다는 사실을 미처 깨닫지 못했다.

맥시나에이전시를 인수하여 밀러에이전시로 상호를 변경하고 나서 2년쯤 후의 일이었다. 인쇄물, 라디오와 TV 광고물 등을 하나로 묶어 만든 통합 자동차 광고 상품을 판매하고 있던 한 회사의 판매인이 도르시와 도르시의 고객에게 접촉해왔다. 각 광고 캠페인 당 가격은 1만 달러였다. 도르시의 계산상 이 광고 캠페인을 만드는 데 들어간 비용이 대략 1만 달러였는데 동일한 캠페인을 다른 대리점 60곳에도 판매한 것으로 알고 있었다.

도르시는 이 부분에서 '비로 이거다' 싶었다.

"계산이 바로 나오지 않나요? 그 사람들이 판매하는 광고 캠페인은 그리 훌륭한 축에 들지 못했고 나라면 더 좋은 작품을 만들어 낼 수 있을 거라 생각했죠. 그리고 자동차 판매 분야라면 나도 알 만큼 알고 있다고 자부했기 때문에 더 생각할 것도 없이 일을 저질렀죠."

도르시는 팀원을 모아 더 훌륭한 통합 광고 패키지를 만드는 데 몰두했다. 개발 비용은 2만 달러 정도였다. 도르시는 판매를 맡을 직원을 고용하여 판매 전담팀을 구성한 후 이들을 거리로 내보냈다.

"그런데 판매 실적이 전무했어요. 그래서 새 판매팀을 구성하여 다시 거리로 내보냈지요."

그러나 여전히 '엔진에 시동이' 걸리지 않았다. '엔진을 조정' 해야 할 시점인가?

> "나는 의지가 강한 사람이니까 반드시 해내고야 말겠다고 생각했지요. 수정에 수정을 거듭하며 좀 더 새롭고 좀 더 완벽한 통합 광고 패키지를 만들어냈지요."

이 새 패키지를 완성하는데 4만 달러가 들어갔다. 그러나 결과는 여전했고 시장 상황에도 변화가 생겼다. 여기저기서 새로운 판매 형태가 등장하기 시작했다. 일부 딜러는 가격이 비싼 TV 광고보다 라디오와 신문 광고물만 사겠다고 했다.

"나는 계속해서 앞만 보고 달렸고 진짜 문제가 무엇인지 보지 못했어요. 그래서 어렵게 번 돈에다 빚까지 내서 마련한 돈을 몽땅 날리고 말았지요."

도르시는 이 실패를 딛고 일어섰다. 회계사는 파산 신청을 하라고 여러 번 조언했으나 도르시는 끝내 그렇게 하지 않았다. 대신 열심히 일하고 또 일했다. 급료를 포함한 모든 비용을 삭감하고 그 어느 때보다 열심히 일했다. 도르시는 회사의 군살을 완전히 빼버렸다. 2년이 채 못 되어 빚을 완전히 청산했고 회사는 다시금 정상 궤도에 오르기 시작했다.

그로부터 약 20년이 지난 지금, 밀러에이전시는 자동차 판매 대리점 전문 광고업계의 수위 자리를 지키고 있다. 10여년 이상의 경력을 지닌 전문가만 열두 명이다. 최근 안식의 시간을 갖고 재충전을 마친 도르시와 직원들은 밀러에이전시의 기존 사업 영역을 더 넓혀나가는 방안을 구상 중에 있다. 도르시는 자신이 무엇을 하고 있는지 또 어디로 가고 있는지, 그리고 자신이 모르는 것 때문에 화를 입을 수 있다는 사실까지 잘 알고 있는 한, 이루지 못할 것이 없다는 확신과 자신감으로 일을 하고 있다.

■ 잃은 것

1983년 당시 화폐 가치로 약 25만 달러

▶ 무엇이 문제였나?

_옆을 살피지 않고 무턱대고 앞만 보고 달렸다

도르시는 자신이 더 좋은 상품을 만들어낼 수 있다는 사실 외에 다른 아무 것도 생각하지 않았다. 다른 요소들, 즉 다른 회사에서도 자동차 판매 대리점용 통합 광고 패키지를 만든 적이 있다는 점에 관해서는 고려하지도 않았다. 더 튼실하고 규모도 큰 고객 기반을 확보하고 있는 회사에서 이런 패키지 개발에 손을 댔다.

"렉싱턴 이외 지역은 내겐 생소한 세계였어요. 잘 알지도 못하는 사람의 제의를 받아들일 이유가 없었던 거지요." 도르시는 말했다.

또 한 가지 간과한 사실은 당시 경제 상황이었다. 렉싱턴에 패키지형 광고 캠페인 상품을 판매하는 광고대행사가 등장했을 무렵 미국 경제는 호황을 누렸다. 대리점에는 돈이 넘쳐났고 이러한 광고 상품을 사용할 계획이 없었던 대리점도 다투어 구매하는 형국이었다.

"상품이 출시됐을 당시 이들은 1만 달러를 지불하고 구매를 했지요. 그런데 경제 상황은 항상 변한다는 사실을 계산에 넣지 않은 데다 대리점의 지출 규모에 큰 변화가 없을 것이라 믿은 것이 불찰이지요."

도르시는 전체의 극히 일부분, 즉 상품 하나에만 초점을 맞췄다. 자신이 더 좋은 상품을 만들 수 있다고 생각했고 그 부분에서만은 도르시의 생각이 틀리지 않았다. 그러나 다른 요소들을 모두 간과한 채 상품 하나만 가지고 승부하겠다는 것은 위험천만한 발상이다. 품질과 안전, 엔진, 편의성 등을 위주로 당대 최고의 최첨단 자동차를 개발했던 프레스턴 터커Preston Tucker*라는 사람이 있었다. 터커의 자동차는 당시로선 수십 년이나 앞선 최고 제품이었지만 다

성공을 넘어선 **CEO**

른 많은 요인들 때문에 성공을 거두지 못했다.

철저하고 치밀한 조사와 연구는 아무리 강조해도 지나치지 않다. 정확한 시장 정보를 대신할 만한 귀중한 자산은 달리 없다.

"돌이켜보면, 통합 광고 상품을 판매하고 있는 사람들에게 다가가 '판매 실적이 굉장하군요. 하지만 우리는 그 상품을 좀 더 개선시킬 수 있는데' 라고 말해야 했어요. 그리고 그런 시각에서 접근했어야 했지요."

프레스턴 터커*
'캐딜락 사환으로 출발한 프레스턴 터커는 고작 36,852달러로 회사를 세워 자신의 이름을 딴 자동차를 만들었다. 터커는 시대를 앞서가는 자동차를 상상했다. 제너럴모터스, 포드, 크라이슬러 3사가 시장을 지배하고 있는 상황에서 터커의 진입은 쉽지 않았다. 결국 터커의 세단은 생산 2년 만인 1948년에 사라지게 된다.

_방만한 조직은 효율성을 떨어뜨린다

요즘 같은 시대에는 업무에 필요한 모든 사람을 다 고용할 필요가 없다. 도르시는 일찍이 이러한 사실을 경험할 수 있었다. 업무에 영향을 주지 않는 선에서 직원 수를 최소한도로 유지할 수 있다면 매출액이익률을 높이는 효과가 있다.

"지금은 열두 명이 할 수 있는 것보다 훨씬 많은 일을 하고 있지요. 통합 광고 프로젝트를 진행할 당시 무턱대고 고용한 판매인 때문에 고전한 경험이 있어요."

조직의 군살을 빼라. 계약직을 활용하는 것이 얼마나 중요한지를 깨달아야 한다.

_자신이 무엇을 알고 있는지 파악하고, 알고 있는 그것을 행동으로 옮겨라

어떤 부분에 전문가가 되라. 자신이 종사하고 있는 부문에 관해 상세히 알아야 한다. 특정 분야의 정상에 선 사람에게 판로는 항상 존재하게 마련이다.

"TV나 라디오 광고 판매원 가운데 자동차 대리점에서 광고 비용을 많이 지출한다는 사실을 알고 뛰쳐나와 자신의 광고대행사를 차리려고 하는 사람들을 많이 봤어요. 하지만 이 사람들은 자동차 업계에 대해 잘 알지도 못하기 때문에 결국 실패하고 말지요. 경쟁자들보다 더 잘하거나 뭔가 색다르게 할 자신이 없다면 섣불리 나서지 않는 것이 좋습니다."

질문

+ 자신이 진출하고자 하는 시장에 관해 충분히 잘 알고 있는가?
+ 여러분이 판매하려는 제품이나 서비스가 시장에서 정말 필요로 하다고 확신하는가?
+ 제품이나 서비스 공급 확대를 고려하고 있는가?
+ 경쟁사보다 더 낫다는 점을 혹은 경쟁사와 다르다는 점을 100% 확신하는가?

William 'Bill' Cawley

이　름　**윌리엄 콜리**William 'Bill' Cawley
회사명　**콜리인터내셔널**Cawley International
부　문　**상용 부동산**
연수입　**2500만 달러**

콜리는 웃음을 띠며 이렇게 말했다.
　　　　"실수라면 아마 수천 번도 넘게 했을 걸요?"

　연간 2500만 달러의 수익을 올리며 상용 부동산 서비스, 개발, 이동통신 등 분야를 아우르는 대제국을 구축한 콜리는 이런 말로 사업가의 꿈을 꾸는 모든 이에게 희망을 전한다. 600만 제곱피트약 17만 평에 달하는 상용 용지를 보유하고 있으며 전국에 소재한 기업에 부동산 서비스를 제공하는 외에 윌리엄은 싱귤러와이어리스 Cingular Wireless의 사업 파트너이기도 하다. 20여 년 전만 해도 초라하게 시작했지만 지금은 5개 주에 매장만 90개가 넘는다.

사실상, 윌리엄은 잘못된 결정으로 스스로 화를 자초했든 아니면 불운의 탓이든 간에 자신에게 닥친 온갖 장애물에 굴하지 않고 멋들어지게 이를 극복한 산증인의 모습 그 자체다. 말 그대로 윌리엄은 살아있는 것이 기적이라 할 정도로 큰 불행을 겪은 인물이다. 나중에 더 자세히 말하겠지만 우선은 어떻게 사업을 시작했는지 그리고 초기에 어떤 실수를 저질렀는지부터 설명하겠다.

1982년, 이혼을 한 윌리엄은 댈러스로 여행을 떠났다. 그런데 그곳에서 부동산업자의 신천지를 발견했다. "여기저기 건물이 들어서고 있었지요. 그때 나는 좀 더 큰 시장에서 활동하고 싶은 열망이 생겼고 이제 그만 아버지의 그늘에서 벗어나고 싶은 생각도 있었어요. 그래서 '내 꿈을 펼칠 만한 곳으로 댈러스만한 데가 또 어디 있겠어?' 라고 생각했지요."

잠시 동안은 아주 좋았다. 그러나 상용 부동산 시장이 갑자기 침체됐다. 1980년대 중반에 댈러스 지역 부동산 시장이 완전히 무너진 후 포트워스로 가서 배스 형제들과 함께 일을 했다. "그렇지만 내가 하는 일이라고는 곤경에 처한 동료들을 찾아가 몇 푼 남지도 않은 돈을 모조리 털어 오는 것 뿐이었기에 그 일이 영 마땅치 않았어요."

시장 상황은 좋지 않았지만 자신이 하는 일에 진저리를 치던 윌리엄은 드디어 콜리앤어소시에이츠Cawley & Associates라고 하는 회사를 차렸다. 자신의 집 침실을 사무실로 사용해야 할 만큼 궁색한 시작이었다. 일은 더디게 진행됐고 6개월이 지나서야 겨우 팩스 하나 장만할 여유가 생겼다.

"계획이 있었어요. 1980년대 당시 사람들은 지역적 차원에서 부동산에 관련한 의사결정을 내린다는 사실을 알게 됐지요. 예를 들어 부동산이 필요할 경우에는 해당 지역 사무소에 근무하는 담당자가 그 지역 여건을 토대로 부동산 문제를 처리한다는 얘기죠."

기술이 발달하면서 경비 추적 시스템이 좀 더 정교해지고 따라서 그 동안 부동산 부문 비용에 관심을 기울이지 않았었다는 사실을 알게 됐다. 그래서 그 무렵의 기업들은 지역 단위가 아니라 중앙 차원에서, 즉 전사적 차원에서 부동산 문제를 처리하기 시작했다.

> "나는 〈포춘Fortune〉지 선정 100대 기업을 찾아다녔어요. 내게 관심을 보일 가능성이 조금이라도 있는 사람이라면 누구에게나 찾아가 종합 부동산 서비스에 관해 상담을 나눴지요. 그러나 나를 만나 얘기를 들어주기는 하면서도 회사가 너무 작으면 거래하기를 꺼린다는 사실을 알게 됐지요."

장장 12개월 동안 대기업을 찾아다녔지만 거래를 성사시키지 못했다. 그래서 윌리엄은 지푸라기라도 잡는 심정으로 지방 창업사와 소규모 기업으로 눈길을 돌렸다.

"내가 찾아갔던 회사 중에는 직원이 CEO최고경영자, CFO최고재무담당자,

비서 이렇게 달랑 셋인 곳도 있었지요. 그러니 이런 회사를 아무도 찾지 않았을 것이고 그래서 이런 회사는 나와 거래하기를 원했어요."

윌리엄은 임대 협상에서부터 비용 분석, 부지 선정에 이르기까지 이들 회사가 필요로 하는 종합 기업 부동산 서비스를 제공했다.

이렇게 형성한 관계가 실제로 수익을 내기 시작하기까지는 어느 정도 시간이 걸리는 경우도 있었다. 하지만 1980년대 말부터 1990년대 초에 이들 소규모 창업사가 성장을 거듭함에 따라 윌리엄의 회사도 덩달아 성장하기 시작했다. 결국 이들과의 관계는 더욱 돈독해졌다.

> 66 땅전 한 푼 없이 시작해서 4, 5년 만에 수백만 달러의 수익을 올리는 기업으로 성장한 것이죠. 99

▥ 잃은 것

1년이라는 시간, 즉 엉뚱한 곳에서 고객을 찾느라 허송세월한 기간, 여기 저기 찾아다니느라 사용한 여행 경비

> 66 당시 나는 친구들에게 손을 벌리며 하루하루를 살아가는 지경까지 갔지요. 완전 무일푼이 된 겁니다. 오죽하면 가스까지 끊겼겠습니까? 99

▶ 무엇이 문제였나?

_때로는 작게 시작할 필요도 있다

윌리엄은 부동산 수요가 어떻게 일어나 어떻게 진행되는지에 관해 잘 알고 있었다. 포춘 100대 기업이 필요로 하는 서비스를 제공할 능력도 있었다. 부동산 서비스에 관해서라면 모르는 것이 없을 정도로 훤하게 꿰고 있었지만 대기업은 규모가 작은 기업과 거래하는 것을 꺼리는 경우가 종종 있다는 사실을 처음에는 몰랐다.

> "모든 것에 관해 잘 알고 있다고 자부했지만 정작 내게 적당한 목표가 무엇인지를 몰랐지요. 그래서 이 토끼, 저 토끼 잡으러 다니느라 아까운 시간을 많이 허비했어요. 큰 회사들은 정말로 같이 일하고 싶은 마음이 없으면서도 자사 내에 그런 업무를 담당하는 사람이 있다는 이유 하나만으로 여러분에게 접근하기도 합니다."

자신에 대해 **속속들이 알기**

1990년대 중반에 접어든 1996년, 텍사스 지역에 부동산 붐이 일기 시작했으나 윌리엄은 자신의 잘못으로 인해 큰 좌절을 맛봐야 했다. 그러나 윌리엄은 이에 굴하지 않고 그 끔찍한 경험을 사업적으로나 인생을 살아가는 데 있어서의 귀중한 교훈으로 삼았다.

1996년 7월 5일, 윌리엄은 새로 산 오토바이를 몰고 콜로라도주 아스펜 인근의 2차선 도로를 달리고 있었다. 윌리엄은 앞차를 추월하고 충돌 직전까지 차량을 고속으로 모는 위험스런 장난을 했다. 그러다 다가오는 차와 충돌하는 것을 피하려고 브레이크를 밟았으나 시속 60마일로 30피트 높이의 낭떠러지를 향해 돌진했다. 이 충격으로 두 팔과 오른쪽 다리가 부러졌다. 헬멧에 둘러싸여 있던 머리는 마치 양동이 속에 들어 있는 것처럼 느껴졌다.

"살아난 것이 기적이라 할 정도로 끔찍한 사고였지요."

윌리엄은 그 당시를 이렇게 회상했다. "이제 숨이 끊어지는구나 생각했어요. 서명하지 않았던 임대 계약이라든지 하지 않았던 거래 등 이전에 내게 중요하다고 생각됐던 모든 것들이 더 이상 아무 의미가 없더라고요. 그 대신 항상 뒷전으로 밀려나 있던 내 가족과 내 아이들, 한 인간으로서 내가 물려줄 것 등이 새삼 중요하게 다가오더군요."

"그리고 나서는 하나님에 대해 생각하기 시작했지요. 그제야 내가 죽으면 어디로 가는지 전혀 모른다는 사실을 깨닫게 됐지요."

20여분쯤 지난 후 위쪽에서 두 사람의 목소리가 들렸다. 윌리엄은 이제 살 수도 있겠구나 하는 생각에 부러지지 않은 다리에 의지하여 억지로 언덕 위로 올라간 후 꼭대기에 다다라 쓰러졌다. 병원으로 후송된 윌리엄은 열아홉 시간이 걸린 대수술을 받았다.

다음날 아침, 남자 간호사가 시리얼을 조금이라도 먹게 하려고 붕대로 칭칭 감은 윌리엄의 손에 고무 조각을 대고 스푼을 받쳐줬다.

"그제야 상태가 얼마나 심각한지 깨닫고 마구 소리를 지르며 울부짖기 시작했지요." 당시 43세였던 윌리엄은 이렇게 말을 이었다. "간호사는 나를 휠체어에 태우고 밖으로 데리고 나가 신선한 공기를 마시게 했지요. 간호사는 나를 나무 밑에 앉혀 두고 갔어요. 그때 옆 출입구 쪽에서 재활 치료를 받으러 온 하지 마비 환자가 차에서 내리는 것이 보였지요."

"안간힘을 써가며 차에서 내려 병원 안으로 들어가는 환자의 모습을 네 시간 동안이나 지켜봤지요. 내 평생 그렇게 참담한 경험은 처음이었어요."

윌리엄은 1년에 걸친 재활기간 동안 아홉 차례나 수술을 받았다. 그리고 침대에서 대부분을 시간을 보냈다. 양치질도 할 수 없었고 목욕도 혼자 할 수 없었다. 욕실로 갈 때면 누군가의 도움을 받아야 했다. 그렇게 등을 대고 평평하게 누워 12개월을 보내는 동안 회사 역시 수평적 조직이 되어갔다. 회사에 있을 때 윌리엄은 모든 일에 일일이 간여했다. 하지만 회사를 비운 지금 회사 안의 누구든 솔선수범하지 않을 수 없게 됐다. 통합 부동산 서비스를 제공하던 윌리엄의 회사는 수직적 구조의 조직에서 수평적 조직으로 전환됐다.

ⅲ 잃은 것

회사에 대한 강력한 장악력, 건강

▶ 무엇이 문제였나?

_도로상에서 속도 게임을 하는 것은 금물이다

윌리엄은 병원 침대에 누워 이제 빈털터리가 되는 일만 남았다고 생각하던 때를 기억한다. 하지만 생각 외로 모든 사람들이 각자 일을 더 잘해줬다. 직원들에게 하나부터 열까지 일일이 지시해야 한다고 생각했었는데, 실상은 그렇지 않았으며 주인의식을 가지고 자신들이 하는 일에 임했다.

> "세세한 부분까지 신경 쓰고 지시할 필요가 전혀 없었다는 사실을 알게 됐지요. 사실, 내가 없어도 회사는 잘 굴러갔어요. 이는 어찌 보면 사소한 일이겠지만 매우 귀중한 경험이기도 했지요. 나는 비로소 다른 사람에게 일을 위임하는 법을 배웠고 일을 적임자에게 위임하면 업무 효율이 훨씬 높아진다는 사실을 깨달았지요."

윌리엄은 여기서 한발 더 나아갔다. 적합한 자리에 사람을 배치하고 이 사람이 가장 좋아하고 또 잘 할 수 있는 일을 맡기는 방법도 배웠다. 전처럼 자신은 마법사인양 모든 일을 좌지우지할 필요가 없었다. 적재적소에 적임자를 배치할 수만 있다면 자신의 양 어깨로 지구를 떠받치는 따위의 어리석은 작업을 더는 하지 않아도 된다.

> 나는 사람들의 장점이 무엇인지 찾아내는 데 주력했어요. 사람들은 대부분 자신에게 어떤 장점이 있는지 잘 모릅니다. 그래서 우리는 그런 장점을 찾아내려고 여러 가지 시험을 하지요. 유능한 사람이라도 인터뷰 상황에서 제 능력을 발휘하지 못하거나 기타 요인들이 작용할 수 있기 때문에 우리는 인터뷰에만 의존하지는 않아요. 추천서를 참고하는 것도 좋은 방법이긴 하지만 이것도 너무 믿지는 말아야 합니다. 번거로운 문제를 일으키거나 소송에 휘말리는 것이 싫기 때문에 적당한 선에서 무난한 정도의 자료를 건네는 것으로 끝내려 하는 기업이 많으니까요. 무능하다느니 실력이 없다느니 하는 등의 민감한 내용이 담긴 자료를 건네서 문제를 만들 필요는 없다고 생각들 할 테니까요.

윌리엄이 새로운 인재를 찾아내는 데 사용한 방법은, 부동산 업계 이외 다른 부문에서 나름대로 성공한 사람으로서 판매에 관심이 많은 사람을 찾는 것이었다. 콜리는 자신이 필요로 하는 기술이나 재능이 있으면서 급료의 상한선이 정해져 있는 사람들을 고려 대상으로 삼는다.

"이 방법에 한 가지 단점이 있다면 이들이 자신의 능력을 발휘하여 생산적인 일을 할 수 있을 때까지 시간이 좀 더 많이 걸린다는 점이지요. 하지만, 일단 이 단계에까지 오르기만 하면 이들은 개인적으로 더 큰 행복을 맛볼 수 있고 회사에 더 충성하게 됩니다. 나는 이 사람들에게 1년에 20만 달러를 벌게 해줬고 1, 2년 이내에 200만 달러를 거머쥐게 만들었지요."

사기를 **당하다**

월리엄에게는 삶을 크게 변화시킨 매우 극적인 사건이지만, 지분 소유 파트너혹은 동업자를 찾고 있는 사업가에게는 이보다 유익한 교훈은 아마 없을 것이다.

사고를 당하기 몇 년 전에 월리엄은 파트너에게 크게 당한 적이 있다. 경기가 막 회복세에 접어든 1990년대 중반 무렵이었다. 개발부지 한 곳을 확보했는데 자금이 충분치 않았다. 그래서 자금을 투자할 파트너를 물색하다 후보자로 두 곳을 찾아냈다.

한 회사는 평판도 좋고 실적도 좋았으나 거래하기가 수월치 않았다. 이 회사는 월리엄측에게 큰 '파이'를 주지 않으려 했고 파트너로 삼기에는 그 대가가 너무 컸다이와 같은 부동산 개발 거래의 경우 지분 소유 파트너가 우선권을 갖고 나머지 이익 분을 개발업자가 갖는다.

다른 후보 회사와는 마지막 순간까지 가는 협상 끝에 전자보다 더 좋은 조건을 제시했다. 단 한 가지 단서가 있었다. 즉, 이 회사는 특별한 이유 없이도 개발업자와 관계를 청산할 수 있는 권리를 달라고 했다. 윌리엄은 당연히 더 좋은 조건을 제시한 후자를 선택했다 사고를 당하기 전의 일이라는 점을 기억하기 바란다. 눈치 빠른 독자는 이미 알겠지만 윌리엄은 이 파트너에 관해 아무런 조사도 하지 않았다.

"확실히 더 유리한 거래였고 그런 식으로 뒤통수를 칠 것이라고는 전혀 예측하지 못했지요. 그런데 이 사람들은 우리에게 개발에 필요한 모든 정보를 입수하고 프로젝트를 시작했어요. 그리고는 우리와의 계약 관계를 종료시켰어요. 한 마디로 토사구팽* 당한 거지요."

> 토사구팽*
> '토끼가 죽으면 토끼를 잡던 사냥개도 필요없게 되어 주인에게 삶아 먹히게 된다'는 뜻으로, 필요할 때는 쓰고 필요없을 때는 야박하게 버리는 경우를 이르는 말

▥ 잃은 것

약 200만 달러

▶ 무엇이 문제였나?

_상대방에 대한 조사, 조사 또 조사

"나는 관계보다는 돈을 중시했어요. 주변 사람들에게 이 회사에 관해 물어봤더라면 전에도 이런 식으로 남의 뒤통수를 친 적이 있는 회사라는 것을 알았을 겁니다."

아니, 그렇게 하지 않았더라도 조금만 주의를 기울였으면 그 징

후를 좀 더 일찍 알아챌 수 있었을 것이다. 세 번째로 만나 함께 저녁 식사를 하는 자리에 이 사람이 여자 친구를 데리고 나타났다. 참고로 이 사람은 유부남이었다.

"아내를 속이는 사람은 그 누구도 속일 수 있다는 사실을 이때 알았어야 했는데……."

윌리엄은 결국 재정적인 모든 어려움을 극복했고 두 다리와 팔도 다시 사용할 수 있게 됐다. 회사와 몸을 같이 추스르면서 현재 자신의 회사에서 근무하고 있는 아들 그리고 딸과의 관계도 회복시켰다. 두 번째 아내 킬리를 만나 재혼도 했고 웃돈을 주고 오토바이를 자동차로 바꿨다.

진실된 믿음을 가진 윌리엄은 하나님과의 영적 관계를 맺고 있으며 하나님이 사업가로서의 자신의 앞길을 인도해 준다고 믿고 있다.

질문

+ 진출하려고 하는 시장에 관해 잘 알고 있는가?

+ 자신의 회사가 규모나 자본, 제품 등 여러 가지 면에서 표적 시장에 적합한 회사라고 생각하는가?

+ 여러 후보자 가운데 합작 파트너를 선정해야 할 상황인가?

+ 한 인간으로서나 일적인 면에서 그 사람과 관계를 맺는 것이 자신에게도 부끄럽지 않을 만큼 상대방이 평소에 처신을 잘 하는 사람인가?

Chapter2

직원:

과연 필요악인
존재인가?

DO AS I SAY
NOT AS I DID

Michelle Lemmons-
Poscente

이 름 **미셸 레먼즈-포센트**Michelle Lemmons-Poscente
회사명 **인터내셔널스피커즈뷰로**International Speakers Bureau Inc.
부 문 **유명 강연자 공급 대행**
연수입 **900만 달러**

미셸 레먼즈-포센트는 자신의 오랜 꿈이었던 사업체, 인터
　　내셔널 스피커즈 뷰로ISB를 성공 궤도에 올려놓기까지 수
많은 실수를 거듭했다. ISB는 각 조직이 각종 행사에 참석할 연사
를 필요로 할 때 전문 강사에서부터 동기 유발 강연자, 고위 경영
자, 연예인, 유명 운동선수 등에 이르기까지 다양한 분야의 다양한
인사를 이들에게 소개해 주는 일을 한다.

　보통, 성공한 사업가는 다른 사람들도 역시 자신과 똑같이 신경
쓰고 자신과 똑같은 정도로 일한다고 생각한다. 그러나 수많은 사
업가들이 여러 번 실수를 거듭한 후 그 생각이 잘못됐다는 사실을
깨닫는다. 미셸 역시 회사 규모가 작을 때는 가능했던 일이 회사의

규모가 일정 수준까지 커지고 나면 예전과 달리 일이 어려워진다는 사실을 뒤늦게 깨달았다.

> "다른 사람들도 다 나와 같은 생각으로 내가 하는 만큼 일한다고 생각했고 회사에 몸담고 있는 모든 사람들이 같은 목표를 가지고 그것을 달성하려 열심히 노력한다고 생각했어요. 그러나 여러 가지 일을 겪으면서 사람 마음이란 게 다 내 맘 같지 않다는 사실을 뼈저리게 느꼈지요. 결국 모든 일은 서면으로 작성하여 정확성을 기해야 하고 공식적 절차를 거쳐 일을 진행해야 한다는 사실을 깨닫게 됐지요."

사업 초기에는 대부분 업계 지인이나 친구의 추천을 받아 직원을 채용했다. 추천서를 대충 읽고 나서 서로 악수를 나누는 것으로 직원 채용 절차는 끝났다. 직원 수가 열 명에서 열다섯 명 정도로 회사 규모가 작은 경우에는 이런 방법이 그런대로 통했다.

그러나 이력과 경력을 조사하고 신용 조회 결과도 참고하기 시작하자 괜찮은 사람으로 생각됐던 직원들 가운데도 문제점이 드러났다.

"우리 회사 경리 부장이 한 여성을 경리 사원으로 채용했지요. 이 여성은 처음에는 일을 아주 곧잘 했어요. 그래서 내 남편과 공동 명의로 되어 있는 통장을 포함하여 내 개인 통장 계좌까지 관리하게 했지요. 가끔 은행잔고증명서를 열람해보기도 하고 ATM^{현금}_{자동지급기} 인출 내역을 살펴보면 어느 때는 100달러 또 어떤 때는 200달러 정도 인출된 것으로 나왔어요. 그렇지만 우리는 이것을 대수롭지 않게 생각했지요. 우린 각기 출장도 잦았고 그래서 서로 상대방이 인출한 모양이라고만 생각했지요."

그런데 경리 사원이 미셸의 은행 계좌를 기반으로 직불카드를 만들어 사용했다는 사실을 이들은 까맣게 몰랐다. 이들의 계좌를 모두 경리가 관리했기 때문에 상황이 어떻게 돌아가는지 다른 사람은 알 길이 없었다.

그러나 미셸에게는 천만다행스럽게도, 다른 문제가 불거지는 바람에 경리 사원은 회사를 그만두게 됐다. 기본적으로 경리 업무에는 큰 문제가 없었지만 지각을 밥 먹듯 하는데다가 아프다는 핑계로 결근하는 일이 잦았다. 경리 사원이 회사를 나가고 한 달 후에 새로 온 경리 사원이 미셸의 계좌에서 잔금이 7500달러나 빈다는 것을 알아냈다. 결국 미셸은 전 경리를 만나 형사 책임을 묻겠다고 추궁하여 이 돈을 받아냈다. 이 일을 통해 미셸은 여우에게 닭장을 맡기는 일이 있어서는 절대 안 된다는 사실을 절실히 깨달았다. 자기 장부의 최종 관리자는 자기 자신이어야 한다.

또 이런 일도 있었다. 미셸은 가상공간을 이용한 ISB 사업을 구상하면서 자체적으로 운영되는 역동적인 웹사이트가 있었으면 하고 생각했다. 한 가지를 생각하면 다른 것은 눈에 들어오지 않는 대다수 기업인과 마찬가지로 미셸 역시 처음에 무엇부터 해야 할지 잘 몰랐다. 그래서 유능한 컨설턴트가 있으면 이 사람이 자신의 꿈을 구체화시키는 데 필요한 모든 일을 알아서 다 해줄 것이라는 단순한 생각 밖에 하지 못했다. 이번에도 역시 친구들로부터 추천을 받아 컨설턴트 한 명을 채용하고 자신이 원하는 것이 무엇인지 대략 설명해 준 다음 즉시 작업을 시작해 줄 것을 부탁했다. 디자인이나 설계 개요서도 없었고 서면 계약서 따위도 필요 없었다. 처음 팩시밀리를 구입할 때 여러 사람 말을 들을 것도 없이 처음에 추천 받은 품목을 덥석 구입하는 것과 하등 다를 것이 없는 일처리 방식이었다. 팩시밀리를 구입한다 해 봐야 100달러 정도면 되겠지만 큰 규모의 물품 구입이라거나 대규모 프로젝트라면 어떻게 될까? 그때도 이런 식의 주먹구구 방식이 먹힐 것이라고 생각하는가?

미셸은 새로 채용한 컨설턴트가 자신만큼 신중하게 일에 임해 줄 것이라고 생각했다. 그래서 더 이상 묻지도 않고 대금을 지불하고는 웹사이트가 완성되기만을 기다렸다. 그러나 결국 미셸이 구상했던 웹사이트는 만들어지지 않았다. 적어도 처음에 구상했던 것과는 차이가 있었다. 사실상, 이 컨설턴트가 더 많은 정보를 바탕으로 회사의 전반적인 마케팅 전략에 부합되는 웹사이트를 구축했다 해도 결과적으로는 바람직한 투자 결정은 아니었다는 결론에 도달할 수밖에 없다.

"이 프로젝트에 18만 달러를 투자했어요. 이 사람이 내가 원하던 결과물을 내놓았다 해도 어쨌거나 제대로 된 투자는 아니었을 겁니다. 회사의 전반적 마케팅 계획과 어울리는 웹사이트가 필요했으니까요."

미셸의 또 한 가지 실수는 구두 추천만 믿고 사람들을 고용한 일이다. 미셸은 사람들이 말하는 것을 액면 그대로 믿는 것에서 한술 더 떠 사람을 실제보다 더 좋게 보는 경우가 많았다. 아마도 사업가적 낙관론의 소치가 아닐까 싶다. 어쨌거나 결국 이런 식으로 채용한 네 사람이 미셸의 등에 배신의 칼을 꽂게 되었다.

컨설턴트와의 일이 있고 나서 얼마 지나지 않아서였다. ISB는 계속해서 잘 굴러가고 있었다. 그래서 이번에는 혁신적 온라인 학습 개념을 상용화한 사업체, 멘토리엄Mentorium에 몰두하기 시작했다. 시점도 좋았고 처음에는 모든 것이 만족스러웠다.

미셸은 자신의 온 에너지를 멘토리엄에 쏟아 붓는 한편 ISB로부터는 흑자 수익 보고서와 함께 좋은 소식만 접하는 상황이었다. 한 회사는 성공 가도를 달리고 있고 또 한 회사는 기획 단계에 있다. 이보다 더 좋을 수 있겠는가? 자신의 등 뒤로 칼을 겨누는 배신자들만 없었다면 말이다.

그러던 어느 날, 오랫동안 함께 일했던 직원 한 명이 폭탄 선언을 하는 바람에 멘토리엄 사업 진행에 차질이 생겼다. 다른 ISB 출신 직원 세 명과 함께 ISB와 경쟁 관계가 될 회사를 창업하기 위해 준비 중에 있다고 말했다.

아무런 준비도 하고 있지 않은 상태에서 갑자기 복부를 강타 당했다고 생각해 보라. 너무 놀라 한동안은 꼼짝도 못할 것이다. 잠시 멍하니 넋이 빠져 있던 미셸은 다시 마음을 수습하여 도대체 일이 어떻게 돌아가는 것인지 조사했다. 판매 담당 직원 두 명과 경리 직원 한 명은 회사 밖에서도 좋은 친구 사이로 지내고 있는 것으로 밝혀졌다. 그리고 이들은 자신들이 독립하여 회사를 차리면 지금의 ISB보다는 훨씬 잘 할 자신이 있다는 결론을 내렸던 것이다. 게다가 미셸이 멘토리엄에 투자하는 열정에 비하면 이제 더 이상 ISB에는 신경을 많이 쓰지 않는다는 데 어느 정도 의견의 일치를 본 듯했다.

이렇게 해서 일은 벌어졌다. 미셸은 변호사를 고용했고 다음 날 이 변호사는 비번인 경찰관 한 명을 대동하고 사무실에 나타났다. 이 광경을 보자 네 명의 배신자 가운데 한명이 교통법규를 위반한 것 외에 아무런 잘못도 없다고 하던 사람이 말 그대로 뒷문 쪽으로 총알처럼 튀어가더니 쏜살같이 달아났다. 고용 계약서에 명시된 경쟁 금지 조항과 비밀유지 조항을 근거로 이들을 상대로 소송이 제기됐다. 그리고 이 네 명의 배신자가 직원의 인사 기록 자료를 훔치려 했다는 사실도 드러났다.

창업 당시 고용 계약을 요구했던 것은 천만 다행한 일이나 직원의 인사 기록을 복사해 두지 않은 것은 잘못이었다. 그래서 이들이 그런 내용의 계약서에 서명을 했는지 여부를 알 수가 없었다. 그러나 다행스럽게도 법의학 컴퓨터 전문가에게 의뢰하여 이들 네 명의 유죄를 입증할만한 삭제된 파일과 왕래한 서신 등을 복구할 수 있었다. 이 네 명은 결국 합의에 응했고 새로 만든 회사는 ISB에 통합시켰다.

미셸은 멘토리엄을 폐쇄해버렸다. 그리고 ISB 판매부가 위치한 곳으로 자신의 사무실을 옮겼다. 이는 자신이 ISB의 성공과 성장에 얼마나 신경을 쓰고 있는지 사내 전 직원에게 보여주는 의미도 있었다. 다시 주력 사업에 몰두한 결과, 회사는 다시 활기를 찾으면서 성장의 기치를 올리기 시작했다.

◪ 잃은 것

최소한 100만 달러 가치에 달하는 지적 재산을 강탈당함, 직원에 대한 신뢰 및 배신감

▶ 무엇이 문제였나?

_형식적 절차

공식 절차를 밟아 일을 진행하라는 말은 아무리 해도 지나치지 않다. 이로 인하여 직원들과 충돌을 빚는 일이 허다하다.

_직원을 채용할 때 형식적 절차를 밟아라

상대가 대학 동창이든 전우이든 아니면 같은 클럽 회원이든 다 마찬가지다. 직원을 채용하려 할 때는 필요한 형식을 다 갖춰 공식적으로 진행해야 하며 중요한 내용은 반드시 서면으로 해야 한다. 이력이나 경력 조사, 공식 인터뷰, 범죄 기록 조회, 신용 조회, 추천서 등을 검토하는 작업도 필요하다.

대기업의 경우는 대부분이 공식적인 채용 절차가 마련되어 있지만 규모가 작은 기업일수록 이런 형식성의 정도가 약해지는 것이 일반적이다. 사실, 형식적 채용 절차가 더 필요한 곳은 소기업인데 말이다. 만약 인사 문제가 불거졌을 경우에 대기업은 이를 해결할 수 있는 자금도 충분하고 법무팀도 가동되지만 중소기업은 그렇지가 못하다.

경쟁 금지 및 비밀유지 계약서에 서명했는지 반드시 확인하고 직원들이 함부로 손을 대지 못하도록 잘 보관해야 한다.

_직원과의 관계

직원들과 긴밀한 관계를 형성하라. 직원 수가 몇 안 돼서 이들과 일일이 교류할 수 있는 정도를 넘어 회사 규모가 커졌다면 적어도 사장인 자신이 회사에 신경을 많이 쓰고 있다는 사실을 직원들에게 보여줄 필요가 있다. 그리고 자신의 그러한 노력을 직원들이 알고 있는지 확인해야 한다. 이 부분에서 미셸은 실수를 저질렀다.

한 마디로 자리를 비운 적이 많은 주인이었다. 멘토리엄 때문에 온 정신이 팔려 있을 때, 자신을 대신하여 ISB에도 그만큼의 신경을 써줄 대리인을 지정하여 업무를 위임했다면 문제는 없었을 것이다. 물론 GM 사장이 매일 아침 공장에 나타나 생산직 근로자와 일일이 악수를 나눌 수는 없다. 그러나 중요한 것은 직원과의 의사소통 과정, 회사에 헌신하는 가시적 모습, 사주의 열정을 직원들에게 똑같이 불어넣을 수 있는 유능한 대리인의 존재 등이다.

> 66직원이 다섯 명에서 열 명 정도면 관리가 가능합니다. 사업하는 사람이라면 작은 사무실에서 직원 한 사람 한 사람과 얘기도 하고 친하게 지낸 경험이 누구에게나 있을 겁니다. 그런데 직원 수가 15~30명 정도가 되면 예전처럼 모든 직원들과 교류하기는 어렵지요. 바로 이때가 적당한 절차가 필요한 시점이지요.99

_모든 사항을 서면으로 처리하라

여러분이 만약 카우보이라면 혹은 돈이 결부되지 않은 거래라면 번거롭게 계약서를 작성하느니 악수 한번 하는 것으로 끝내는 것도 별 상관은 없을 것이다. 그러나 실생활에서는 문제가 다르다. 돈이 왔다갔다 하는 일인 경우에는 반드시 이를 문서로 작성하는 것이 좋다. 미셸은 인터넷 컨설턴트에게 웹 설계도 요구하지 않았고 최종 비용 관련 사항도 문서로 만들어 놓지 않았으니 이 사람에게 백지 수표를 끊어준 것과 다를 바 없다. 또한 자신이 생각하고 있는 것이 무엇인지도 제시하지 않았고 수용 가능한 비용 상한선에 대해서도 언급하지 않았었다.

_검토 또 검토

개인용이든 상용이든 간에 자신의 은행 계좌 관리 업무를 한 사람에게만 맡기면 안 된다. 적어도 두 사람은 있어야 서로 감시할 수 있고, 이들에게 위임하지 않았는데 예금을 인출하거나 대금 결제를 한 일이 있는지 여부를 확인할 수 있다.

_신분위장 절도

필요한 정보만 있으면 누구든 자신의 계좌에 접근이 가능하다. 경리 부장이나 경리 직원은 비밀 정보를 많이 알고 있는 사람들이며 따라서 이들에 관해서는 어느 정도 신뢰하는 부분이 있다. 그런데 다른 누군가가 개인 계좌 혹은 회사 계좌를 기반으로 신용카드나 직불카드를 발급했을 가능성은 없는지 확인해 본 적이 있는가? 이 부분도 간과할 수 없다.

_비용 상한선 정하기

미셸이 자신이 처음에 구상했던 대로 웹사이트를 통해 원하는 모든 것을 얻었다 해도 그것이 18만 달러의 가치는 못 될 것이다.

"이제 다시 새 사업에 투자한다면 비용 상한선을 정해 놓을 겁니다. 한계 비용에 도달했는데도 원하는 것을 얻지 못했다는 판단이 서면 그때는 미련 없이 다 털고 나올 겁니다."

성경에 나오는 인물처럼 악마의 시험을 받는 것도 아닌데 미셸 주변에는 자신을 이용하려는 직원들이 많았다. 그러나 모진 시련과 역경을 극복하고 일어서는 성경 속 인물처럼 미셸 역시 더욱 강한 모습으로 일어섰다. 현재 미셸의 사업은 그 어느 때보다 호황을 누리고 있으며 지금은 인사 문제에서부터 재무 감사에 이르기까지 모든 문제를 형식적 절차를 밟아 처리하고 있다. 미셸은 다음 구절의 의미를 절실하게 터득한 셈이다.

> 〝한 번 속았을 때는 속인 사람이 잘못이다. 그러나 두 번 속으면 그것은 속은 사람이 잘못이다.〞

질문

+ 전 직원 혹은 주요 공급업자의 조회 자료 및 추천서를 꼼꼼히 살펴보는가?
+ 판매 직원 혹은 기타 주요 임원에게 경쟁 금지 계약서에 서명할 것을 요구하는가?

DO AS I SAY
NOT AS I DID

Marilynn
Mobley

이 름 **매릴린 모블리**Marilynn Mobley
회사명 **에이컨컨설팅그룹**Acorn Consulting Group Inc.
부 문 **홍보 대행**
연수입 **미공개**

매릴린 모블리는 20년 간 전문 커뮤니케이터로 일한 후 에이
컨 컨설팅 그룹을 창업했다. 저널리스트이자 IBM에서 언
론 담당 수석 매니저로 일했던 매릴린은 그 동안 기업과 언론계에
서 쌓은 두터운 인맥을 토대로 하여 에이컨을 창업하기에 이르렀
다. 자택을 사무실로 사용하는 1인 기업 형태로 고객에게 홍보 서
비스를 제공하는 데 초점을 맞췄다. 그간에 이루어냈던 실적과 긍
정적 성과 덕분에 창업한지 얼마 되지도 않아 그 수요를 미처 다
소화하지 못할 정도로 많은 기업이 홍보 대행 서비스를 의뢰했다.

"사람들에게 '미안하지만 일이 많이 밀려 있어서 해 드릴 수가
없네요'라고 말하기가 아주 곤혹스럽더군요. 그래서 심지어는 이

런 생각까지 했어요. 나를 둘로 쪼갤 수만 있다면 이런 고객을 더 많이 유치할 수 있고 그러면 수입도 더 늘어나겠다고요. 다들 그렇겠지만 나 역시 내 사업이 더 크게 성장하기를 바랐어요."

매릴린의 사업 아이디어는 아주 간단했고 이론상으로는 충분히 가능한 발상이었다. 즉, 적절한 경력의 소유자를 채용하여 급료를 두둑이 지급하는 한편 재택근무 형태를 통해 사무실로 인한 경비 지출을 차단하고, 재택근무자로 하여금 매릴린 자신의 고객에게 동일한 서비스를 제공하게 한 다음 그 직원 연봉의 세 배 선에서 서비스 공급 가격을 책정하여 고객에게 청구하겠다는 것이다. 이 정도 가격선은 홍보대행업계의 표준 빌링 레이트시간당 노동 가치-역주다.

매릴린은 마음속으로 점찍어 둔 사람이 있었다. IBM에서 일할 당시 자신 밑에서 인턴으로 근무하다 나중에 같이 커뮤니케이션 담당부서에서 일했던 케이티*라는 직원이었다. 케이티는 인턴 과정이 끝난 후에는 매릴린 밑에서 일하지 않았지만 둘은 서로 잘 알았고 그래서 좋은 관계를 유지하고 있었다. 매릴린은 IBM 직원 급료에 맞춰 연봉 6만 달러에 케이티를 고용했고 재택근무에 필요한 모든 설비를 구비해 주는 것은 물론이고 추가 훈련 세미나와 관련 경비까지 모두 지원했다.

> " 나를 믿고 일을 의뢰했으나 일손이 달려 정중하게 거절해야 했던
> 고객에게 케이티가 나 대신 같은 서비스를 제공해 주기를 바란 거

죠. 나는 케이티가 가지고 있는 자산, 즉 케이티가 가진 지식과 기술을 잘 알고 있었어요. 단지 내가 몰랐던 부분은 케이티의 단점이 무엇인지 혹은 그 부분 때문에 내가 어떤 대가를 치러야 하는가에 대한 부분이었지요."

그런데 6개월이 채 못 가 문제가 드러났다. 고객이 케이티의 늑장 일처리에 불만을 토로하기 시작한 것이다. 계획된 대로 일이 실행되지도 않았다. 태만 때문에 약속을 이행하지 못하는 일이 많았고 능력에도 의문이 제기됐다.

그러나 매릴린은 케이티에게 그런 나태함이 어떤 결과를 낳는지 제대로만 이해시키면 얼마든지 해결될 수 있는 문제라고 생각했다. 그래서 고객에게 즉각적으로 반응을 보이는 것과 일을 차질 없이 완수하는 것 등이 얼마나 중요한 것인지를 케이티에게 설명해 줬다. 그러자 케이티는 일에 더 집중하고 다시는 그런 일이 없도록 하겠다고 다짐했다.

그리고 나서 몇 주일이 흘렀다. 그러나 케이티는 열심히 하겠다는 자신의 약속도 지키지 않았다. 결국 월드컴WorldCom에서 주식중개인들이 썰물처럼 떨어져 나가던 것보다 더 빨리 돈도 고객도 점점 떨어져 나가기 시작했다. 상황이 이쯤 됐는데도 매릴린은 시간이 가면 상황이 나아질 것이라고 믿고 일단 발등의 불부터 끄기로 했다. 그래서 케이티가 완수하지 못한 일을 대신 처리했다. 그로인해 기존 고객의 일에 소홀해질 수밖에 없었고 자신의 평판에 흠집이 생기기 시작했다. 자금 사정도 악화되어 자신은 4개월 동안 땡전한 푼 가져가지 못했다. 그러나 케이티는 꼬박꼬박 월급을 챙겼다.

자신의 유일한 직원인 케이티가 못한 일까지 쫓아다니며 수습하기를 1년! 더 이상은 안 되겠다는 생각에 케이티와의 관계를 청산하기로 결심했다.

"어쩔 수가 없었어요. 물론 아주 어렵고 힘든 일이기는 하지요. 우리 둘은 오랫동안 친구로 지내왔거든요. 케이티에게 미안하지만 나도 더 이상 어쩔 수가 없다고 말했어요. 그리고 케이티가 일을 제대로 끝맺지 못했다고 말해줬지요."

그 동안 시간도 많이 허비했고 어려운 고비도 많았지만 케이티와 결별하고 나자 비로소 회사는 이전의 상태로 되돌아갈 수 있었다. 케이티와의 일 자체는 기분 좋은 경험도 아니었고 약이 되는 귀중한 사건도 아니었지만 이를 통해 분명 배운 것은 있었다. 즉, 매릴린은 이 사건을 기회로 사업 모형을 재구상할 필요가 있다는 사실을 깨달았다. 결국 시간이 더 많이 소요되는 서비스 수행 업무보다는 전략 컨설팅 서비스를 제공하는데 주력하여 수익 증대를 실현했다. 현재 1인 기업주인 매릴린은 전략 컨설턴트로서 포춘 500대 기업을 대상으로 컨설팅 서비스를 제공하고 있으며 수익은 홍보대행 시절을 훨씬 능가한다.

창업 초기의 목표가 이루어진 것이다.

▣ 잃은 것

급료, 장비, 각종 직원 혜택, 훈련, 고객 손실, 기회 상실, 무너진 관계
회복을 위해 소요된 시간 등 약 25만 달러에 상당하는 가치

▶ 무엇이 문제였나?

_직원에게 주인의식을 기대하다

기업가 정신을 소유한 사람도 있고 그렇지 못한 사람도 있다. 이
런 정신은 얼마든지 배워서 습득할 수 있지만 그런 자질이 손톱만
큼도 없는 사람에게는 이를 기대하기 어렵다. 매릴린은 케이티의
일을 너무 만만하게 생각했다. 매릴린은 각종 직원 혜택을 비롯한
사회 안전망과 안정된 급료가 보장되기는 하나 출퇴근 시간이 정
해져 있고 꽉 짜인 일정대로 움직이는 대기업에서 일하던 케이티
를 끌어다 놓고, 정해진 틀이 없어도 알아서 일을 잘 하는 진취적
이고 열정적인 사람의 업무 형태를 기대했다.

"간단히 말해 케이티는 '배가 고픈' 사람이 아니었지요. 2주일
마다 꼬박꼬박 급료를 챙겨갔으니까요. 케이티는 한 사람이 없으
면 일이 어떻게 일그러지는지에 관해 알지 못했어요. 친구라는 이
유로 또 전에 나와 함께 일했었다는 이유로 케이티를 채용한 것이
잘못이었어요. 또 열심히 일하면 그만큼 보수도 올라가니까 내 일
처럼 잘 해줄 것이라고 믿었던 것도 잘못이고요. 나 자신 말고 내

일에 그렇게 열심인 사람도 없고 그렇게 걱정하는 사람도 없지요. 케이티는 자신도 회사 일에 신경 썼고 걱정도 했다고 말했지만 급여일이 되면 자신이 일을 했건 안 했건 상관없이 자기 몫은 꼬박꼬박 챙겼지요."

이런저런 상황을 알았더라면 케이티가 주인 의식을 가지고 일에 임할 수 있도록 실적에 기반을 둔 좀 더 창의적인 급여 시스템을 만들어 냈을 것이다.

_우정에 이끌리면 판단이 흐려진다

매릴린은 케이티가 IBM에 근무할 당시 상사로 있던 사람들에게 케이티에 관해 필요한 사항을 알아봤어야 했다. 그런데 그렇게 하지 않았다. 또 케이티의 업무 실적에 관해 솔직하게 말해 달라고도 했어야 했다. 자신이 잘 모르고 있는 부분이 무엇인지도 알아봤어야 했다. 이제 와서 하는 말이지만, IBM에 근무하는 사람들은 케이티가 그곳을 떠난다는 사실이 좋아서 '침묵' 을 지켰는지도 모른다.

"케이티는 상사의 지시와 관리가 필요한 사람이며 거대 조직의 특성인 익명성에 딱 알맞은 유형이지요. 개인적으로 나는 케이티를 좋아합니다. 단지 케이티에게는 노동관근면이라는 것이 없다는 게 문제지요. 업무에 필요한 지식과 기술은 있지만 너무 게으른 것이 탈이었죠. 나는 절대 그런 꼴은 못 봅니다. 그런데 우정이라는 감정이 논리를 가린 거지요."

회사가 크든 작든 간에 직원을 대할 때는 사심 없이, 그리고 객관적으로 공정하게 대해야 한다. 이러한 객관성과 공정성이 훼손되면 소기업이든 대기업이든 문제가 발생하게 마련이다.

직원의 이력과 경력 사항을 반드시 살펴봐야 한다. 이 부분은 아무리 강조해도 지나치지 않다. 자기 자신을 효과적으로 홍보하는 방법은 누구나 배울 수 있다. 관련 세미나에 참석하거나 서적을 참고하는 것도 도움이 된다.

'소송 천국'이라고도 하는 요즘은 직원에 관해 솔직한 답변을 얻기가 참 힘들다. 말 한번 잘못하면 명예훼손이니 뭐니 골치 아픈 일에 연루될 수 있다. 그렇기 때문에 이런 정보를 얻으려면 약간의 창의력을 발휘할 필요가 있다. 매릴린이 알고 있는 어떤 사람은 전 상사 혹은 사장을 보호하기 위해법적인 문제에 휘말리지 않게 하기 위해 매우 독특한 방법을 사용한다고 한다. 즉, 이 매니저는 일부러 업무 시간 후에 채용을 고려하고 있는 사람의 옛 상사나 사장에게 전화를 걸어 음성 메시지를 남긴다. 메시지를 통해 이런 저런 사람을 채용하려고 하는데 이 사람의 채용을 강력히 추천한다면 이 메시지가 기록된 시간으로부터 24시간 이내에 전화를 해주시고 그렇지 않다면 24시간 이후에 전화하거나 전화를 하지 말아달라고 말한다.

이 매니저는 매릴린에게 자신이 사용한 방법이 실패한 적은 아직 없다고 말했다. 이전 직원의 능력과 태도를 높이 사는 상사라면 24시간이 지나기 전에 전화를 주려고 할 것이다.

추천서도 꼼꼼히 살펴봐야 한다. 그리고 별 다른 실적이나 성과가 없는 사람인 경우에는 무조건 '열심히 하겠습니다' 라는 말만으로는 충분치 않다. 직원의 성격이나 성향 역시 조직의 목표와 어긋나지 않아야 한다.

_성장을 위한 성장

모든 사업 모형이 다 성장만을 좇는 것은 아니다. 고객의 수를 늘리고 직원을 더 많이 채용하는 것이 수익을 증대시키는 유일한 방법은 아니다.

매릴린은 고객을 놓치기 싫어 직원을 고용했다가 수익 증가는 커녕 큰 낭패만 봤다. 그러나 대행 업무에서 전략 컨설팅 업무로 사업 모형을 재구성하자 수익도 증가했고 고객 기반도 튼튼해졌다. 시간 여유가 더 생긴 것은 물론이다.

_성공에서 오는 자기 과신

매릴린은 기업과 컨설팅 업계 모두에서 성공을 거두자 직원 관리에 관해서만은 자신만만한 기분이 들었다. 그래서 자신의 판단 착오 때문에 돈이 줄줄 새 나가는 것을 보면서도 그런 상황은 일시적인 것이고 얼마든지 시정이 가능한 것이라는 믿음을 버리지 않았다.

원한다고 해서 모든 상황이 다 회복될 수 있는 것은 아니다. 분명히 일이 잘못되어 가고 있는데 계획을 수정하지 않고 처음 계획을 그대로 고수하는 것은 지도자로서의 자질이 부족하다는 징표다. 상황을 재평가하고 융통성을 발휘하여 현실에 맞추는 능력이야말로 성공의 핵심 열쇠다.

질문

+ 잘 아는 사이라고 해서 해당 분야에 아무런 경험이 없는 사람을 앉히려 한 적이 있는가?

+ 둥근 말뚝을 네모난 구멍에 박아 넣는 우를 범하지 않기 위해 채용 후보자의 장점과 약점을 철저히 검토하고 있는가?

Tim
Barton

이 름 **팀 바튼**Tim Barton
회사명 **프레이트쿼트닷컴**Freightquote.com
부 문 **온라인 운송 서비스**
연수입 **6700만 달러**

팀 바튼은 모든 기업인들로 하여금 긍정적이고 생산적인 질투의 정도를 넘어 시기심에 불타오르게 하기에 충분한 그런 사람이다. '하루아침에 이루어진 것처럼 보이는 성공'도 사실은 그렇게 되기까지 오랜 시간이 걸린다고들 한다. 그러나 팀에게는 이 말도 예외인 듯싶다. 팀은 잘 알지도 못하는 분야에 그것도 적은 자본을 들고 뛰어 들어 수백만 달러 규모의 기업으로 키워냈다.

시카고에서 신문 배달 일을 하던 시절부터 사업 아이템을 생각해둔 팀은 자신의 첫 번째 회사인 이동통신회사를 창업했다. 이때는 아직 LSU루이지애나주립대학 대학원생이던 시절이었다. 1990년에 대학 동창 몇 명과 함께 시작한 회사는 1990년에서 1996년 사이에 220만 달러의 수익을 올리는 회사로 성장했다. 이후 기업을 공개

했고 성장 속도는 더욱 빨라졌다. 그리고 팀이 30세이던 1996년에 2억 4000만 달러라는 천문학적인 금액으로 회사를 매각했다.

그리고 두 달이 지난 후 다음 사업을 추진하기 시작했다. 새 회사를 설립하여 운영할 자금도 충분했고 자신이 진출하려고 하는 운송업계에 관해서도 잘 알고 있었다. 통신 측면에서만 보자면 당시의 운송업계는 아직 1950년대 수준을 벗어나지 못하고 있었다.

"구식 전화와 팩스로 운영되는 트럭 운송업계의 상황이 아주 한심한 수준이라는 말을 여러 사람한테서 들었어요. 물론 난 트럭 운송업에는 전혀 경험이 없었지요. 이동통신과 인터넷 외에는 말이죠."

용감한 자에게 영광을!

1998년, 팀은 프레이트쿼트닷컴을 창업했다. 이 회사는 여러 운송업자가 제공하는 상품을 B2B기업 간 거래 고객들이 검토할 수 있도록 최첨단 기술을 사용한 집중처리형 디렉토리를 제공한다. 이 사이트에서는 트럭 한 대 분, 트럭 한 대 미만, 급송, 지방 운송, 복합운송 등의 가격을 실시간으로 올려 운송 지연이나 경매 방식의 가격 흥정을 허용치 않는다.

운송업자가 일단 등록을 한 후에는 출발지, 목적지, 중량, 등급등 세부 사항을 입력한다. 그런 다음 이용 가능한 모든 선택 사항을 운송인에게 보내면 운송인은 이 가운데 적당한 것을 선택한다. 또한 이 사이트는 자동화된 운송 서류와 주간 통합 청구, 온라인 문서

보존 등의 기능을 제공하여 선적 및 운송 업무를 간소화시켰다.

현재 이 회사는 직원 수가 160명이나 되는 큰 기업으로 성장했다. 수익 증가율도 가히 폭발적이었다. 1999년도 수익은 100만 달러였다. 2000년에는 1550만 달러이던 것이 다음 해에는 3300만 달러로 급증했다. 그리고 2002년에는 6000만 달러가 됐다.

이와 같이 비약적인 양적 성장에는 그만한 대가도 따른다. 바로 인적 자원 문제가 그것인데 기업이 성장하는 과정에서 다음 단계로 넘어갈 때 회사의 창업 공신 역할을 했던 직원들이나 좋은 관계를 유지해왔던 사업 파트너를 어쩔 수 없이 솎아내야 하는 상황이 오면 고용주는 많이 망설일 수밖에 없다.

창업 당시에 채용했던 직원들은 처음에는 나무랄 데 없이 훌륭하게 일처리를 해줬다. 그러나 회사 규모가 점점 커지면 초창기에 회사와 함께 했던 직원 모두를 다 끌어안고 갈 수 없다는 점을 인정해야 하는 것이 가장 힘들다고 말한다.

"몸집이 작아 역동적으로 움직이는 것이 가능했던 조직일 때는 모든 일을 도맡아 처리할 수 있는 '팔방미인'이 필요할 수도 있어요. 그러나 몸집이 커지고 각 분야별 책임 수준이 높아지면 분야별로 일을 전담할 사람이 필요합니다. 그래서 처음에 일을 맡아하던 사람한테서 이일 저일 거둬다 각기 전담자에게 분배해야 하지요. 결국 초창기 담당자에게 남겨진 업무는 얼마 되지 않게 됩니다."

관리 업무도 마찬가지다. 10~20명 정도 되는 직원을 관리할 수 있는 사람에게 50명 혹은 100명의 직원을 관리하게 하는 것은 무리다. 팀은 이런 상황이 되면 어렵기는 하지만 다른 사람에게 관리를 맡길 수밖에 없다고 말한다.

> 여러분도 인간인 이상 회사가 성장을 하는 동안 늘 함께 해왔고 변함없는 충성심을 보여줬던 사람을 갑자기 버려야 하는 일이 달가울 리는 없을 겁니다. 하지만 주주와 다른 직원들을 생각한다면 '창업 공신'이라 해도 어쩔 수 없이 털고 갈 수밖에 없어요. 이런 사실을 인정하는 것 자체가 힘든 일이지요. 그렇지만 계속해서 성장하려면 또 역동성을 유지하려면 처음부터 함께 했던 직원이라고 해서 예외로 처리할 수 없어요.

이는 특별히 직원에게만 해당되는 일이 아니라 사업 파트너^{동업자}의 경우도 마찬가지다. 팀은 이동통신 회사를 운영할 때 여러 명의 동업자와 함께 일했다. 처음에는 동업자를 대학 동창 가운데서 찾았다. 그런데 수백만 달러 규모로 회사가 커지자 기존 동업자의 역량만으로는 회사를 유지하기가 버거웠다. 그러나 창업 초기부터 유지해온 '클럽' 같은 회사 분위기 때문에 누구는 내보내고 누구는 같이 가자고 말하기가 상당히 어려웠다. 오랜 친구를 해고하는 것은 정말 어려운 일이다. 더구나 다른 친구들이 모두 회사를 나가는 것도 아니고 계속해서 남아 있는 친구도 있는데, 유독 어떤 친구만 내보내는 일이 어떻게 쉬울 수 있겠는가?

실제로 팀은 동업자 없이 투자자만 받기로 어렵사리 결정했다. 일반 직원과 간부 사원은 어떡해든 관리가 가능하지만 동업자는 경우가 다르다.

회사 규모가 커짐에 따라 적체된 동업자 문제가 성장의 큰 걸림돌이 된다. "항상 느끼는 것이겠지만 회사 규모가 커져 도저히 자신의 업무를 감당할 수 없게 된 사람이 생겨도 실제로 이 사람을 내보내는 작업은 6~9개월은 지난 후에나 이루어진다는 것이 문제지요. 부분적으로는 어떡해든 자신이 문제를 해결할 수 있다고 생각하거나 신의를 중요시하는 좋은 사장으로 남고 싶다는 순진한 생각이 그 이유가 될 수 있겠지요. 하지만 결국, 결단을 내리지 않으면 상황은 더 나빠진다는 사실을 깨닫게 되죠." 팀 역시 여러 번 이런 결단을 내려야 했고 그때마다 인간적인 감정과 사주로서의 입장 사이에서 갈등하지 않을 수 없었다. 팀에게 다가온 첫 번째 문제는 프레이트쿼트닷컴의 두 번째 직원과 관련된 것이었다. "나도 이 직원이 모든 업무를 맡아 할 수 있는 팔방미인이라는 것을 잘 알고 있었고 그 당시에는 또 그런 사람이 필요했던 것도 사실입니다. 하지만 창업한 지 9개월 정도 지나면서부터 이 직원이 하던 일을 하나 둘 거둬들여 새로 입사한 직원에게 배분하기 시작했고 그러다 보니 나중에는 이 직원이 할 일은 단 한 가지밖에 남지 않게 됐는데 게다가 그 일은 이 사람이 좋아하지도 않는 일이었어요.

그러자 이 직원은 이제 다른 사람의 업무가 된 일에 다시 관여하려고 했고 그 바람에 조직의 분위기가 매우 어색하게 돌아갔지요."

오랫동안 함께 했던 팀의 첫 번째 IT 담당자 역시 이와 비슷한 문제로 골머리를 썩였다. 프레이트쿼트닷컴으로서는 세 번째 직원인 이 사람은 IT 분야 기업인으로서는 천재적인 능력을 지닌 사람임에 분명했다. 그러나 IT '관리자'는 영 아니었다.

회사가 커지면서 IT 분야 직원 전체를 감독하기 시작했으나 이 사람은 그저 성가신 상관일 뿐 실제로 이들을 관리할 능력은 없었다. 외부에서 전문 관리자를 영입해오자 분위기는 더욱 껄끄러워졌다. 관리자 역할을 하던 사람에게 일개 평직원으로 돌아가라고 말하는 것은 여간 어려운 일이 아니다. 그러나 조직의 서열 체계를 지나치게 강조하면 새 관리자의 입지가 불안해질 우려가 있다. 결국 팀은 계약 기간 종료 후 9개월 정도 지나 이 사람을 내보냈다.

세 번째로 팀을 난처하게 만들었던 사람은 인사담당자로 일했던 사람이었다. 이동통신회사 시절부터 함께 일했던 이 사람도, 창업 초기 시절 회사 규모가 작아서 직원 명부로 3″×5″ 크기 카드 한 장이면 충분했고 직원 관리에 그다지 정교한 능력이 필요치 않았을 때는 아주 훌륭하게 업무를 수행했다. 그러나 직원 수가 100명 이상이 될 정도로 회사가 커지자, 이 사람이 도저히 감당할 수 없는 지경이 됐다.

"그 동안 이 사람이 회사에 보여줬던 충성심만으로 문제를 덮고

갈 수 없으며 이 사람보다 더 뛰어난 사람을 인사담당자로 앉힐 수밖에 없다는 결론에 도달했지요. 하지만 대놓고 '지금까지 인사부장 역할을 아주 잘 해 줬소. 그런데 이제 그만 두어야겠어요. 여기 새로 온 인사부장을 소개하지요' 이렇게는 말 못할 겁니다. 여러분도 아마 마찬가지 입장일 겁니다. 그래서 되도록 좋은 모양새로 이 사람을 해고할 기회가 있었음에도 결국 상처가 곪아 터질 때까지 기다리기만 했지요."

다 지난 다음에야 하는 말이지만, 팀은 이 인사 담당자가 갈퀴 끝에 걸린 채 갈 데까지 간 비참한 처지가 되기 전에 이 사람을 정리했어야 했다.

이제 팀은 좀 더 실제적이고 직접적인 접근 방식으로 고용과 파트너 관계를 다루고 있다. 그리고 6개월 혹은 1년 주기로 조직에 '새 피'를 수혈하는 일에 전혀 망설임이 없기 때문에 회사는 아주 역동적으로 움직이고 있다.

■ 잃은 것

회사의 효율성과 생산성을 떨어뜨리는 직원을 정리하지 못하는 바람에 여러 형태로 기회를 잃었다. 이렇게 상실한 기회의 비용을 돈으로 정확히 환산할 수는 없지만 아마도 수십만 달러 가치는 될 것이다.

▶ 무엇이 문제였나?

_개인이 중요한 것이 아니라 회사가 중요하다

친구는 친구고 사업은 사업이다. 이 두 가지가 평화롭게 공존하기란 사실상 어렵다. 현상을 유지하는 선에서 만족하지 않고 회사를 더 키워 나가기 바란다면 사사로운 감정보다 회사를 우선시해야 한다. 회사의 성장에 걸림돌이 되는 직원이나 동업자를 그냥 껴안고 가면 다른 직원과 동업자에게 해를 입히는 결과가 된다.

_사람의 그릇 크기는 저마다 다르다

특히 창업 초기에 채용되는 직원 그리고 함께 일하는 동업자는 자신의 현재 자리가 반석 위에 놓인 듯 굳건한 위치가 아니며 회사가 성장함에 따라 그 자리는 얼마든지 다른 사람으로 교체될 수 있다는 사실을 알아야 한다. 관리자급 사원을 정리하면 회사의 역동성을 보장하는 데 도움이 되고 또 일단 거머쥔 성공에 안주하지 못하게 이들을 긴장시키는 효과가 있다. 인력 정체가 가져오는 손실 비용은 엄청나다.

> "매년 직원을 상대로 인터뷰를 재실시해야 한다는 것이 제 생각입니다. 조직의 목표는 '안정'이 아니라 '성장'이란 사실을 직원들에게 각인시킬 필요가 있어요."

자신이 원하는 것이 역동적인 성장이 아니라 안정적이고 꾸준한 성과라면 역시 안정적이고 꾸준한 유형의 관리자도 나쁠 것은 없다.

> "이제야 하는 말이지만, 창업사에 필요한 인재를 파견해 주는 인력 회사가 있으면 좋겠어요. 성장 단계에 있는 회사와 이미 일정 궤도에 오른 회사 사이에는 아무래도 차이가 있을 테니까요."

고용 안정을 보장할 수 없다는 점과 필요에 따라 해고가 빈번히 발생할 수 있다는 사실을 미리 솔직히 밝혀두면 같이 일하던 사람을 내보내는 데 따른 죄책감이 조금은 줄어들 수 있을 것이다. 사람과의 관계를 끊는 일은 어렵고 힘든 일임에는 틀림이 없다. 하지만 이에 정면으로 맞서야 한다. 최우선시해야 하는 것은 '회사' 그리고 일을 제대로 해줄 수 있는 '사람' 이다.

질문

+ 장기적인 관점에서 직원을 채용하는가?
+ 급속한 매출 성장을 계획하고 있다면 그 프로젝트에 따라 선발한 판매 직원들이 그 자리에서 3년에서 5년 정도 근무할 수 있는 사람들인가?

Dianne
Patterson

이 름 **다이안 패터슨** Dianne Patterson
회사명 **클레임서비스리소스그룹** Claim Service Resource Group Inc.
부 문 **보험 클레임 처리**
연수입 **6000만 달러**

외부인의 시각에서 보면 다이안 패터슨의 삶은 의외의 연속이라는 생각이 든다. 다이안은 미술 교사 교육과정을 이수했으나 엉뚱하게도 수백만 달러 규모의 보험 클레임 처리 회사를 운영하고 있다. 마이어스-브리그스 성격 유형 검사 결과를 봐도 다이안은 전형적인 CEO 유형과는 거리가 멀어도 한참 멀다.

그러나 성공하는 사업가의 길이 정해져 있는 것이라면 누구나 다 성공한 사장이 됐을 것이다.

다이안은 노스텍사스대학에서 미술 교육을 전공했으며 그곳에서 만난 돈 Don 과 사랑에 빠져 결혼까지 했다. 고학을 해야 했던 다이안은 학비를 벌기 위해 건강 보험 클레임을 처리하는 일을 했다.

재택근무를 하면서 돈을 벌기에는 안성맞춤인 일거리였다. 다이안은 졸업 후 댈러스 교구에서 일자리를 얻을 수 있었다. 그러나 일주일 후 사표를 던지고 말았다.

"도대체가 그 일이라는 것이 너무 마음에 안 들더군요."

졸지에 백수 신세가 된 다이안은 자신이 잘 아는 분야에서 일을 찾기로 했다. 그래서 에퀴터블 보험회사Equitable Insurance에 취직을 했다. 그 일에서만큼은 어쭙잖은 전문가보다 훨씬 나았다. 다이안은 그야말로 클레임 판정의 '달인'과도 같이 완벽하게 일처리를 했고 덕분에 클레임 관리 사업에 진출하고자 했던 대행사 세 곳에서 다이안에게 제 3자 조정관이 돼 줄 것을 요청하기에 이르렀다.

업계 상황을 파악하며 준비된 사업가로서 여러 가지 경험을 쌓기에는 더 없이 좋은 기회였다. 그러나 한 가지 걸리는 부분이 있었다. 업무 속성상 1년 내내 꾸준히 일감이 있는 것이 아니어서 클레임 처리를 해야 할 때는 다수의 인원이 필요하지만 막상 일이 끝났을 때는 잉여 인원을 정리해야 하는 상황이 발생한다. 여기서 사업가적 기질이 발휘되기 시작했다. 다이안은 그냥 그러려니 수긍하기보다 문제를 해결할 수 있는 방법을 찾기로 했다.

" 인력 부문에서는 항상 유동적인 상태에 있었지요. 필요에 따라 직원을 고용하고 또 해고하는 일이 빈번히 일어났어요. 그래서 전문성이 높은 핵심 조사관 몇 명을 정식 직원으로 고용하면서 필요에 따라 아르바이트로 일하는 사람을 임시로 고용하는 방법을 생각해냈지요.
때에 따라 업무량이 다르지만 그래도 직원 수를 적정 수준으로 유지
할 수 있는 아주 색다른 인력 관리 모형을 생각해냈어요."

이 방법은 꽤 성공적이었다. 다른 보험회사에서 다이안이 만든
한시적 업무팀의 파견 근무를 요청하기 시작했다. 직원 관리에 관
한 한 다이안의 능력이 탁월하다는 점은 너무 당연한 사실로 받아
들여지기 시작했다. 아무 문제없이 일이 순조롭게 진행됐다면 아
마도 대형 보험회사에서 중간 관리자 혹은 이사 자리에까지 올랐
을지도 모를 일이다.

그러나 인생이 그리 호락호락한 것이 아니니 문제다. 승승장구
하던 다이안에게 예기치 않은 일이 발생했다. 회사 사정이 나빠졌
고 거래하던 대행사에서 핵심 직원 일부의 일시 해고를 요청해왔
다. 필요하다면 해고도 불사해야 하는 경우가 있다. 다이안이 염려
했던 것은 그런 것이 아니다. 다만, 다이안은 그동안 유능한 클레
임 처리 전문가들과 아주 돈독한 관계를 형성하고 있었다. 직원 정
리를 요구한 사람들에게는 그것이 '비용 절감' 을 위한 수단으로
보였겠지만 다이안이 보기에 그것은 귀중한 자산을 파괴하는 행위
로 보였을 뿐이다.

다이안은 휴가를 신청하고 잠시 생각할 시간을 가졌다. 자신과
함께 했던 핵심 인원과 임시직 고용인을 모두 끌어안고 자신의 회

제2부 직원 : 과연 필요악인 존재인가?

사를 차려 나가겠다는 결론을 내렸다.

"처음 생각은 의료 보험 클레임 분야의 '켈리서비스Kelly Service' 와 같은 회사를 만드는 것이었어요. 휴가 기간 중에 나는 회사 두세 곳을 찾아가 필요할 때 자신이 구성한 임시 업무팀을 활용할 생각이 없는지 물었지요. 세 곳에 연락해서 세 건의 계약을 성사시켰어요. 그래서 휴가에서 돌아오자마자 회사로 돌아가 사표를 냈어요. 그 다음 날로 바로 댈러스클레임서비스Dallas Claims Service라는 회사를 만들었지요. 물론 나중에 클레임서비스리소스그룹으로 상호를 변경했어요."

처음에는 한 도시 정도를 영업 범위로 하는 소기업으로 출발했지만 이 사업의 성장 잠재력이 어마어마하다는 사실을 곧 깨달았다. 한 지역을 기반으로 한 회사에서 주 단위로 영업 범위가 넓어지더니 나중에는 전국 단위의 회사로 영역을 넓혀갔다. 처음에는 인력 관리 전문 회사로 출발했으나 나중에는 주요 서비스 품목에 외주 클레임 처리 업무도 추가하여 수익성을 한층 높일 수 있었다. 1980년에는 연 수익 5만 7000달러의 소기업이었으나 2001년에 댈러스에 있는 페롯시스템즈Perot Systems에 매각될 당시 연 수익은 약 6500만 달러였다.

" 업계 상황이 변화할 때는 우리가 제공하는 기술에 대한 수요도 증가했지요. 내가 할 수 있었던 일은 범위가 좁은 반면 깊이로 승부

할 수 있는 틈새시장을 찾아 여기서 먹힐만한 서비스를 창출해 내는 일이었지요. 항상 준비하는 자세로 우리 자신을 혁신하는 일을 게을리 하지 않았어요. 그래야만 업계에서 요구하는 바를 충족시켜 줄 수 있으니까요."

다이안의 경우를 참고하자면 서비스 사업자가 관리해야 하는 것은 아이디어, 돈, 사람/인재 등 세 가지다.

"지금까지 사업을 하면서 가장 어려웠던 부분은 사람을 관리하는 것이었어요. 그리고 내가 깨달은 사실 가운데 가장 중요한 것은 나를 이 자리까지 오게 한 사람이라 해도 이들만으로는 현상을 유지할 수도 다음 단계로 나아갈 수도 없다는 거지요."

많은 기업인들이 이구동성으로 하는 말처럼 다이안 역시 잘라야 할 사람은 한시라도 빨리 자르는 것이 상책이라는 말에 적극 동감한다.

"현 조직 문화에 적합한지 아닌지 여부를 가능하면 조기에 평가하여 문제의 징후가 처음 나타났을 때 주저 말고 정리해야 했어요. 그런데 나는 별 탈 없이 일 잘하던 예전 생각만 하고 이런 사람들을 그냥 끌어안고 갔다는 것이 문제였지요."

간략히 말하자면 이렇다. 1990년대 초반까지 회사는 제공하는 서비스의 종류 및 수주량 면에서 큰 성장세를 보였다. 그래서 1980년대 초반에 구성했던 핵심 직원만으로는 업무를 감당하기 힘들 정도가 됐다.

> " 회사 규모가 커지면서 처음에는 임시직 고용인을 확보하여 고객의 의뢰에 따라 가용 인력을 고객의 사무소로 파견, 관리하는 일을 하다 나중에는 하루 24시간 체계로 가동되는 독립적 서비스 사업 본부를 운영하는 것으로 회사의 성격에 변화가 생긴 겁니다. 그런데 사장한테 와서 '더 이상은 못하겠습니다. 도움이 필요해요. 우리를 감독하고 관리해 줄 누군가 다른 관리자가 필요합니다'라고 말하는 직원은 아마 없을 겁니다. "

"수익이 3000만 달러에 이르게 되자 자넷과 샐리 두 사람만으로는 도저히 업무를 감당할 수 없었어요. 수익 규모가 2000만 달러에 달했을 때까지는 업무량이나 범위 등과 관련하여 그런대로 꾸려나갈 수 있었어요. 그런데 그 선을 넘어간 이후부터는 이들의 단점이 드러나기 시작했지만 이들은 그 점을 교묘히 가리는 데 급급했지요. 그래서 우리는 수십 명의 고객에게 클레임 처리 서비스를 제공하기 위해 하루 24시간 체계의 서비스 사업 본부를 설립하여 운영하느라 많은 돈을 투자했지요. 이들은 서비스 본부를 계속해서 운영했지만 새 일거리를 따오지는 못했어요."

"이 사람들은 계속해서 의뢰가 들어올 것이라고 재차 말했지만 일은 들어오지 않았어요. 그러면서 회사는 갑작스런 위기 상황에 봉착하게 됐지요. 서비스 사업 본부에는 400~500명의 직원이 있었고 장기 리스에다 만만치 않은 간접비용까지, 전 가용 자원을 100% 가동해야만 겨우 감당이 되는 상황이었어요. 그런데 그때 당시 일거리가 없었기 때문에 자원의 50%나 전체의 4분의 1정도밖에 가동하지 못하는 상황이었지요. 돈을 갈퀴로 긁던 회사가 졸지에 수입이 거의 없는 한심한 회사로 전락한 겁니다. 그러나 신의 가호가 있어서인지 이 난국에서 빠져나올 수가 있었지요."

다이안 자신도 뭔가 크게 잘못되고 있다는 사실을 감지했으나 문제가 뭔지 꼭 집어 말할 수는 없었다고 했다. 다이안이 단행한 첫 번째 해결책은 영업 인력을 '전문화' 하는 것이었다. 창업 멤버였던 자넷과 샐리는 문제가 된 이 서비스 사업 본부의 운영과 영업 부문을 담당했다. 그러나 이들에게는 연 수익 3000만 달러 규모의 회사를 관리할 만한 전문적인 경험과 능력이 부족했다. 다이안은 텍사스에 소재한 이디에스EDS 사에서 경험 많고 유능한 영업 담당자 두 명을 찾아냈다.

> "이들을 영입하자 회사는 단숨에 이전 상태로 회복되더군요. 그러나 기존 직원과 새로 들어온 직원 간에 알력이 생긴 겁니다. 두 집

단에게는 본질적 차이가 있어 서로 융화되기 어려운 면이 있었어요. 새로 영입한 직원들은 전문화된 관리 체계 하에서 일하던 부류였고 우리 회사 직원은 다소 배타적이었다고 할 수 있지요.**"**

그래서 다이안은 이 두 집단이 하나로 융화될 수 있도록 애를 썼다. 그러나 자넷과 샐리는 새로 온 두 사람의 일을 방해만 할 뿐이었다. 물론 이런 결과는 기존 직원의 무능력에 기인한 것일 수도 있겠지만 악의적인 의도가 전혀 개입되지 않았다고 보기도 어렵다.

"샐리와 자넷은 자신의 영역을 지키기 위해 지나치게 예민한 반응을 나타냈지요. 일이 되게 하려고 열심인 게 아니라 새 영업 담당자가 하는 일을 방해하는 데 열심이었어요. EDS에서 온 영업 담당자가 큰 계약 하나를 성사시켰어요. 그런데 자넷이 기존 고객이 의뢰한 업무를 처리하는 데 필요 이상으로 많은 인원을 투입하는 바람에 새 일에 투입해야 할 적임자를 찾을 수가 없었어요."

2년여 동안 회사에서 소화할 수 있는 계약 건수의 60%를 다른 곳에 넘겨야 했고 이 때문에 회사는 재정적으로 큰 타격을 입었다.

"나는 결국 자넷을 해고하고 그 사업 본부를 폐쇄한 후 직접 관리하기로 했지요. 그리고 전문화, 자동화된 시스템을 통해 '세일즈

펀넬[영업 깔때기|sales funnel]'상의 수주 현황을 파악할 수 있게 했지요. 일단 계약이 성사되면 그 일에 맞는 기술과 능력을 지닌 적당한 인력을 그 업무에 배정하는 등 인력 관리를 훨씬 효율적으로 할 수 있었어요."

그런데 다시 서비스 공급 부문에서 문제가 생겼다. 영업 실적이 급증함에 따라 다이안과 COO최고운영책임자*는 인력 배정과 영업 간에 균형을 맞추려고 노력했다. 이번에 문제가 된 사람은 샐리였다. 샐리는 기존 고객에게 필요 이상의 인원을 배정함으로써 새로 성사된 계약건 이행을 어렵게 했다.

COO*
Chief operating officer 의 약자. 기업 내부의 사업을 총괄하는 책임자. 2000년부터 미국의 기업에서 생겨나기 시작해 세계적으로 파급된 직책

"그래서 우리는 자동화된 서비스 공급 표준을 마련해야 했지요. 시급 서비스를 제공할 때는 그럴 필요가 없었지만, 일단 우리가 인력 관리를 맡게 되면서 서비스 공급 수준이나 품질, 정확성 등을 우리 측에서 보장해야 했어요. 업무 처리 담당자가 고객의 사무소로 파견되어 일할 때는 작업 흐름과 관리의 책임이 고객에게 있지요. 우리는 고객에게 자격이 있는 사람을 파견하고 고객은 그 사람을 관리하는 거지요. 하지만 서비스 본부에서는 작업의 품질과 양을 우리가 보증해야 했어요."

질 낮은 서비스를 공급하게 되면 수익성이 악화된다. 수익 규모

3000만 달러의 회사는 그 규모가 6000만 달러까지 커졌다가 한 동안 1500만 달러 선에서 정체되어 있었다.

"전문화된 서비스 공급 시스템이 제자리를 잡아가자 개별 직원의 생산성을 그야말로 분 단위로 속속들이 파악할 수 있었고 어디가 어떻게 잘못됐는지도 알 수 있었지요. 그런데 샐리는 이러한 자동화된 서비스 공급 시스템을 제어, 관리할 수 있는 능력에 한계가 있었어요. 한 마디로 진보된 시스템에 적응하지 못한 거지요. 전문화된 서비스 공급 시스템이 가동된 후 샐리에게는 COO를 보좌하는 일을 맡겼지요. 어쨌거나 샐리를 해고하지 않고 끝까지 끌고 갈 수는 있었어요. 하지만 회사 안에서 나름대로 작은 왕국의 맹주 역할을 했던 샐리로서는 이러한 보직 변경이 몹시 자존심 상하는 일이었겠지요."

몇 년 후 클레임서비스리소스그룹의 매출이 6500만 달러로 최고점에 달했을 때 페롯시스템즈가 회사를 인수했다. 현재 패터슨 부부는 캘리포니아 주에 있는 소도시 카멜과 댈러스를 오가며 멋진 인생을 살고 있다.

■ 잃은 것

3~4년 동안 1000~1500만 달러

▶ 무엇이 문제였나?

_정기 검진 – 병이 난 다음에 병원을 찾으면 늦는다

급성장을 한 회사가 거의 그렇듯, 다이안의 회사 역시 매출 규모가 1만 달러에 불과했다가 10여 년 만에 매출 규모 3000만 달러인 조직으로 성장하면서 극심한 성장통을 겪어야 했다. 보험업계의 변화 상황에 맞춰 주기적으로 서비스 쇄신 작업을 하는 등의 노력을 기울였으나 전반적으로 회사 자체가 어떻게 굴러가고 있는지에 관해서는 신경을 쓰지 않았다.

조직의 규모가 커지면 그에 따라 사업 운영 방식에도 변화가 있어야 한다.

> "필요에 따라 외부에서 컨설턴트를 영입했지만 문제 상황이 닥치면 그 문제가 무엇이든 간에 무조건 맡겨놓고 보는 식이었지, 무엇이 잘못되고 있는지 또 무엇이 잘 되고 있는지 등 전체적인 시각에서 회사 상황을 분석하게 하지는 않았어요. 그래도 다행스러운 것은 문제가 한꺼번에 몰아 터진 것이 아니라 하나씩 시차를 두고 발생했다는 부분이지요."

_모든 사람과 끝까지 함께 갈 수는 없다

현재 일을 하고 있는 사람이 감당하기 힘들 정도로 조직의 규모가 커지는 경우가 있다. 이럴 때 고용주는 이 난국을 타개하기 위해 다음 세 가지 중 한 가지 조치를 취해야 한다.

1) 증가된 업무 범위와 작업량 또는 다양해진 직무 등을 처리하는 데 필요한 교육 및 훈련을 실시한다.

2) 다음 단계로 도약하는 과정에서도 직원을 정리하는 일은 없을 것이란 점을 확신시킨다. 그러나 현재의 직위나 직책을 보장할 수는 없으며 다른 누군가를 상사로 모셔야 하는 상황이 전개될 수 있다는 점도 함께 알린다.

3) 해고한다.

"정말 하기 힘든 일이지요. 그래도 자존심 따위는 제쳐두고 직위 변동에 관해 당사자와 마주 앉아 허심탄회하게 대화를 나눌 필요가 있어요. 지난 20년 동안 내게 와서 '더 이상은 무리입니다. 도와줄 사람이 필요합니다'라고 말한 사람은 한 명도 없었어요."

"내 경험으로 미루어 보건대 그건 정말로 가장 하기 힘든 일이었어요. 나를 이 자리까지 오게 한 사람이라 해도 이들만으로는 현상을 유지할 수도 다음 단계로 나아갈 수도 없다는 사실을 알게 됐지요. 그러니까 끊임없이 새로운 사람들을 채용하는 것이고요. 이런 과정이 매끄럽게 이루어지는 것은 결코 아니지만 현실이 그러니 어쩔 수 없는 거겠지요."

질문

+ 현재의 가용 자원으로는 소화하기 힘들 정도로 회사 규모가 커졌는가?

+ 담당자가 감당하기 버거울 정도로 업무가 과도하게 늘어났는가?

+ 자신의 회사를 전체적인 시각에서 평가하여 무엇을 잘 하고 또 무엇을 잘못하고 있는지 파악한 적이 있는가?

+ 직원 관리를 제대로 하고 있는가?

+ 작은 성공에 안주하도록 내버려두는가, 아니면 스스로의 한계를 인식하고 이를 극복하도록 독려하는가?

DO AS I SAY NOT AS I DID

Jeff Taylor

이 름 **제프 테일러**Jeff Taylor

회사명 **몬스터닷컴**Monster.com

부 문 **온라인 구인·구직 관리**

연수입 **5억 5000만 달러**

'나는 사람들하고 잘 어울려' 라고 말하는 사람들이 많다. 그러나 이 말을 제프 테일러처럼 확실히 보여주는 사람도 아마 없을 것이다. 제프가 운영하는 사이트에는 하루에 약 800만 명이 접속하고 가는 곳마다 자신이 제공하는 서비스에 만족을 표하는 고객을 만나지만 제프는 고객들과의 접촉이 자신이 생각하던 수준에 훨씬 못 미친다고 느끼는 그런 사람이다. 백만장자이면서도 파티 석상이나 클럽에서 DJ 노릇하기를 즐기는 이유가 바로 여기에 있다. 그런 자리를 통해 사람들과 직접 접촉하면서 그 사람들에게 자신이 어떤 영향을 미치는지도 피부로 관찰할 수 있다.

제프가 사업을 하면서 가장 만족스러운 부분은 함께 일하는 사

성공을 넘어선 **CEO**

람들이 자신의 경력을 개발하는 데 도움을 줄 수 있다는 점이라고 말한다. 결코 허풍이 아니다. 제프가 운영하는 회사는 '경력 개발' 회사라 해도 과히 틀리지 않을 것이다. 제프의 몬스터닷컴은 최대 구인·구직 웹사이트다. 그렇기 때문에 제프 같은 사람이 인사 관리 문제로 실수를 한 적이 있다고 하면 대다수 기업인들이 이를 귀담아 듣게 된다.

닷컴dot-com이란 말이 현대의 아이콘으로 떠오르기 훨씬 전인 1990년대 초로 거슬러 올라가면 이때 제프는 광고대행사 애디온 Adion의 소유주였으며 직원 40명을 둔 이 회사는 꽤 잘 나가는 상태였다. 사업하는 사람들이 대부분 그렇듯이 테일러 역시 한번 성공했다고 해서 그 자리에 그냥 주저 앉기보다는 또 다른 사냥감을 항상 찾아다녔다. 그래서 취업 및 채용 알선 업계에서 쌓은 그간의 경험을 최첨단 인터넷 기술 사업과 접목시키려고 했다. 제프는 애디온 식구들과 함께 이 사업을 구상했지만 애디온의 핵심 간부들과 유능한 인재들을 끌어들이지 않고 대신 장래가 유망한 사람들로 몬스터닷컴을 구성했다. 물론 이러한 방침 자체가 잘못된 것은 아니다. 제프 자신도 어쨌든 몬스터닷컴은 처음에 애디온 내에서 그다지 환영받지 못한 아이디어였다는 점은 인정한다.

> ❝새 사업을 구상하는 동안에도 애디온을 운영하는 데 차질이 있어서는 안 된다는 점을 잘 알고 있었어요.❞

몬스터닷컴을 구상하는 중에도 애디온은 승승장구했고 이로 인해 당시 광고/통신업계의 거물 TMP월드와이드의 주목을 끌게 됐다. 결국 1995년, 제프와 TMP월드와이드는 거래를 성사시켰고 이에 따라 애디온과 몬스터닷컴은 TMP월드와이드에 인수됐다. 이 거래로 제프가 무엇을 얻었든 간에, 가장 중요한 것은 제프 자신은 무엇과도 바꿀 수 없는 귀중한 자원, 즉 인재를 잃어버렸다는 사실이다.

제프는 몬스터닷컴의 수장으로서 TMP월드와이드에 합류한 반면 애디온 식구들은 수십억 달러 규모의 거대 기업인 TMP월드와이드라는 조직 속에서 뿔뿔이 흩어져 사라져 버렸다. 6개월이 채 안 되어 제프는 애디온 시절의 간부 직원 대다수가 TMP월드와이드를 떠나고 있다는 이야기를 들었다. 제프는 원래 몬스터닷컴에 있던 직원과는 계속해서 함께 했지만 제프 자신이 귀중한 인재라고 여겼던 사람들과 핵심 간부들 대부분은, 제프와 같은 배를 타지 못하고 낙오됐다는 생각에 소외감을 느끼기에 충분했다. 이로 인해 TMP월드와이드로서는 인재를 잃는 결과가 됐고 제프 역시 직원들과의 소중한 관계가 깨졌다는 사실을 깨달았다.

> ❝기존 인재를 남겨둠으로써 회사의 명성을 이어가려 했던 노력은 결국 그 인재를 경쟁자의 입 안에 털어 넣어 주는 결과가 되고 말았지요.❞

사실, 제프는 애디온의 직원들이 TMP월드와이드를 떠나고 있다는 이야기를 듣고 이전의 간부 두 명에게 직접 연락하여 몬스터 닷컴 사업부로 오라고 제의했다. 그런데 이 두 사람은 모두 6개월 전에 전화를 줬으면 좋았을 것이라고 말했다. 결국 한 사람은 이 제의를 받아들였고 나머지 한 사람은 떠나고 말았다.

> "이런 상황을 좀 더 일찍 알았어야 했어요. 이 사람들이 어떤 상태에 처해 있는지 어디로 가고 있는지 파악했어야 했지요. 물론 함께 했던 사람들을 항상 다 끌어안을 수야 없겠지요. 하지만 적어도 내가 그 사람들과 관계를 계속 유지하고 싶어 한다는 사실과 언젠가 때가 되면 함께 일할 수 있을 것이란 사실 정도는 알게 했어야 했지요."

제프는 애디온의 뛰어난 인재들이 회사를 떠나고 있다는 사실을 알고 몬스터닷컴으로 이들을 끌어오려고 노력했으나, 이 가운데 3분의 1만 제의를 수락했고 나머지는 모두 다른 곳으로 떠나 버렸다. 애초 함께 했던 직원에 대한 애정이 깊었던 만큼 그때의 일을 회상하는 제프의 말 속에 후회의 빛이 역력했다. 몬스터닷컴이 2400명 이상의 직원을 거느린 대기업으로 성장한 지금도 이들에 대한 아쉬움은 사그라지지 않은 듯했다.

애디온과 몬스터닷컴을 TMP월드와이드에 매각하고 의기양양해하던 그때, 제프는 또 다른 큰 실수를 저질렀다. 사실, TMP월드와이드로서는 인수의 알짜배기는 애디온이었고 몬스터닷컴은 그냥 딸려온 덤에 불과했다. 1995년 제프는 장고 끝에 다른 사업가들과 별반 다르지 않은 결정을 내렸다.

"등산을 하다보면 편집증적인 망상에 사로잡히기가 더 쉽지요. 산을 오르면서 계속 이렇게 생각한답니다. '음, 이보다 더 잘할 수는 없었을 거야, 그럼, 아주 잘한 선택이지.' 그러면서 혹시 떨어지는 것이 아닌가 하고 걱정합니다."

"그러나 우리에게 더 잘할 것을 요구하는 것이 현실이지요. 1995년에 두 회사를 400만 달러에 매각했어요. 그런데 그 후 5년도 못 가서 닷컴 붐이 일어날 줄을 그 당시에 어떻게 알았겠어요?"

진부한 말이기는 하지만 '시점이 가장 중요하다'는 말은 분명 진리다. 제프는 인터넷 뉴스 서비스 업체 포인트캐스트PointCast의 경우를 보고 '시점'의 의미를 정반대로 적용했다고 말한다.

"언론 재벌 머독 그리고 또 다른 거대 언론 사주가 4억 5000만 달러에 포인트캐스트에 인수 제의를 했으나 경영진이 가격을 더 요구한 것으로 알고 있었어요. 그런데 그로부터 3년 후에 800만 달러에 최종 인수됐다는 기사를 최근에 읽었지요. 이들은 시점의 중요성을 정반대 차원에서 배운 셈이지요."

몬스터닷컴의 인수 가격은 100만 달러에 불과했지만 지금은 최대 수익률이 25억 달러나 되는 대어가 됐다.

사실, 제프가 이 거래를 통해 돈을 충분히 챙겼느냐는 관점에서

본다면 제프의 결정이 그다지 최악은 아니었다고 볼 수도 있다. 회사 인수 계약 당시 테일러는 향후 이 회사가 상장되면 수익의 극히 일부를 제프에게 배분한다는 조항을 삽입했다. 그 일부라는 것이 1%다. 당시 상황에서는 1%가 정말 '극히 일부'였겠지만 25억 달러의 1%라고 하면 상황은 달라진다.

"썩 훌륭한 거래를 한 셈이지요."

현재 제프는 근사한 곳에 새 사무실을 열고 몬스터월드와이드 Monsterworldwide로 상호가 바뀐 회사를 계속 운영하고 있다. 요즘도 새 아이디어를 구상하고 클럽에서 DJ를 하며 항상 새로운 아이템을 찾는 데도 열심이다. 그리고 가장 중요한 자산이라 할 사람들과의 접촉을 게을리 하지 않는다.

◫ 잃은 것

인적 자원과 재정적 측면에서의 막대한 기회비용

▶ 무엇이 문제였나?

_기존 직원들을 방치하다

제프는 두 가지 이유 때문에 기존의 간부 직원 대다수를 몬스터 닷컴에 합류시키지 않았다. 제프는 몬스터닷컴이 혹시 잘못되더라도 애디온은 계속 잘 되기를 원했다. 그리고 이들이 회사를 떠날 것이라고는 생각하지 못했다. 위험 없는 사업이 어디 있겠는가? 하지만 제프는 애디온 직원들에게 새 회사로 데려가지 않고 그냥 남겨두는 이유가 무엇인지 정도는 이들에게 설명해 줬어야 했다.

"이런 일들을 겪으면서 여러 가지를 배웠지요. 그 중에서도 한 가지를 들라면, 새로운 아이디어나 신상품을 구상할 때는 반드시 기존의 유능한 직원들을 끌어 모아 이 작업에 투입한다는 점이지요. 그랬더니 직원들의 전천후적 역량이 전보다 더 향상됐고 조직에서 더욱 중요한 사람들이 되어갔어요. 직원들도 자신들이 특정 직책에서 오래도록 일할 수 없을지 모른다는 사실을 알고 있어요. 그 점이 조직을 더욱 역동적으로 만들고 있지요."

_소원해진 관계

사람들과의 관계에서는 상대가 듣기 좋은 말이나 아양 떠는 말보다 더 중요한 것이 있다. 직원들이 행복을 느끼지 못한다면 그들을 잃을 수 있다. 제프는 자신이 직원들을 도외시했다는 사실을 깨닫지 못했으나 그 후로는 직원들의 경력 개발을 도와주는 일이 얼마나 가치 있는 일인지 알게 됐다.

> "이번 달 혹은 이번 분기에 얼마나 많은 사람들과 접촉했는가가 중요한 것은 아니지요. 모든 사람과 미래를 함께 할 수 있는 것은 아

니니까요. 하지만 직원의 경력 개발에 도움을 준다면 얘기는 달라집니다. 그리고 유형적인 것보다 무형적인 것이 더 가치가 있을 때가 있지요. 직원들과 접촉하는 것도 중요합니다. 이것이 사업의 기반이 되니까요. 하지만 그 이후에는 직원들에게 더 많은 것을 돌려주는 데 신경을 써야 합니다.**"**

더 말할 필요도 없겠지만 제프는 2400명이나 되는 직원 모두를 끌어안을 수는 없다. 하지만 그 대신 이들의 경력을 개발하고 관리하는 데 주안점을 두고 있으며 자신이 맡은 일에 최선을 다하는 몬스터닷컴만의 기업 풍토, 즉 직업적 성장을 중시하는 기업 문화를 창조했다.

_밥상이 차려졌을 때 밥을 먹어라

이 부분은 그리 간단치가 않다. 즉, 때를 놓치지 말라는 말인데 그것이 말처럼 쉽지가 않다. 과거를 돌이켜 볼 때는 모든 것이 확실하게 보인다. 하지만 미래는 항상 불확실하기 마련이다. 포인트캐스트건도 주위에서 이러쿵저러쿵 말도 많았을 것이다. 그러나 자신의 사업체를 언제 매각해야 할지 정확한 시점을 알려주는 수정 구슬 따위를 가지고 있는 사람은 아무도 없다.

사실, 제프는 자신이 몬스터닷컴을 매각하지 않았다면 오늘날과 같이 25억 달러 가치가 나가는 기업이 됐을지 장담하지 못한다고 했다. 제프로서는 그렇게 만들 경험도 인프라도 없다. 매각 대금을 조금 더 올려 받겠다고 버틸 수도 있었을까? 물론 가능한 일이다. 그러나 제프는 요행을 바라며 도박을 할 생각은 추호도 없었다. 그래서 제프는 확실한 거래를 선택했고 그대로 행동했다.

제프는 이렇게 말했다. "사람들 가운데는 협상 하는 것 자체가 싫어서 자신이 요구할 수 있는 것의 반 밖에 얻지 못하는 경우도 있어요. 그러나 요구를 하지 않으면 아무 것도 얻지 못합니다. 돌이켜 보면, 제 경우에도 현재 TMP 주식 시세 이상의 가격으로 회사를 넘기지는 못했을 겁니다. 그런데 회사의 상장을 돕는다는 조건으로 회사 가치의 1%를 요구하는 조항을 계약서에 넣는 바람에 큰돈을 벌 수 있었던 거지요."

질문

+ 회사에 아주 중요한 변화가 일어날 예정인가?

+ 자신의 업무에 막대한 영향을 미칠만한 그러한 변화로 인해 심한 반발이 일어나지 않도록 직원들을 안심시킬 방법은 있는가?

+ 회사의 전부 또는 일부를 매각하면서 자신은 그 회사에 그대로 남아있는 경우에, 향후 회사의 성장 혹은 기업 공개와 연관지어 자신에게 어떤 인센티브가 주어지도록 하는 조항을 계약서에 넣었는가?

Chapter3

동업자와의
관계

DO AS I SAY
NOT AS I DID

Chris
Ryan

이 름 **크리스 라이언**Chris Ryan
회사명 **에렙머스**Erapmus
부 문 **기술자문**
연수입 **850만 달러**

현재 투자자들에게 자신이 회사를 운영하면서 저질렀던 것과 같은 실수를 하지 않도록 가르쳐주는 자문회사의 사장으로 일하고 있는 크리스 라이언은 뉴욕 출신답지 않게 텍사스인 특유의 느린 어투로 말했다.

> **"실패로 인한 깊은 상처 안에 많은 지혜가 담겨 있지요. 내 등에도 아마 나이테처럼 많은 상흔이 새겨져 있을 겁니다."**

기업가 가문에서 태어난 크리스는 텍사스 대학 졸업생이자 전 테니스 코치이기도 했다. 자기 확신에서 오는 만족감과 두려움이 주는 자극의 힘이 자신에게 동기를 부여해 준다는 사실을 일찍이 깨달은 바 있다.

'아이를 물속으로 밀어 넣어야 그 아이가 수영하는 법을 배울 수 있다'는 옛말처럼 크리스의 아버지는 대학에 입학하고 나서 첫 학기가 지나자 학비와 생활비를 스스로 해결하라고 말했다.

"대학 공부를 무사히 마쳐 어느 정도의 생활수준을 유지하며 살려면 돈을 벌어야 한다는 사실을 바로 깨달았지요."

크리스는 음식점 서빙이나 피자 배달같이 당시 대학생들이 흔히 하던 아르바이트 대신 좀 더 확실한 수입이 보장되는 일을 하기로 했다. 공부하고는 별 상관이 없는 기술이었지만 크리스는 테니스를 아주 잘 했고 이것을 당분간 업으로 삼기로 했다. 그래서 오스틴텍사스의 주도 지역 인근에 있는 몇몇 아파트단지에서 테니스를 가르치기 시작했다.

"열일곱 살인가 열여덟 살 나이에 시간당 50달러를 벌었지요. 텍사스 대학의 1학점 당 비용이 16달러였으니까 학비는 충분했고 여분의 돈으로 넉넉한 생활까지 할 수 있었지요. 여기서 사업가로서의 기질이 많이 생겨난 것 같아요. 충분히 생활을 꾸려나갈 수 있을 뿐더러 내가 하는 일을 즐길 수 있다는 사실을 알게 됐지요."

미래의 동업자 데이비드를 만난 것은 대학 다닐 때였다. 데이비드는 성격이라든지 능력 면에서 크리스의 부족한 부분을 채워주는 아주 좋은 친구였다.

대학을 졸업한 후 두 사람은 각자 자기의 길을 찾아 나섰다. 크리스는 이동통신 분야에서 판매 및 관리 업무에 종사했고 데이비드는 컴퓨터 프로그래머가 됐다. 몇 년이 지난 1990년대 초에 두 사람은 다시 만났고 앞으로 유망한 업종이 무엇인지에 관해 철저히 조사하고 분석한 후에 컴퓨터 시스템의 절연과 관련한 네트워크 통합서비스회사를 차렸다.

"처음에는 아주 고전했지요. 운영 자금으로 15만 달러에서 20만 달러가 들어갔어요. 몇 년 동안은 마카로니와 치즈로 연명하면서 신용카드아메리칸익스프레스와 디스커버 등로 임대료를 지불하는 형편이었지요. 아마 아메리칸이스프레스 블랙리스트에 아직 이름이 남이 있을 걸요?" 크리스는 이렇게 말하며 웃었다.

"동업을 하면서 우리는 서로 부족한 부분을 잘 보완하고 있다는 점을 알게 됐지요. 나는 전면에 나서 판매와 프레젠테이션, 수익 창출 부분을 맡았고 데이비드는 실무를 맡았지요. 한 마디로 환상의 콤비였습니다." 크리스는 당시를 이렇게 회고했다.

회사가 잘 되려고 그랬는지 마침 기술 산업의 성장세가 심상치 않았다. 레이시온Raytheon: 방위산업체-역주, 파크랜드 병원Parkland Hospital, 아동병원Children' s Hospital, 월드컴 등과 기타 대기업들이 첨단 장비의 통합, 제거, 업그레이드 프로젝트를 위해 관련 업체와의 제휴를 서둘렀다.

기술 업종이 상승 기류를 타자마자, 크리스의 회사도 덩달아 상승세를 탔다.

회사가 한창 잘 나갈 때는 직원이 92명까지 늘었고 연수익은 850만 달러를 넘었다.

"1990년대 중반에는 기술 업종이라면 어디라도 상승 가도를 달렸던 때였지요. 이런 분위기를 포착한 사람이라면 누구나 큰돈을 벌었을 겁니다. 당시 우리 모두는 거의 미쳐있다시피 한 상태로 많이 흥분해 있었지요."

1997년에 두 사람은 사업을 다각화하기로 결정했다. 그래서 회사가 참여할 분야를 세 부분으로 나눴다. 당시로서는 현금이 충분했기 때문에 외부로부터 자본을 끌어들이지 않고도 회사를 크게 키워낼 자신이 있었다. 이들은 회사를 인사담당 부분, 지원담당 부문, 통합서비스 부문 등 크게 세 개 분야로 나눴다.

그런데 오래지 않아 문제가 발생했다.

"가장 큰 문제는 우리들이 무엇이든 만지는 대로 황금으로 만들었던 마이더스와 같은 사람이라고 착각했다는 점입니다. 어떤 분야에서 잘 한다고 다른 분야에서도 그렇게 되리라는 보장은 없지요. 그런데 그때는 그걸 몰랐어요. 그리고 자존심과 자부심이 너무 강했던 것도 문제였지요."

"그리고 빌리 조엘Billy Joel이 불렀던 노래의 가사처럼 '돈줄이 조이다보니까 싸움이 시작' 되더군요. 동업자 관계는 부부관계와 닮은 점이 있어요. 사업이 잘 될 때는 관계가 좋다가도 사업이 망해간다 싶으면 두 사람 사이도 틀어지기 시작하죠."

상황이 나빠지면 동업자 사이에 생긴 틈이 더욱 벌어지고 이것이 사업 전반에 걸쳐 걸림돌로 작용하면서 상황은 더욱 악화된다.

크리스와 데이비드는 재정적인 면에서 회사를 너무 확장했고 자신들의 성공을 과대평가했으며 관리 인원을 다른 사업부로 배치함으로써 관리팀의 역량을 약화시켰다.

> 우리는 우리가 가장 잘 할 수 있는 전문 분야에서 벗어난 거지요.
> 그래서 우리가 잘 하지도 못하는 분야인 관리 업무에 너무 많은
> 시간을 허비했고 우리가 잘 하는 분야에 인원을 집중시키지 못한
> 겁니다. 단 14개월 만에 회사의 몸집은 과도하게 불어났고 성장
> 동력이라든가 관계의 충실도 등이 많이 훼손됐지요. 관리하고 처
> 리해야 할 일이 너무 많았어요. 솔직히 말해 그런데도 자존심 혹
> 은 자부심이 너무 강해서 일이 어떻게 돌아가는지 제대로 직시하
> 지 못한 거지요.

정확한 현실은 이랬다. 크리스의 회사는 정말 잘 나갔지만 그때는 크리스 회사뿐 아니라 다른 기술 업체가 다 잘 나갔다. 요컨대

크리스가 띄운 배가 스스로 높이 올랐던 것이 아니라 당시 수면이 높아서 배가 높이 오를 수 있었던 것이다.

결국 이들은 과감한 행동을 취하지 않을 수 없었다. 인사 부문은 노동집약성이 강한 분야였다. 따라서 마개를 닫아버리기가 쉬웠다. 이를 통해 올바른 방향으로 나아가도록 관리할 시간을 벌수 있었다. 지원 부문에는 120만 달러 정도를 투자했다. 이 가운데는 전화교환기에 들어간 60만 달러도 포함돼 있다. 생각은 좋았지만 막상 서비스 제공이 시작됐을 때 이 서비스에 대한 수요는 없었다.

"처음에 기대했던 것은 10명으로 시작해서 고객을 100명으로 늘리는 것이었지만 최고 15명으로 늘리는 데 그쳤지요. 한 마디로 만들어 놓기만 하면 사람들이 몰려오는 그런 '꿈의 구장'을 그렸던 거지요. 우리는 이 업계에서는 무엇을 하든 된다고 믿었고 무엇이든 벌려만 놓으면 돈은 저절로 굴러 들어온다고 생각했지요."

1999년에 크리스와 데이비드는 심각하게 다퉜지만 가까스로 회사를 처음 위치로 되돌려 놨다. 두 사람은 어마어마한 부채를 짊어지게 됐다. 넉넉한 현금 보유고에다 연수익 850만 달러의 회사가 눈 깜짝할 사이에 300만 달러의 빚더미에 올라앉았다.

그러나 모든 것을 다 잃은 것은 아니었다. 1999년 당시 대대적인 인수 작업들이 진행되고 있었다. 기술 업종에 투자하지 않던 투자자들이 제2의 마이크로소프트를 발굴하겠다는 야심을 품고 기술 업체에 손을 뻗었던 것이다. 비기술자 출신이자 얼라이드웨이스Allied Waste 및 브로잉-페리인더스트리즈Browing-Ferries Industries: BFI의 창업자가 자금을 대고 있는 베리센터VeriCenter가 인수 제의를 해왔다.

> "이들이 우리 회사의 가치를 높게 평가한 것은 앞으로의 가치 상승을 기대했기 때문이지요. 이들은 유망한 몇몇 소기업을 인수하여 상장시킨 후 여기서 큰 수익을 내는 것이 목표였지요. 그 동안 해왔던 것도 있고 업계에서의 위치도 좋았기 때문에 우리는 아주 괜찮은 평점을 얻은 셈이지요. 그래서 기술주 거품이 꺼지지 전에 회사의 매각을 완료하여 모든 부채를 청산하고 투자금을 어느 정도 회수할 수 있었고 게다가 베리센터의 주식까지 보유할 수 있는 기회가 됐지요. 우리는 마주 오는 기차를 가까스로 피한 셈입니다. 처음부터 끝까지 운 좋게 타이밍 하나는 기가 막혔지요. 베리센터는 기술주 거품 붕괴 사태를 가까스로 극복했고 이번 일을 좋은 교훈으로 삼았습니다."

회사를 매각했다는 것은 동업자이자 친구였던 크리스와 데이비드의 관계도 끝이 났다는 것을 의미한다. 스트레스와 절망감, 서로에 대한 오해 등이, 대학시절부터 좋은 친구였고 동업을 하면서 큰 성공을 같이 경험했던 두 사람의 관계마저 단절시켜 버렸다.

■ 잃은 것

수백 만 달러의 자본금, 핵심 분야가 아닌 곳에서 헤매며 잃어버린 기회 비용, 15년 간의 우정

▶ 무엇이 문제였나?

_초보 사업가가 빠지기 쉬운 함정 – 자신을 절대 과대평가하지 말라

사업을 하는 사람들의 마음속에는 공통적으로 자신이 무엇을 하든 어떤 생각을 하든, 반드시 이를 성취할 수 있을 것이란 믿음이 자리하고 있다. 물론 사업가라면 이런 마음이 필요한 것도 사실이다. 이런 믿음 때문에라도 새벽 4시면 일어나 하루 열 두 시간에서 열여덟 시간이나 일에 매달리는 강행군을 한다. 그리고 늦은 밤 홀로 잠자리에 들고 일반 사원들은 전혀 모를 그런 불확실감을 느끼며 자리에서 일어나는 일을 반복한다. 이런 식으로 이들은 자신의 아이디어를 성공 사업 아이템으로 변화시킨다.

그러나 자신감이 지나쳐 자만이 되면 곤란하다.

> "한 친구가 초보 사업자가 지켜야 할 덕목으로 원대한 비전과 합리적인 실행력 외에 자신의 기술적 능력과 장점에 대한 경계를 너무 빡빡하게 설정하지 말 것 등을 제시했어요. 우리가 그 어떤 것도 할 수 있다고 믿었던 이유도 바로 여기에 있지요."

자신의 장점이 무엇인지 또 단점은 무엇인지 정확하게 파악하는 것은 중요하다. 하지만 자신감이 지나쳐 객관적인 자기 평가가 도외시되는 일이 있어서는 안 된다.

잘 계획된 결혼이 아니라 **눈먼 데이트 쪽에 더 가까웠다**

하루에 12시간 이상을 일에 매달려 있다고 하자. 아마 아내나 남편과 지내는 시간보다 동업자와 같이 보내는 시간이 최소한 두 세 시간 정도는 더 많을 것이다.

크리스는 동업자 데이비드와의 관계가 어떻게 악화됐는지 그 발단에 관해서 대충 설명을 해줬다.

> 기대 수준이라든가 경계 등을 설정하는 데 좀 더 신중을 기했어야 했고 서로에 대해서도 더 많이 이해하려고 노력했어야 했지요. 우리는 서로 어떤 기대를 갖고 있는지 얘기를 한 적도 없고 회사 사정이 나빠진 후에는 어떻게든 회사를 살려보겠다는 생각에 서로 너무 스트레스를 받는 통에 서로 간의 신뢰가 약화되기 시작했어요.

"아주 많은 일을 했지만 거기에는 생각이란 것이 뒷받침되지 않았어요. 어떤 방향으로 나가야 하는지에 관해 상대방에게 조언을 하거나 제안을 하는 일도 없었고요. 자금도 넉넉했고 시장 상황은 점점 좋아졌기 때문에 처음에는 우리 둘 다 붕 떠 있는 기분이었죠. 그래서 사업 다각화를 추진하면서 우리가 진정으로 기대한 것이 무엇이었는지, 또 우리가 서로에 대해 기대한 부분이 무엇인지에 관해 생각조차 하지 않았던 거지요. 그러다 모든 일이 뜻대로 풀리지 않자 우리의 관계도 그렇게 꼬이기 시작한 거죠."

동업을 생각하고 있다면 혼자 사업을 하는 것보다 다른 누군가와 함께 일하는 것이 더 가치가 있는 일인지 여러 각도에서 평가하는 일이 반드시 필요하다. 다시 말해, 1+1이 2가 되는 것만으로는 충분치 않다. 동업이 낫다는 판단이 서려면 1+1이 적어도 10은 돼야 한다. 1+1이 고작 2밖에 되지 않는 상황이라면 동업의 장점보다는 문제가 더 많이 발생할 것이다.

친구나 가족이 동업자가 되는 경우에는 각자의 전문 분야나 기대 수준 등이 너무 많이 겹친다. 그러므로 이런 사람과 동업을 해야 한다면 미리미리 더 완벽하게 준비하고 계획해야 하고, 서로의 기대 수준에 관해서도 철저한 이해가 뒷받침돼야 한다. 이러한 부분이 결여되면 상황이 안 좋을 때 혹은 실적이나 성과 측면에서 문제가 불거졌을 때, 서로 간에 틈이 생기고 사업적 측면의 추진력과 도전 정신도 약화되게 마련이다.

요즘 크리스는 패러다임엔터프라이즈솔루션즈Paradigm Enterprise Solutions를 통해 투자자들에게 기술업체 가운데 투자 가치가 적은 회사를 찾아내는 방법에 관해 자문을 하고 있다. 크리스는 이를 '회사 선별'이라고도 하는데 이 작업은 관리, 고객, 현금 흐름, 기술/장치/하드웨어/소프트웨어 등 성공 사업의 필수적인 요소라고 생각되는 네 가지 기준에 따라 이뤄진다.

어떤 의미에서 보면 크리스는 자신이 겪은 실수의 상흔과 그로부터 얻은 교훈을 자신의 고객에게 알려주는 것으로 자신의 소임을 다한 것인지도 모른다.

초보 사업가에서부터 〈포브스〉 표지를 장식하는 업계 거물에 이르기까지 사람들은 누구나 실수를 한다. 실수에 자극을 받아 더 분발하여 결국 성공에 이르느냐 아니면 그대로 주저앉고 마느냐? 중요한 것은 그러한 실수나 실패를 어떻게 다루느냐에 달려 있다.

질문

+ 자신과 동업자는 서로의 기대 수준이라든지 목표에 관해 잘 알고 있는가?

+ 어려운 상황도 함께 헤쳐 나갈 준비가 돼 있는가?

+ 핵심 분야 이외로 사업 영역을 확장시키려는 계획을 하고 있다면 그 계획이 과연 현실성이 있는 것이며, 그곳에서도 수익을 낼 자신이 있다고 보는가? 아니면 그저 자신을 마이더스왕 쯤으로 생각하는 것은 아닌가?

+ 절친한 동료와의 문제, 자신의 정신적인 부분에 관한 어려운 문제이기는 하지만 사업에서 성공하고 싶다면 해답을 찾았는가?

DO AS I SAY
NOT AS I DID

David
Matthews

이 름 **데이비드 매튜**David Matthews
회사명 **에이브이포유**AV4U*
부 문 **기업 시청각 서비스**
연수입 **2200만 달러**

언젠가 혁신적 사회 과학자이자 심리학자이기도 했던 한 학자가 어렸을 때 신선한 잔디 냄새를 맡은 경험이 있는 것과 나중에 사업가가 될 가능성과의 상관관계를 조사한 적이 있다. 여기에 관해서는 여러 가지 의견이 있을 수 있겠지만 성공한 사업가들에게 이런 공통점이 발견된다는 것만 말하고 넘어가겠다.

다른 사업가들과 마찬가지로 데이비드 역시 어렸을 때 용돈 몇 푼 벌기 위해 잔디깎기를 돌린 그 때부터 돈을 번다는 것의 참맛을 느끼기 시작했던 것 같다. 데이비드는 오하이오 주립대학 재학 당시 연례 시연회를 시작했으며 졸업 이후에도 이 시연회는 계속됐다. 그리고 댈러스에 있는 서던메소디스트 대학SMU MBA 과정

제3부 동업자와의 관계

에 등록하는 것과 동시에 시청각 서비스 회사 에이브이포유AV4U를 설립했다. 다들 마찬가지겠지만 사업의 길이 처음부터 순탄했던 것은 아니다. 오히려 데이비드는 남보다 더 많은 시련과 실패를 경험해야 했다.

1991년, SMU MBA 과정을 밟을 때 동업자가 될 두 사람형제을 만났고 이 세 사람이 힘을 합쳐 회사를 차렸다. 기업 고객을 대상으로 한 회의와 행사용 시청각 서비스 및 화상회의와 오디오 장비 설치 등의 서비스를 제공하는 회사였다. 세 사람은 각기 동등한 지위와 입장에서 각기 자신 있는 분야의 업무를 담당하기로 했다. 데이비드는 영업과 재무 관리를 담당하고 판매 및 설치 분야를 관리했다. 형제 가운데 형이었던 팀*은 창업 회사의 행사 진행 작업을, 동생 탐*은 마케팅과 스튜디오 작업을 담당했다.

처음에는 좋았다. 마치 금메달을 딴 단거리 육상선수처럼 질주하며 〈포춘〉지 선정 1000대 기업에 이름을 올리는 등 기염을 토했다.

이런 성장세는 꿈에서만 가능하리라 생각했던 모습이었다. 1991년에 15만 달러의 수익을 올렸다. 1996년 말에는 총수익이 1500만 달러였고 현금 수익률이 20%였다. 이런 성장에 필요했던 자금은 내부적으로 거의 충당이 됐다.

회사 규모가 커짐에 따라 제품 판매와 설치 사업부, 스튜디오 애니메이션과 시각자료 제작사업부, 행사진행 사업부 간의 특징이 극명해졌다. 상품 판매 사업부는 이 회사의 수입처이기는 했지만 수익률은 그다지 높지 않았다. 반면에 행사진행 사업부는 그야말로 이 회사의 돈줄이었다. 그런데 시각자료 제작사업부는 한 마디로 돈 먹는 기계였다. 그렇지만 고객을 끌어들이는 데는 일등공신이었다.

동업자들은 서로 협력하여 회사를 잘 꾸려나갔다. 서로의 단점을 보완하기에 충분할 만큼, 각기 나름의 장점을 보유하고 있었고 무엇보다 같은 비전을 공유하고 있었다. 하지만 인간성과 관련하여 몇 가지 주의하고 넘어가야 할 것이 있었음에도 데이비드는 이를 그냥 무시해버렸다.

> **"**동업자끼리 서로 다른 목표를 가질 수 있기 때문에 다른 사람과 함께 사업을 한다는 것은 매우 어려운 일이지요. 우리는 서로 협력하며 잘 해 나갔으므로 이 부분에 있어서는 운이 좋았던 셈이라 할 수 있습니다. 팀과 탐에게 부정적인 특질이 있다는 것을 알았지만 다른 장점이 있었기 때문에 이 부분은 그냥 묻혀버린 거지요.**"**

1996년, 외부 투자자들이 데이비드의 회사에 관심을 나타냈고 기업 고객 가운데 한 곳이자 상장기업인 한 소프트웨어 회사에서 에이브이포유에 수백 만 달러를 투자하고 싶다는 뜻을 전해왔다. 그러나 여기에는 두 가지 조건이 있었다. 첫째는 일반적인 요건으로서 일정 수준의 실적을 나타내야 한다는 것이었다. 둘째로 이 소프트웨어 회사 투자자들이 자사 소속 관리자를 보내 세 명의 젊은 창업주이미 1500만 달러 규모의 회사로 만들었던 젊은이들를 관리, 감독하겠다는 조건이었다.

구체적으로 이들은 회장과 CEO, CFO 역할을 할 인물을 새로 보내 데이비드의 회사를 관리하고 세 명의 창업주에게는 그때까지 담당했던 사업부의 관리를 각각 맡기겠다는 것이다. 당시 총 직원 수는 150명을 넘었다. 그런데 얼마 지나지 않아 문제가 발생했다. 새로 들어온 회장과 CEO, CFO는 세 명의 창업주, 특히 팀 형제와 의 사이가 매우 껄끄럽다는 것을 곧 깨달았다.

"회사가 잘 되는 방향에서 새로운 관계의 설정을 모색해야 한다 는 데 겉으로는 의견의 일치를 본 것 같았지요. 그러나 내심은 그 렇지 않았던 것 같아요."

우선은 새로 영입된 사람들이 스튜디오 사업부를 바라보는 시각 이 세 사람과 전혀 달랐다. 이들은 좀 더 경험 많은 사람으로 관리 자를 교체하여 수익성을 높이든가 아니면 사업부 자체를 아예 폐 쇄해야 한다는 입장이었다.

결국 보스턴에서 유능한 스튜디오 책임자가 왔고 얼마 지나지 않아 이 사업부는 흑자 구조로 돌아섰다. 하지만 탐은 여간 기분이 좋지 않았다. 탐은 자신이 억지로 자리에서 밀려나고 있다고 느꼈 고 자식과도 같은 자신의 사업부를 다른 누군가에게 빼앗기는 것 이 정말 싫었다. 그래서 탐은 형 팀과 함께 새로 들어온 스튜디오 사업부 책임자를 적극적으로 방해하기 시작했다. 데이비드는 이런 사실을 목격했고 상황은 더욱 악화됐다.

"일이 점점 악화되어 결국 나는 새 회장과 CEO, CFO를 만나 팀 형제가 어떤 식으로 팀워크를 해쳤는지를 기술한 서류를 작성했어요. 이렇게 문제는 일단락됐고 다 지난 일이 되기는 했지만 동업자로서의 우리의 관계는 계속 악화됐지요."

6개월 후 팀 형제는 스튜디오 사업부 책임자를 몰아냈고 동시에 데이비드가 두 사람에 관해 쓴 서류를 발견하고 데이비드가 자신들한테서 회사를 빼앗아가려 했다고 생각한 이들은 반대로 데이비드한테서 회사를 빼앗기로 결심했다.

정말 지저분하고 참담한 일이 벌어진 것이다.

관리자들 간의 알력은 극에 달했고 결국 회장은 이런 결론에 이르게 됐다. 판매와 설치 및 외주 사업부를 회사에서 분리, 독립시키고 스튜디오와 행사담당 사업부는 팀 형제에게 맡기기로 결정했다. 판매와 설치 및 외주 사업부의 지분은 대부분 데이비드가 소유하는 것으로 하고 회장 자신이 이 사업부를 대표하는 것으로 했다.

계약상으로는 앞으로 몇 년 동안 에이브이포유 총수익의 몇 퍼센트를 투자자들에게 지불해야 하는 것으로 돼 있었으나 얼마 안가 팀 형제는 이를 이행하지 않았다. 팀 형제는 처음 2년 동안은 투덜거리며 약속된 금액의 25%만 지불하고는 나머지를 이행하지 않고 사라져 버렸다. "투자자들에게 지불해야 하는 금액 외에도 부채가 너무 많아서 도저히 관리할 수준이 못됐던 거죠."

▥ 잃은 것

주주에게 지불한 수백 만 달러, 혹시 가능했을지 모를 2200만 달러 가치의 회사

▶ 무엇이 문제였나?

_동업을 하는 것은 결혼하는 것보다 더 어려운 일이고 때로는 훨씬 큰 손실을 입을 수 있다

누군가와 같이 사업을 한다는 것 자체가 매우 어려운 일이다. 동업에 성공한 사람은 극히 드물다. 성공한 사람들은 존경받아 마땅하며 이들이 동업자 관계를 유지하기 위해 했던 모든 행위가 평가할 만한 가치를 지닐 정도로 동업이란 힘들고 어려운 일이다. 동업자 관계에 금이 가게 하는 것이 무엇인지 잘 살펴야 한다. 마치 결혼을 하는 사람이 부부관계를 원만히 유지하기 위해 애를 써야 하는 것처럼 말이다. 동업자와 함께 한 회사에 있다는 것은 마치 사위가 장모와 한 집에서 사는 것처럼 신경 쓰이는 일이다.

"처음 몇 년 동안은 매우 성공적이었고 상호간에 신뢰도 쌓였지만 외부에서 사람과 투자금이 들어오면서 모든 것이 달라졌습니다. 절묘한 협력관계에서 오는 조직의 역동성도 제휴 관계도 모두 어긋나고 말았지요. 이제 와서 아무 소용없는 말이지만 내가 다시 그 당시로 돌아간다면 절대 외부 자금은 들여오지 않고 그냥 있는

그대로의 에이브이포유를 이끌고 갔을 겁니다."

그러나 데이비드와 팀, 탐의 결합도 그다지 권할 만한 것은 아니다.

> "나는 정직과 관련하여 두 사람에게 신뢰할 수 없는 부분이 있다는 것을 알았어요. 그렇지만 이외에 다른 부분에 있어서는 나무랄 데가 없었고 우리는 서로 잘 해나가고 있었기 때문에 굳이 이 부분을 문제 삼지 않고 그냥 넘어간 겁니다. 하지만 종국에 가서는 이런 부정적인 부분들이 극명하게 드러나면서 그때까지 쌓아왔던 모든 것을 한꺼번에 무너뜨린다는 것을 명심해야 합니다."

결국 허술한 토대 위에 세워진 건물은 오래 가지 못한다. 이는 사업하는 사람들이 쉽게 빠지는 함정이다. 어떤 사람이 한꺼번에 열여덟 가지 일을 처리한다면 그 사람에게는 '좋은 것'을 찾아낼 시간밖에 없다는 의미다. 즉, '나쁜 것'에까지 신경을 쓸 여력이 없다.

동업을 고려한다면 동업자를 선택하는 일에서부터 동업자 관계를 유지하는 부분에까지 많은 것을 신경 써야 한다. 사람들이 결혼을 할 때는, 이것저것 신경을 많이 쓰고 요모조모 따지는 것도 많다. 그런데도 결혼한 사람의 절반 가량이 결국 이혼을 선택하고 배우자의 부정행위로 고통 받는 사람들의 비율은 이보다 훨씬 높다. 동업은 동업자에게 자신의 미래의 일부를 맡기는 일이고 자신이 가진 자원을 공유해야 하는 관계다. 그 중요성이나 역할 면에서 동업자가 배우자보다 못하지는 않다.

> 우선 처음에는 아주 작은 일부터 시작해서 동업자를 검증해야 합니다. 서로 관계를 맺으면서 차츰 그 사람의 됨됨이와 능력 등을 꼼꼼히 따져 봐야 하는 거지요.

그나마 다행스러운 것은 데이비드 본인이 좋지 않은 경험에서 빨리 회복됐다는 사실이다. 현재 데이비드는 주로 텍사스와 서남부 지역 소재 성장 기업에 투자하는 민간 펀드사에서 이사로 재직 중이다.

질문

+ 자본 문제 때문에 타사와 제휴 관계를 맺고 있는가?
+ 유입된 자본이 동업자와의 유기적 관계성에 어떤 영향을 미칠지 철저히 분석했는가?

*회사명과 형제명 모두 가명

DO AS I SAY
NOT AS I DID

Judith
Briles

이 름 **주디스 브릴즈**Judith Briles
회사명 **브릴즈그룹**The Briles Group, Inc.
부 문 **호텔 개발업**
연수입 **미공개**

성공한 사업가들의 공통점을 보면 어떤 형태로든지 간에 이들
은 철저한 조사 작업을 생략하는 일이 많다는 점이다. 주디
스 브릴즈 역시 마찬가지였다. 철저히 조사하고 감독하는 일을 게을
리 했던 다른 사업가와 마찬가지로 주디스 역시 무관심 때문에 배신
을 당하고 횡령 사고를 당하기 일쑤였다. 그러나 그러한 사실에서
무엇을 배웠는지 또 이를 어떻게 극복했는지 하는 부분에 있어서는
주디스에게서 좀 차별화된 모습을 볼 수 있다. 사업을 하면서 다 같
은 경험을 하는 것도 아니고 사주가 당면하는 역경이나 문제도 다
다른 것이라서 주디스의 해법이 만병통치약은 될 수 없겠지만 사업
하는 사람이라면 누구나 고려해 볼 만한 부분이 분명히 있다.

때는 1980년대 초였다. 경제적으로는 카터 대통령 집권기의 경기 불황에서 막 벗어나려고 하던 때였다. 1970년대 말의 침체기 이후 돈이 돌기 시작했고 사업 환경도 다시 활기를 띠었다. 캘리포니아에서 몇 년 간 주식중개인으로 성공을 맛봤던 주디스는 유능한 금융자산관리사이자 다수 부동산 재개발 및 리노베이션 프로젝트의 투자자금조달인으로 활약했다. 주디스와 동업자 케리*는 캘리포니아주 버클리에서 리노베이션 프로젝트를 계획하고 있는 호텔 한 곳을 찾아냈다. 케리와는 전에도 수익성 있는 몇몇 프로젝트 작업을 같이 진행한 바 있다. 건설 프로젝트 부문에 대해서는 은행이 보증을 섰고 따라서 이들은 높은 수익을 내고 재매각할 희망을 품고 리노베이션 작업에 돌입했다.

그런데 1980년대 영화에서나 나올 법한 일이 현실에서 벌어지고 말았다. 1980년대 초에 동업자 케리가 코카인 복용 열풍에 가세하고 말았다. 당시 마약 복용은 음침한 클럽에서나 행해지는 일이 아니라 사업하는 사람들 사이에서는 공공연한 일로 받아들여지던 때였다. 마약을 사야 했던 케리는 송장을 조작하는 방법으로 은행에서 돈을 인출하여 쓰기 시작했다. 의심스러운 부분을 조사했어야 할 은행은 아무런 제재 없이 돈을 내줬다.

예를 들어, '조경' 작업 명목으로 4만 5000달러를 청구하는 데도 전혀 주저함 없이 이 돈을 인출해 가도록 했다. 호텔은 은행과 식료품점 중간 지점에 위치해 있었기 때문에 주변에는 주차장 밖

에 다른 것은 아무 것도 없었다. 당연히 조경 따위에 그만한 거금
이 들어갈 이유가 없었다.

"은행은 아무런 의심도 하지 않았고 나도 마찬가지였어요."

그로부터 6개월이 못가서 주디스 개인 자격으로 보증한 대출금
에서 케리는 다시 45만 달러를 횡령했다. 그때까지도 주디스는 공
금이 사라졌다는 사실도 그 돈이 마약을 사는데 들어갔다는 사실
도 까맣게 몰랐다.

"이 때문에 나는 큰 타격을 입었어요. 케리는 파산 신고를 하고
회사를 떠났어요. 주 검사는 케리에게 책임을 묻기는 사실상 어렵
다고 말했지요."

몇 년 간의 법정 투쟁 끝에 주디스는 100만 달러 이상을 잃었다.
결국 주디스와 남편은 살고 있던 집을 팔아야 했고 아이들을 보살
피기 위해 옷가지까지도 처분해야 하는 신세가 됐다.

> 우리는 가족회의를 열어 아이들에게 상황 설명을 해줬어요. 앞으로
> 우리가 가진 모든 것을 잃게 될 수도 있다고요. 아이들에게 끝까지
> 돌보겠지만 이전과 같은 수준을 기대하지는 말라고 당부했지요.

이 사고가 터지고 나서 얼마 지나지 않은 시점에 주의 의무 결여
를 이유로 은행을 상대로 소송을 걸었고 은행은 합의를 제의해 왔
다. 주디스는 이 합의금을 개인 계좌에 넣지 않고 투자 펀드에 적

립했다. 채권자 가운데 한 사람은 최종 합의에 이르기 전에 돈을 모두 회수하겠다는 심산으로 아주 유능한 변호사를 고용했다. 소송은 몇 년 동안 진행됐고 주디스는 일주일에 서너 번씩 법정에 출두해야 했다. 은행의 합의금이 있었음에도 불구하고 주디스는 개인 자산까지 잃고 말았다. 그래도 주디스는 결국 채권자에게 땡전 한 푼까지 모두 갚았다.

이런 과정을 겪으면서 주디스는 한 가지 의문이 떠올랐다. 도대체 왜 이런 일이 벌어진 것인가? 주디스는 똑똑하고 나름대로 성공한 여성이었다. MBA 출신인데다 회계나 금융 분야에서라면 누구에게도 뒤지지 않을 자신이 있었다. 그런데 그런 자신이 어쩌나 이런 꼴을 당하게 된 것일까?

이 질문에 대한 확실한 답을 알 수 없었고 또 호텔 리노베이션 프로젝트에 관한 전반적인 관리 방법도 알고 싶었던 주디스는 다시 대학으로 가서 경영학 박사 과정을 밟았다. 이때 행동과학에 특히 중점을 두고 공부를 했다. 자신이 그렇게 허망하게 빈털터리가된 이유와 방법에 관해 알고 싶었던 것이다.

이러한 수학의 결과 주디스는 자신의 첫 번째 저서 《여자의 적은 여자인가?*Do women Undermine Women?*》를 세상에 내놓았다.

66 지금까지 겪었던 내 모든 경험이 내 인생의 방향을 바꿔 놓았어요. 다른 사람의 돈을 끌어 들여 함께 일하는 것은 더 이상 절대

하지 않을 것이라고 다짐했지요. 그리고 진정으로 하고 싶은 일은 자신의 돈을 잘 관리하고 거래를 제대로 하는 방법을 다른 사람들에게 가르쳐 주는 일이란 걸 알았습니다."

주디스는 줄곧 자신의 꿈을 실현시키려고 해왔지만 그 꿈이 현실의 벽에 부딪쳤을 때 자신이 품고 있던 목표와 욕망을 재평가해 볼 수 있는 기회가 됐다. 그리고 더 이상은 그 전과 같은 일을 하는데 흥미가 없다는 사실을 깨달았다. 이는 좌절 때문에 주저앉아 버린 나약한 기업인의 모습은 결코 아니다. 단지 주디스는 이를 계기로 자신의 가치와 목표에 대한 궤도 수정을 한 것 뿐이다.

이제 주디스는 경영자문가이자 사업 관계와 사업 전략 분야에서 수차례 수상 경력에 빛나는 유명 저자로 거듭났다. 또한 자신의 지식과 경험을 바탕으로 동기 유발에 관한 강연에도 나서고 있다. 현재 브릴즈그룹은 이름만 들어도 알 수 있는 쟁쟁한 기업을 고객으로 확보하고 있는 직업전략자문회사로 널리 이름을 날리고 있다. 주디스는 위시리스트WISH List의 이사이며 전미강연자협회National Speakers Association와 샌프란시스코여성은행Women's Bank of San Francisco, 콜로라도간호연맹Colorado League of Nursing의 전 이사이기도 하다. 또한 여성외과의사협회Association of Women Surgeons와 여성전문가협회 Women Officers Professional Association의 명예 이사이다.

주디스는 사업적 성공의 진정한 의미를 발견하고자 그간 걸어왔던 길을 완전히 수정한 인물이다. 사업가가 되겠다는 꿈을 과감히 버리는 것도 때에 따라서는 의미 있는 일이기 때문에 이 부분은 매우 중요하다. 하던 일을 중도에 그만 두는 것이 이상적인 해결책은 아니다. 하지만 아무런 득이 되지 않는 게임에 계속 붙들려 있는 것은 어리석은 일이다.

▥ 잃은 것

몇 년 동안의 행복한 시간, 정신적인 안정감 그리고 100만 달러 이상의 돈

▶ 무엇이 문제였나?

_이것은 사업이지, 개인적인 일이 아니다

주디스의 문제는 남을 너무 믿는 것이었다. 주디스는 믿음이란 가장 훌륭한 재산이자 의무라고 보았다. 그리고 스스로의 연구조사를 통해 입증된 바와 같이 여기에는 여성이란 부분도 한 몫을 차지한 것으로도 보인다.

"일반적으로 여성은 남성보다 남을 더 잘 믿는 경향이 있어요. 그 믿음을 배신해도 기꺼이 그 사람에게 다시 기회를 주곤 하지요. 그렇지만 남성들은 그렇지 않아요. 케리와 나는 전에 몇몇 프로젝트를 같이 했던 사람들입니다. 그래서 나는 케리를 믿었지요."

주디스는 마피아를 주제로 한 유명한 영화 〈대부〉에 우리가 새겨들어야 할 중요한 대사가 나온다고 말한다. '이것은 사업이지 개인적인 일이 아니야.'

"일적인 면에서 나는 케리와 대립한 적이 없어요. 동업자 관계를 떠나 나는 케리를 친구라고 생각했지요. 그런데 돌이켜보면 이런 애매모호한 태도가 내 판단을 흐려 놓아 당연히 주의했어야 할 부분을 놓치게 만든 것 같아요."

사실 케리에게 문제가 있다는 단서는 여기 저기 널려 있었으나 주디스는 이를 모른 척 넘어가 버렸다.

"돌이켜보면 이상 징후는 얼마든지 있었어요. 언젠가는 며칠 동안 마치 해골 같은 모양새로 나타난 적이 있었고 불면증 때문에 죽을 지경이라고 호소한 적도 있었지요. 그러나 나는 그 당시 마약이라는 것을 해본 적이 없어서 그 증상이 어떤지 잘 몰랐어요. 다시 그때로 돌아간다면 평상시와 다른 이상 행동을 주의해서 보고 조사에 들어갈 테지요. 이런 일이 있을 때는 아주 철저하게 조사해도 하나 문제될 것이 없습니다."

_나 이외에는 아무도 나를 위해 필요한 조사를 해 주지 않는다

성가신 서류 작업이나 자질구레한 장부정리 작업이 하기 싫어 사장이 됐다고 하는 사람의 말이 전혀 엉뚱하기만 한 것은 아니다.

사실 한 기업을 이끌어나가고자 하는 사람이라면 이보다는 더 큰 비전을 품고 있으며 그런 사소한 일에는 얽매이기 싫어한다. 하루 종일 보고서나 읽고 장부나 정리하는 일이 좋다면 CPA나 감사가 낫지 사장은 어울리지 않는다.

그리고 은행도 믿을 곳이 못 된다. 직원이나 동업자가 횡령을 하든 말든 은행은 별도의 조사나 의심 없이 그냥 돈을 내준다. 은행으로서는 주디스나 케리나 다 마찬가지 고객일 뿐이다. 돈이 어떻게 인출되어 어떻게 쓰이는지 관리하고 감시할 책임은 전적으로 주디스에게 있다.

"모든 것이 순조로운 듯 보였지요. 그렇지만 하청업체와 공급업자들에게 10만 달러 규모의 선취특권이 있다는 것도 몰랐고 조경비 명목으로 4만 5000달러가 인출됐다는 사실도 몰랐지요. 지금 같으면 은행에서 발행한 수표의 사본을 요구했겠지요. 그리고 돈의 흐름을 철저히 파악하고 조사했겠지요."

*가명임

질문

+ 친구나 가족 그리고 정말 믿을만한 사람들과 동업을 하고 있는가?
+ 회사에서 직원들을 조사나 감시를 철저히 하고 있는가?
+ 주거래 은행의 계좌 내역에 대하여 매월 정기적으로 확인을 하고 있는가?

성공을 넘어선 **CEO**

Sanjay
Singhal

이 름 **샌자이 싱헐**Sanjay Singhal
회사명 **아쿠안타그룹**Aquanta Group **외 다수**
부 문 **이동통신 외 다수**
연수입 **미공개**

샌자이 싱헐이 만약 성공한 모험자본가나 세계 정상급 포커 선수 그리고 기술 혁신가가 안됐다면 아마 사업 실패를 밥 먹듯 했던 '실패의 상징'적 인물이 되지 않았을까 싶다. 샌자이라면 사업 실패라는 것이 어떤 것인지를 생생하게 가르쳐 줄 수 있는 인물이다. 실제로 코넬 대학에서 초빙 강사로 강의를 한 적도 있으며 강의 주제는 자신이 첫 번째로 벌인 사업을 어떻게 말아먹었는가에 관한 것이었다.

사실, 샌자이의 이야기는 매우 특이해서 이 책에 소개한 다른 실패담의 형식과는 좀 차이가 있을 것이다. 샌자이로서는 실패한 경험이 너무 많아서 일일이 다 열거할 수 없을 정도다.

첫 번째 사업 아이디어는 코넬 대학에서 MBA 과정을 밟고 있을 때 얻었다. 코넬 대학에서 받은 교육은 자신이 사업가로서 성공하는데 도움이 됐다기보다 오히려 그 시간을 늦추는 역할을 했다는 것이 샌자이의 생각이다. 어느 날 파티 석상에서 어떤 사람이 와서 무심코 이렇게 물었다. "아니, 피자하고 식료품은 배달이 되는데 비디오는 왜 배달이 안 되는 걸까?" 마치 만화 주인공이 무슨 생각이 떠올랐을 때 머리 위로 전구 모양이 반짝이듯 이 말을 들은 샌자이의 머릿속에 뭔가 번뜩하고 아이디어가 떠올랐다. 그러자 일주일 후 사업 계획을 세웠고 MBA 2학기 과정이 진행되는 동안 프로젝트의 구체적인 개념을 확립해 놓았다. 그리고 교수님들의 만류가 있었음에도 불구하고 졸업 후 샌자이는 드디어 토론토에 비디오 배달 회사를 차렸다. 이 때가 샌자이의 나이 25세였다.

> " 대학에서는 CEO로서 기업을 운영하는 것에 관해서는 가르치지만 그 하위 단계에서 이루어지는 PR이라거나 마케팅 관련 업무에 관해서는 가르쳐 주지 않아요. "

그리고 이렇게 해서 실패는 시작됐다.

샌자이는 혼자 창업을 한 것이 아니고 다른 한 사람과 동업을 했는데 두 사람 모두와 친분이 있던 로버트*를 체험판매점^{flagship store}의 운영 및 영업 책임자로 고용했다. 그러나 두 달 정도 지나자 로버트에게 문제가 있다는 사실을 알게 됐다. "로버트는 계약 때문에

성공을 넘어선 CEO

외근을 나갔다고 말했지만 다음 날 다른 사람한테서 로버트가 그 날 골프를 치러 갔다는 얘기를 듣게 되는 식이었지요."

같이 시작한 사업에 자신의 지분도 있었음에도 불구하고 보통은 이 때문에 더 열심히 하게 된다 로버트는 게으르고 무능하기만 했다. 뭐 하나 일이 제대로 되는 법이 없었다.

샌자이는 비교적 어린 나이에 사업이란 것을 시작했고 사람들을 다루는 법에 관해 아직 미숙한 상태에서 로버트라는 '복병'을 대면하게 된 것이다. 로버트는 매번 '잘 할게'라고 말했다. 하지만 그렇게 말하고 6주가 지난 후에도 달라진 것이 없었다. 결국 한계 상황에 도달했고 샌자이는 로버트를 해고했다.

교훈

친구를 고용하지 않는 데에는 여러 가지 이유가 있다.

> 친구를 고용하는 이유로서 가장 바람직한 것은 그 친구의 업무 능력을 기준으로 한 것이지요. 그리고 가장 잘못된 생각은 단지 도움을 주겠다는 생각으로 친구를 고용한 것입니다."

"지금도 적용하는 원칙이 하나 있는데 '사업적인 능력 면에서 존경스럽다는 생각이 들 정도로 어떤 분야에 뛰어난 재능이 있는 경우가 아니라면 절대 친구와 같이 일하지 말라'는 것이지요. 그리고 설사 친구의 능력이 뛰어난 경우라도 같이 일을 하면서 그 친구와의 우정을 지속할 자신이 없으면 절대 함께 일하지 말아야 한다는 것입니다."

그런데 로버트를 해고한 것이 상황을 더 악화시키고 말았다. 로버트의 형이 이 회사의 고문 변호사로 일하고 있었는데 로버트가 회사를 나간 후, 어느 날인가 이 변호사가 샌자이에게 전화를 걸어와서는 앞으로 일을 하지 않겠다고 통보했다. 이틀 뒤 '친구들'이 전화를 걸어와 로버트를 해고한 일을 놓고 이러쿵저러쿵 말을 해대기 시작했다. 전화를 한 친구들은 샌자이에게 갖은 소리를 다 했고 심지어 인종차별적인 말도 서슴지 않았다. 그리고 그동안 몸담고 있던 각종 모임에도 나오지 못하게 했다.

"일부 친구들은 내 편을 들어주기도 했지만 대다수는 로버트를 해고한 일은 친구로서 잘못한 일이라는 식으로 심리적 압박을 가해 왔지요. 나로서는 참으로 힘들고 괴로운 경험이었어요."

하지만 비디오 배달 사업이 실패한 주요 원인은 로버트 때문이 아니었다. 결국은 마케팅에 관한 경험 부족이 패인이었다.

"우리는 직접 광고에 주로 의존했고 반응률을 한 50% 정도로 잡고 있었지요. 많은 사람들이 이 사업 계획서를 살펴봤고 코넬 대학에 있던 사람들도 이 사업에 관해 알고 있었지만, 직접 우편물에 대한 평균 반응률이 0.5%에서 2% 정도 밖에 되지 않는다는 사실은 아무도 말해 주지 않았어요."

그래도 샌자이의 경우는 직접 우편의 반응률이 10%였으니까 상당히 고무적인 수치이기는 했지만 이 정도로는 수익을 내기에는 무리였다. 결국 마케팅 비용 전액을 홀랑 날리고 말았다.

샌자이와 동업자들은 2만 달러 정도씩 더 투자하면 어떻게 회사를 살려 볼 수 있겠다는 결론에 도달했으나, 결국 각자 1만 5000달러씩 손해보는 선에서 정리하기로 결정했다.

교훈

자신이 잘 모르는 부분이 무엇인지 알아야 한다. 그리고 모르는 부분에 관한 전문적 지식을 충분히 확보해야 한다.

> "지금 다시 해보라면 회사를 운영하는 것과 관련된 모든 부분이 제 기능을 다하고 있는지 반드시 확인할 겁니다. 컨설턴트와 자문가뿐 아니라 회사에 지분을 가지고 있는 모든 사람들의 기능과 역할을 상세히 파악하고 관리할 겁니다. 그리고 내가 잘 알지 못하는 분야, 그러니까 재무라든가 영업, 마케팅, 판매 등 분야에 전문적인 능력과 지식이 있는 사람들과 함께 일할 겁니다."

샌자이는 잘못된 마케팅, 잘못된 사람, 잘못된 홍보, 잘못된 내부 관리 등에 아까운 돈을 낭비했다. 1년 후 진저리를 치며 캘리포니아로 떠난 것도 무리는 아니다.

1996년에 샌자이는 무선 데이터 모뎀을 생산하는 한 회사에 일자리를 얻었다. 이때 좋은 아이디어가 떠올랐다. 당시 팜 파일럿 Palm Pilot: PDA, 휴대용단말기이 막 출시된 상황이었는데 샌자이는 사람들이 팜 파일럿을 이용하여 이메일을 수신하고 싶어 할 것이란 생각을 했다. 방법은 간단하다. 그냥 무선 모뎀과 팜 파일럿 기술을 결합시키기만 하면 된다.

샌자이는 실리콘 밸리로 가서 여기 저기 연락을 취한 끝에 팜컴퓨팅 Palm Computing: 팜 파일럿의 제조사의 창업자 제프 호킨스 Jeff Hawkins를 만날 수 있었다. 호킨스는 샌자이에게 양 기술을 결합하는 방법을 개발하도록 허용했고, 결국 제품 프로토타입이 거의 완성 단계에 이르렀다. 그런데 샌자이는 기술 분야에서는 탁월한 능력을 발휘했지만 자금을 동원하는 분야에서는 영 젬병이었다. 샌자이는 또다시 포기할 수밖에 없는 상황에 처했다. 마침 모험자본가들이 기술이나 무선통신 분야에 투자를 하기 시작하려던 시점이었다.

그런데 여기 저기 연락을 취하던 가운데 뜻밖에도 노바텔와이어스 Novatel Wireless라고 하는 한 작은 사기업의 CEO를 만나게 됐다. 이 CEO는 샌자이의 아이디어에 깊은 감명을 받아서 샌자이에게 자기 회사로 올 것을 제의했다. 노바텔에 들어 간 후 샌자이는 노바텔의 미국 사업부 판매, 마케팅, 엔지니어링 책임자로서 자신의 아이디어를 상품화하는 작업에 착수했다. 샌자이의 주 업무는 옴니스키Omnisky라고 하는 신제품의 마케팅 계획을 수립하는 일이었다. 이 회사의 CEO는 샌자이에 대해 몹시 흡족해 했고 언젠가는 샌자이가 자신의 뒤를 이어 회사를 이끌어갈 것이라는 말까지 할 정도로 샌자이를 신임했다.

"마케팅 계획을 수립하는 과정에서 꼭 같이 일하고 싶은 사람이 샌디에이고에 있다는 사실을 알게 됐어요. 그런데 당시에는 잘 몰랐지만 이 회사의 COO가 나를 몹시 껄끄러워 하고 있었던 겁니다. 내가 CEO와 친하다는 사실이 상당이 기분이 나빴고 또 위기의식도 느껴졌던 모양인지 새 사람을 채용하자는 내 견해를 묵살하더군요. 그런 식의 반대는 정말 견디기 힘들었어요. 그래서 CEO를 찾아갔지요. 그랬더니 그 CEO는 선처하겠다고 말하더군요. COO는 내가 CEO를 만났다는 사실을 알고 바로 최후통첩을 하더군요. 내가 나가지 않으면 자신이 나가겠다는 거지요. 이 COO는 내가 CEO의 후계자로 선정됐다고 믿었고, 말하자면 나는 이 사람을 궁지로 몰아넣었던 거지요."

교훈

누군가의 숨통을 완전히 끊어 놓을 생각이 아니라면 그 사람을 궁지로 몰아넣지 말아야 한다.

CEO는 참으로 힘든 결정을 내려야 했고 그 결과가 어찌될지는 샌자이 자신도 잘 알고 있었다. 결국 샌자이는 자신이 개발한 기술의 특허권에 대한 대가로 단돈 5만 달러를 받고 회사에서 나와야 했다. 그로부터 18개월 후 노바텔와이어스는 상장이 됐고 그 가치는 무려 1800만 달러나 됐다.

> "나는 모든 사람들이 자신의 직위나 경력보다는 회사 전체의 발전을 위해 최선을 다할 것이라고 생각했어요. 하지만 대다수 사람들은 회사 전체의 이익보다는 자신의 현재 위치나 이익에 더 급급한 것 같습니다. 회사의 이익이 곧 자신의 이익인데도 말이지요."

결국 모든 일이 다 잘 됐다. 또 한 번의 사업 실패와 파산, 두 번의 이사 이후 샌자이는 옛 친구와 손을 잡고 회사를 차렸다. 이번에는 어쭙잖게 친구를 돕겠다는 생각에서가 아니라 그 친구의 능력을 보고 동업을 결정한 것이다. 이 친구와 또 한 명의 동업자는 이동통신회사에 납품할 음성메일 소프트웨어 제조회사를 차렸다. 샌자이는 판매와 마케팅을 담당했고 처음으로 이 회사의 지분을 갖게 됐다. 그러자 회사에 공헌하는 사람이 자기 자신 뿐만은 아니라는 느낌이 들었다. 처음에 시작했던 비디오 배달회사와는 달리 이번에는 두 명의 동업자들이 각자 다른 사람에게 부족한 부분을 채워줬다.

"CEO는 엔지니어링과 영업을 담당했고 수석 기술자는 소프트웨어 개발을 책임졌지요. 혼자서는 처리하지 못할 문제도 세 사람이 모이면 누군가에게서 해결책이 나왔지요."

최악의 이동통신 경기 불황기에도 회사는 지난 4년 동안 6개월마다 규모와 매출이 두 배로 증가했다. 창업 첫 해 수익이 10만 달러였다가 1400만 달러로까지 성장했다. 그리고 이들은 향후 6년이내에 수익이 1억 달러 선에 이르게 될 것으로 전망한다.

샌자이는 자기 지분을 매각하고 그냥 이 회사의 일반 간부 직원으로 일하고 있으면서 아쿠안타그룹Aquanta Group이라고 하는 모험자본회사를 차렸다. 여기서는 샌자이가 단순히 기술 개발자이기만 했을 때는 할 수 없었던 신기술이나 아이디어 개발 작업을 할 수 있다. 현재에 이르기까지 샌자이는 숱한 실수와 실패를 경험했고 이러한 실패에서 귀중한 교훈을 얻었다.

> 66 사업을 하자면 결단력도 있어야 하고 자신이 옳다는 신념, 그리고 대다수 사람들이 하지 않으려 하는 일에 과감히 매진하는 에너지도 있어야 합니다. 어렵지만 얼마든지 해낼 수 있습니다. 그렇다고 혼자 모든 것을 다 할 수 있어야 하는 것은 아닙니다. 자신과 목표가 같은 사람과 함께 하면 됩니다. 99

* 가명임

질문

+ 친구를 고용할 계획이나 생각을 가지고 있는가?

+ 친구의 장점이 모든 약점을 상쇄하고도 남음이 있는지 확실하게 평가했는가?

+ 사업적인 관계에서 문제가 생겼을 때도 변함없이 우정을 지켜갈 수 있는 준비가 되어 있는가?

Valerie
Freeman

이 름 **발레리 프리먼**Valerie Freeman
회사명 **임프리미스그룹**Imprimis Group, Inc.
부 문 **인력알선업**
연수입 **3000만 달러**

지금까지는 동업자 관계에서 발생할 수 있는 문제에 관해 설
명했다. 그리고 동업을 하게 되면 그 대상이 누가 됐든 거
의 동일한 문제의 증상과 원인을 발견할 수 있었다. 이번에는 친구
외에 가족이나 친지가 동업자가 됐을 때 발생할 수 있는 현상에 관
해 짚고 넘어가고자 한다. 처음으로 다시 돌아가 설명하고 싶은 생
각은 없지만 잘못된 동업자 관계가 얼마나 큰 손실을 야기하는지
에 대해서는 다시 한 번 강조하고 싶다.

발레리 프리먼의 동업자 관계는 마치 할리우드 스타들의 결혼과
이혼에서 볼 수 있는 것처럼 서로에게 깊은 상처와 금전적 손실을
남기며 흉하게 끝났다.

발레리의 꿈은 오늘날의 모습처럼 사업적으로 성공한 여성이 되는 것은 아니었지만 어딘가 지도자 기질이 넘쳐났고 항상 모험을 즐기고 앞서가는 삶을 좋아했던 그런 사람이었다. 휴스턴 출신인 발레리는 이후 댈러스로 이주했다. 스틸 기타 연주자였고 콜벳스포츠카을 몰고 질주하기를 즐겨했다. 1970년대 말에 대학을 졸업한 후 엘센토칼리지에서 교편을 잡았다.

이곳에서 비즈니스 과목을 가르치던 당시 워드프로세싱이 업계에 막 뿌리를 내리기 시작하던 참이었다. 본인의 평소 성향대로 발레리는 느긋이 기다리지를 못하고 선구자로서의 자질을 발휘하기 시작했다. 결국 발레리는 자기 돈으로 필요한 장비를 구입하여 워드프로세싱 작업에 필요한 모든 지식을 습득한 후 워드프로세싱 관리에 관한 교육 자료를 만들었다.

그런데 배우면 배울수록 이 기술에 더 흥미가 생겼고 학교에서 학생들을 가르치는 일에는 더 흥미를 잃게 됐다. 그래서 업계 동향을 상세히 관찰한 발레리는 직접 회사를 차리기로 결정했다. 업계에서 막 각광을 받기 시작한 워드프로세싱 관리 전문가를 양성하여 필요한 기업에 공급하는 회사였다. 처음 회사를 차린 곳은 댈러스였다. 현재는 6개 주에서 75명 이상의 직원을 양성하여 데이터 관리 분야에 진출시키고 있다.

그러나 지금까지 오는 동안 아무런 시련이 없었던 것은 아니다. 창업 초기에 동업자와의 문제가 불거졌다.

" 일단 우리는 회사를 차렸고 순전히 감에 의존하여 회사를 운영했
어요. 모든 것이 새로웠던 상태였으니까요. 마지막까지도 나는 내
동업자가 회사를 어떻게 운영해 나가야 하는지에 관해 아무 것도
모른다는 사실을 까맣게 몰랐어요. "

사실, 이런 표현은 아주 완곡하고 관대한 평가다. 발레리가 말
한 내용을 근거로 판단하건대 그 사람은 사업의 '사(社)' 자도 모르
는 사람 같았다.

"내 동업자는 돈을 쓰는 방식이 나와는 판이하게 달랐어요. 회
사를 위해 투자를 한다거나 뭐 그런 생각은 손톱 끝만큼도 하지 않
았고 그저 흥청망청 삶을 즐기는 데 바빴지요. 그 사람은 전문가답
게 혹은 직업인답게 처신하지 않았어요. 매일 아침 9시에 출근해
서 오후 3시면 테니스를 하러 나가곤 했지요."

발레리는 동업 기간 동안 회사를 꾸려나갔던 것은 자기 혼자뿐
이었다고 말했다. 계약을 성사시키는 것도 발레리였고 그 동업자
는 그저 자리만 지키고 있었을 뿐 하는 일이 없었다.

"그 사람 때문에 나는 1년 하고도 6개월이란 시간을 까먹은 셈
이지요. 그리고 이보다 더 심각한 문제는 우리 두 사람의 관계가
아주 나빠졌다는 것이지요. 우리는 친구 사이였는데 이번 일을 계
기로 이 친구에 대한 존경심이 완전히 사라져 버렸으니까요. 두 사
람 사이의 우정은 깨져 버린 거지요."

▥ 잃은 것

오랜 기간 쌓아 왔던 우정, 수십 만 달러, 얼마든지 성장할 수 있었던
1년 6개월의 기간

▶ 무엇이 문제였나?

_잭 카드와 킹 카드가 한 패가 되는 게임

동업을 하려는 두 사람은 어렸을 때부터 절친한 친구 사이일 수
있다. 옛 전우일 수도 있다. 또 같은 클럽의 회원일 수도 있다. 가
장 믿을만한 절친한 친구일 수도 있다. 어렸을 때 수영장에서 빠졌
을 때 나를 꺼내준 생명의 은인일 수도 있다.

그러나 이런 관계 속의 사람들도 사업 현장으로 그 무대가 옮겨
지면 상황이 달라진다. 한 배에 선장이 둘이라면 두 사람은 항해
목적지나 항로에 대해 의견이 일치해야 한다. 그렇지 않으면 배는
좌초되고 만다.

다시 한 번 말하지만, 두 사람이 서로 신뢰할 수 있는 관계인지
그리고 배우자와 지내는 시간보다 더 많은 시간을 함께 보내고 있
는지 확실히 되짚어 볼 필요가 있다. 그리고 두 사람의 역할이나
공헌도가 엇비슷한지도 살펴봐야 한다.

"두 사람이 차분히 앉아서 서로의 기대 수준이라든가 직무 내
용, 역할, 업무에 들이는 시간, 목표 등등에 관해 확실히 이야기하

고 넘어가야 합니다. 두루뭉술하게 대충 넘어가는 부분이 있어서
는 안 됩니다."

동업자들이 동일한 목표를 가지고 있을 때에만 동업자 관계가
제 기능을 다할 수 있다. 예를 들면, 회사를 어느 수준까지 끌어올
린다거나 차입 규모를 어느 정도로 할 것인지 또 상장을 할 것인지
말 것인지 등에 관해 같은 생각을 가지고 있어야 한다. 그래야만
회사가 제대로 굴러갈 수 있다.

방향이 제대로 잡히지 않은 상태에서 서둘러 동업을 결정해서는
안 된다. 경험이나 감感만으로는 절대 높이 날 수 없다. 자신이 생
각하고 있는 목표를 적어두라. '사업'을 관리하는 것처럼 '관계'
도 관리하라.

어이, 그냥 사과인데 **한번 먹어 보시지?**

'한번 호되게 당하고 나면 다음 번에는 조심하게 된다'는 말은
발레리처럼 항상 위험을 감수하고자 하는 스타일의 기업인들에게
는 통하지 않는다. 동업자 문제로 또 다시 쓴 경험을 하게 된 것은
자신이 소액 주주로 있던 한 기업에 투자를 하려고 했을 때였다.
첫 번째 동업 실패 사례에서 서로 간에 기대 수준이 같아야 한다는
교훈을 얻었던 터라 이번에는 서로 이 부분에 관해 이야기를 나눈

후 이를 기록으로 남겼다.

이번 동업자는 친척이었고 평소에 참 믿을 만한 사람이라고 생각했던 사람이었다. 비즈니스모델도 좋았고 해서 바로 투자에 들어갔다. 그리고 발레리가 수주한 큰 계약 건 덕분에 수익이 300만 달러를 넘는 회사로 성장했다. 그렇다면 무엇이 문제란 말인가?

이 회사에 관한 세부적인 내용은 중요한 것이 아니다. 결론만 말하자면, 대주주였던 이 동업자^{친척}는 회사가 성장하는 것에 관심이 있었고 실제로 회사는 기대 이상으로 잘 나갔다. 이상스런 징후는 전혀 나타나지 않았다. 사실 주의를 기울여 관찰하고 감시를 철저히 했다고 생각하는 그 순간에도 문제는 어딘가에 깊숙이 숨어 있어 겉으로 드러나지 않을 때가 있다.

"정말 놀라운 일이었어요. 처음 2년 동안은 모든 게 좋았지요. 나는 동업자에게 리더십이나 윤리적인 면에서 문제가 있다는 사실을 전혀 눈치 채지 못했어요. 이 사람에게 자기 파괴적 본성과 같은 심리적 문제가 있었던 게 아닌가 하는 생각이 들어요."

"처음에는 저쪽 구석에 아주 끔찍한 무언가가 감춰져 있다는 따위의 생각을 할 이유가 없었지요. 그런데 시간이 가면서 직원들이 하나둘 떠나기 시작하더군요. 그래서 살펴보기 시작했지요. 그랬더니 동업자에게는 관리 능력도 리더십도 없더군요. 그 후에는 내가 알지도 못하는 청구서를 내밀며 대금 결제를 요구하는 사람들이 들이닥치더군요. 나 자신도 모르는 사이에 신용카드는 사용한

도를 넘었고 내가 모르는 부채도 잔뜩 있었어요. 또 그 존재조차도 알 수 없는 다른 회사에 자금이 사용되기도 했더군요."

내막을 알면 알수록 아주 점입가경이었다.

"동업자가, 얼마든지 성장할 가능성이 있었던 회사를 그 지경으로 망쳐 놓을 수 있는 그런 쓰레기였다는 사실이 도저히 믿어지지 않았어요." 발레리는 아직도 그때의 충격에서 벗어나지 못한 듯 고개를 절레절레 흔들며 말을 이었다. "그 일이 있고 나서는 어찌 해야 할지 모르겠더라고요. 그리고 그 사람을 어떻게 해야 할지도 모르겠고요. 그래서 이사진에서 물러나기로 하고 더 이상의 자금 지원을 하지 않았어요. 회사는 금세 망하더군요."

■ 잃은 것

이 회사에 투자한 50만 달러, 300만 달러 가치가 있는 회사^{망함}

▶ 무엇이 문제였나?

_경계의 눈초리를 거두면 안 된다

듣기 거북한 말일지 모르지만 이런 사태를 피하기 위해 발레리가 할 수 있었던 일은 아무 것도 없다. 또 냉정하게 들리겠지만 자기 자신 이외에 믿을 사람은 아무도 없다.

필요한 조사를 게을리 한 것도 아니고 주의를 기울이지 않은 것도 아니다. 발레리는 이런 일을 방지하기 위해 자신이 할 수 있는 모든 일을 했다. 그럼에도 지금에서야 알 수 있는 것이긴 하지만 더 자세히 파고들었어야 할 실마리가 그때도 몇 가지 있긴 했다.

겉으로는 멀쩡한 반사회적 이상성격자이면서 아주 영리한 거짓말쟁이에다 자기 파괴적 성향의 사기꾼이었던 이 남자는 아주 비열하게도 순진한 한 여성을 속였고 그 이후로 많은 사람들을 조롱하듯 속여 왔다. "어이, 자 봐! 그냥 사과야, 괜찮으니까 한 입만 먹어보는 게 어때?" 이런 식으로 말이다.

사업을 하다보면 위험을 감수해야 할 때가 많다. 위험이 있는 곳에 보상도 따르는 법이니 어쩔 수 없는 일이다. 하지만 이런 위험 외에 계산된 혹은 계획된 위험도 감수하지 않으면 안 된다. 같이 일하는 사람에게 어떤 문제가 있다면 그 징후가 아주 조금씩이라도 나타나게 마련이다. 그러니 사업상의 위험을 고려할 때 이런 부분도 반드시 계산에 넣어야 한다.

발레리의 경우도 자신의 투자금과 지위를 보호하기 위해 할 수 있었던 일이 있었다.

> "다시 그 시절로 돌아간다면 판매라든가 수익성 면에서 도달해야 할 목표를 어느 정도 정해 놓고, 그 수준에 도달하지 못하면 바로 퇴출시키겠다는 내용의 계약서를 작성할 겁니다. 미리미리 이렇게

손을 써 놔야 합니다. 문제가 이미 생긴 후에는 내가 할 수 있는 일이 아무 것도 없더라고요."

자신이 아무리 익명동업자_{출자만 하고 업무에 관여하지 않음-역주}라고 해도 혹시 부정이나 조작 행위가 있지는 않은지 꼼꼼히 살펴봐야 한다. 이때는 재무제표만 읽어보는 것으로는 부족하다. 그리고 직원들과도 이야기를 나누고 필요하다면 거래처와 고객과도 이야기를 나눠 보라. 말하자면 이런 부분을 물어 보라. '동업자가 회의 시간에 늦게 오는가?' '업무에 충실히 임하는가?' 등등.

사업을 할 때의 첫 번째 계율은 바로 '자기 자신의 자산을 지키라' 는 것이다.

질문

+ 동업자를 자신만큼 믿는가?

+ 동업자를 자신만큼 잘 아는가?

+ 동업자가 자신만큼 부지런한 모습을 보여주는가?

+ 자신만큼 동업자 관계를 유지하는 데 신경을 쓰는가?

어떤 발명을 완성하기 위해서 때로는 100퍼센트 높이의 딱딱한 벽을 향해 똑바로 달려가는 듯한 느낌이 든다.

아무리 시도해도 그것을 넘지 못하면 나는 다른 일로 방향을 전환한다.

그러면 몇 달 또는 몇 년 후 언젠가는 내 스스로 또는 다른 사람이 발명한 것, 아니면 이 세상의 다른 분야에서 일어난 무엇인가가 적어도 그 벽의 부분이나마 알도록 해준다.

나는 어떤 상황에서도 내 자신이 실망하는 것을 용납하지 않는다. 어떤 프로젝트에서 문제를 해결하기 위해 수천 번의 실험 끝에 마지막으로 실시한 실험이 실패로 돌아가자 조수 중의 한 사람은 그 실패에 대해 극도로 실망했다.

나는 그에게 우리는 그래도 무언가를 배웠다는 것을 확인시켜주고 격려해 주었다.

그 실패에서 우리가 분명히 배운 것은 그 일을 할 수 없는 수천 가지 방법이었고 따라서, 다른 방법을 사용해야 한다는 것이다.

우리가 할 수 있는 최선의 생각과 작업을 투입한다면 때로는 실패에서도 많은 것을 배울 수 있다.

-토머스 에디슨

기업문화

Kip
Tindell

이 름 **킵 틴델** Kip Tindell
회사명 **컨테이너스토어** The container Store
부 문 **소매유통체인**
연수입 **3억 7000만 달러**

1978년에 킵 틴델은 공동 창업자 개럿 분 Garrett Boone과 함께 사람들이 좀 더 능률적이고 편리하게 생활하는 데 도움이 되도록 각종 수납용품을 제공하는 매장을 열기로 결정했다. '전문가' 들은 사원참여라든가 보상 등의 개념은 이 회사 직원은 소매업계 평균 급여보다 100-150% 정도 더 많이 받았다 일반적인 업계 관행에 배치되는 정서라고 간주했으며, 또한 상업적 마인드에 익숙한 제조업자로 하여금 소매용품을 공급하도록 설득하는 일은 어불성설이라 생각했지만 이 생각은 보기 좋게 들어맞았다. 여러 가지 면에서 이들은 기대했던 것보다 훨씬 좋은 성과를 냈다. 킵과 동업자는 자신들이 단순히 수납용품 소매업자로만 남는 것을 원치 않았다. 두 사람은 자신들의 매장이 하나의 '솔루션 제공자'로서 자리매김하기를 바랐다. 이 회사는 창업 이후 연매출이 20%씩 증가하는 등 꽤 인기를 끌었다. 실제로, 이 회사는 고객 서비스에 초점을 맞추기 위해 '성장 제한' 정책을 사용하는 등의 과감한 행보를 보이기도 했다.

현재 컨테이너스토어는 미 전역에 매장을 두고 있으며 매장 규모는 2만 2000제곱피트^{약 600평}에서 2만 9000제곱피트^{약 800평} 정도다. 매장마다 1만 여개가 넘는 혁신적이고 창의성이 돋보이는 제품들이 진열돼 있다. 그리고 역시 매장마다 푸른 앞치마를 두른 직원들이 대기하고 있다가 수납에 관한 설명이라든지 조립상의 문제점 등에 관해 설명도 해 주고 고객에게 필요한 도움을 준다. 이 회사의 아주 독특한 기업 문화는 무한 고객 서비스, 일관성, 직원에게 대한 권한 위임, 견줄 데 없을 정도로 완벽한 제품 관련 지식 등으로 표현된다.

킵은 컨테이너스토어를 운영하는 과정에서 숱한 문제에 봉착했으나 기업 문화를 창조하고 유지하는 것만큼 힘들고 어려운 일은 없었다.

> 무슨 일을 하든지 간에 기존의 질서나 관행에 어긋난 일을 할 때는 '저렇게 하면 절대 안 될 텐데'라고 생각하며 고개를 갸우뚱거리는 사람들을 수도 없이 만나게 됩니다. 더구나 그런 일을 하려는 사람이 스물다섯 밖에 안 된 애송이인데다 경험도 별로 없는 초보

사업가인 경우에는 자신의 비전이나 원칙을 고수하기가 더 어렵지요. 그렇지만 옳다고 생각한 것이면 밀고 나가야 합니다.**"**

그렇다고 해서 가망성 없는 아이디어라도 절대 포기해서는 안된다고 말하는 것은 아니다. 때로는 더 큰 손해를 막기 위해 과감히 손을 털기도 해야 한다. 마케팅이나 인사 문제, 자본 투자 등 어느 부문에서나 그렇다.

실제로, 1984년에 킵은 때로는 끝까지 물고 늘어져야 하고 또 때로는 더 큰 손실을 막기 위해 과감히 손을 털어야 할 때도 있다는 사실을 배웠다. 이 두 가지는 매우 상반된 내용 같지만 킵은 컨테이너스토어의 원래 비전을 고수해야 할 때도 있지만 매장의 전산화 계획 및 작업에 들어갔던 수백만 달러를 과감히 포기할 줄도 알아야 한다는 사실을 깨달았다.

"1983년에 회사가 문을 닫을 뻔했던 지경까지 갔었어요. 그때 당시 첨단 기술을 매장 현장에 적용하는 데 300만에서 400만 달러가 들어갔습니다. 그리고 일류 컨설턴트들을 채용했고 최고급 하드웨어와 소프트웨어도 구입했지요."

"그런데 이것이 완전히 실패였어요."

문제는 컨테이너스토어가 원래부터 아주 독특한 접근법을 사용했다는 점이다. 직원들은 그냥 판매 사원이 아니라 공간 컨설턴트였다. 그리고 직원들은 이에 따른 보상을 받았다. 그러나 효율성을

성공을 넘어선 **CEO**

앞세워 첨단 기술을 작업 현장에 너무 성급하게 도입한 것이 문제였다. 전산화 소프트웨어 방식이 일반화되기 10년 전의 일이라는 점을 기억하기 바란다. 이에 따라 컨테이너스토어는 자사 고유의 방법론을 이 소프트웨어에 맞춰가려고 노력하기 시작했다.

"결과는 우리의 패배로 끝났어요. 결국 우리는 한 명만 남기고 컨설턴트를 모두 내보냈지요. 그리고 우리의 비전에 접목시키려 했던 컴퓨터 시스템을 구축하는 데 2년이 걸렸어요. 그리고 그 과정에서 우리는 다시 옛 수준을 회복하고자 노력했지요. 결코 쉽지는 않았지만 결국 큰 실패를 딛고 일어서는데 성공했지요. 우리는 전산화 시스템을 구축했고 그 토대 위에서 계속 시스템을 가다듬고 있습니다."

새로운 시스템은 이 회사의 원래 방법론이 거의 그대로 투영된 '전산화된 방법론' 이라고 할 수 있다.

> **"** 너무 급속한 성장에서부터 인사 문제에 이르기까지 다양한 문제들에서 배우는 것이 있다는 얘기지요. 무엇을 하든 새로운 것을 도입할 때는 그것이 원래의 철학이나 비전에 맞는 것인지 잘 따져 봐야 합니다. **"**

▥ 잃은 것

기술, 훈련, 시스템 등에 투자했던 400만 달러

_새로 도입한 것이 기존의 가치를 위협한다

기술, 경영 철학, 또는 고객 서비스 이념, 투자 전략이든 간에 사업 현장에서는 일주일이 멀다 하고 새로운 방식과 개념들이 쏟아져 나온다. 하지만 그 새로운 방법론이라는 것이 자칫 그 회사에게 성공을 선사했던 건강한 토대를 갉아먹을 수 있다는 사실을 명심해야 한다. 혁신을 도모하고자 하는 마음을 잠시 자제하고, 이를 진보 혹은 전진이라는 측면에서 승화시키도록 하자. 현명한 사업가는 자사 조직을 새로운 아이디어와 새로운 시스템, 새로운 상하 구조 등에 적응시키는 것이 아니라 자사 조직에 이 새로운 것들을 적응시킨다.

그 당시 킵은 컨테이너스토어의 기업 철학을 이 새로운 변화 상황에 접목시켜야 한다는 사실을 컨설턴트들이 인지하고 있었는지 확인했어야 함에도 불구하고 그러지를 못했다.

질문

+ 자사의 기업 문화가 무엇인지 파악했는가?

+ 자사 고유의 기업 문화가 성공의 토대가 됐는가?

+ 회사에 새로 도입하고자 하는 어떤 것이 기존의 고유 가치를 확대한다고 생각하는가? 아니 적어도 이 가치와 위배되지는 않는다고 확신하는가?

DO AS I SAY
NOT AS I DID

Joe
Croce

이 름 **조 크로스** Joe Croce
회사명 **씨씨즈피자** Cici's Pizza
부 문 **피자 레스토랑체인**
연수입 **1억 4000만 달러**

　　조 크로스는 자신이 어떻게 해서 큰 성공을 거두게 됐는지 잘 알고 있다. 조는 가난하고 배고픈 환경에서 자랐지만 매우 똑똑했다. 그래서인지 제일 처음 채용한 직원들도 자신과 같은 부류의 사람들이었다. 조는 옷소매를 걷어 부치고 손수 굳은 일을 마다하지 않는 그런 사장이었다. 아니, 옷에 소스 얼룩이 묻어 있는 것이 다반사였다고 말하는 것이 더 맞을 것이다. 조는 씨씨즈 피자의 창업자다. '먹을 수 있는 것은 무엇이든 다 있는' 피자 뷔페라는 컨셉으로 전국에 200여 개가 넘는 체인점을 운영하는 성공한 사업가다.

　　"처음부터 우리는 목표라든가 목적이라는 면에서 직원들 모두

|203

제4부 기업문화

가 가치를 공유한 서로 동등한 입장이라는 것을 강조했지요. 우리 조직에서 만들어낸 매우 독특한 문화라고 할까요?"

조가 부리는 직원들은 모두 열심히 일하는 사람들이었다. 점장들 또한 기업인과 같은 사고를 갖고 있는 사람들이었다. 조를 비롯한 회사 직원들은 경주마들처럼 앞사람의 행동을 보고 열심히 따라했다. 직원들은 조가 창업 초기에 만들어 놓았던 기업 문화와 철학을 그대로 따라주었고 이것이 원동력이 되어 비록 초라하게 시작했지만 현재는 매출이 5억 달러나 되는 거대 기업으로 성장했다.

평범한 사업가였다면 이 정도에서 만족했을 것이다. 하지만 어느 수준에서 만족하고 말면 그것은 이미 사업가가 아니다. 진정한 사업가라면 어떻게 하면 더 나은 결과를 낼 수 있는지를 항상 고심해야 한다.

조는 매출 10억 달러의 벽을 넘어 더 나은 실적을 올리는 데 필요한 것이 무엇인지 찾기 위해 다른 회사를 기웃거리기 시작했다.

" 사업가라면 스스로 성공의 길을 개척해야 함에도 불구하고 다른 사람의 성공 스토리에 깊은 인상을 받은 나머지 자꾸만 그 스토리에 맞춰가야 하지 않나 조바심을 내는 것이 문제입니다. 그래서 장장 15년의 기간 동안 이만큼 큰 회사로 키워 온 경험과 전략이 있는데도 〈월스트리트저널〉을 뒤적이거나 나보다 더 성공한 사람들에 관한 비디오를 열심히 찾아보면서 '우리 회사에도 저런 것이 필요하겠군. 맞아, 저런 사람이 필요한데 말야'라고 중얼거리는 거지요."

사실, 경우에 따라 그런 자세가 올바른 것일 때도 있다. 또 때로는 회사가 측정 불가능할 정도로 급성장을 이룬 정도를 넘어서 아예 패러다임 자체에 변화가 생길 정도로 엄청난 성장이 이루어졌을 때는 기존의 직원들로는 그 회사를 감당할 수 없게 되는 경우도 있다. 지금까지 조의 회사에는 '행동가'들로 채워져 있었다. 레스토랑을 어떻게 운영해야 하는지를 잘 아는 관리자와 실무진들이 회사를 지키고 있었다.

하지만 조는 이제 '사색가'가 필요하다고 생각했다. 효율성을 높일 수 있는 방법, 일을 좀 더 잘 해낼 수 있는 방법을 제시할 관리자가 필요했던 것이다. 어찌됐건 이런 사색가를 영입할 수 있다면 매출 실적을 지금의 두 배로 올리겠다는 목표를 달성할 수 있을 것이라고 생각했다. 그래서 외부에서 이런 사색가를 영입했다. 조는 씨씨즈 피자를 한 단계 높은 수준으로 끌어올리는 데 필요한 지식과 경험을 가진 사람을 원했고 딱 이 조건에 맞는다고 생각되는 사람을 선택했다.

조가 영입한 새로운 COO최고운영책임자는 화려한 이력서에 나무랄데 없는 인터뷰 태도, 화려한 경력 등을 볼 때 씨씨즈의 성장 토대가 됐던 지금까지의 기업 문화와는 전혀 어울리지 않는 사람이었다.

여기서부터 문제는 시작됐다.

새로운 COO는 지금까지 씨씨즈 피자를 운영했던 다소 무대포식 관리자들과는 영 딴판이었다. 조에게는 이 자체가 좋은 징조로 보였다. 그러나 얼마 지나지 않아 뭔가 잘못되고 있다는 느낌이 들었다. 매장 안을 가득 메웠던 열정과 활기가 점차 사라지고 좀 더 딱딱한 분위기로 변해갔다. 매장 관리자에게 주어졌던 권한도 차츰 줄어들고 상명하복식 조직 구조로 바뀌었다. 그러면서 기존 관리자들은 하나둘 회사를 떠나고 그 자리는 윗사람 말을 잘 듣는 고분고분한 사람들로 채워졌다.

"이 '사색가'는 우리 매장을 활기라고는 눈 씻고 찾아봐도 없는 그런 평범한 곳으로 만들어버린 거지요. 전에는 이렇진 않았어요. 매장 직원들은 점장을 위해 벽이라도 뚫고 지나가라면 기꺼이 그렇게 하겠다고 얘기했었죠. 예상치 못한 문제가 발생했을 때 그 문제를 어떻게 해결해야 하는지 잘 알고 있는 믿음직한 점장이 있으니까 두려울 것이 없다는 거지요."

"그러나 새로 자리를 차지한 점장들에 대해서는 한 마디로 '얼간이들'이라고 표현하더군요. 새로 온 점장은 뭐가 어떻게 돌아가는지 통 아는 게 없다는 거예요. 그러니 이들에 대한 존경심이 있을 리 없지요. 당연히 직원들의 사기도 떨어졌고요. 이직률은 높아졌지요. 이 사색가가 자신과 같은 부류의 사색가를 더 많이 채용하면서 문제는 더욱 심각해 졌어요. 결국 매장은 사색가들로 가득 찼지요. 그런데 나한테는 사색가가 아니라 행동가가 필요했어요."

> "사색가는 '반응적'인 것과는 거리가 멀지요. 일반적으로 반응적인
> 것은 나쁜 것이란 인식이 있는데 이는 부당한 처사라고 봅니다.
> 진취적인 것 혹은 주도적인 것은 물론 좋은 것이죠. 그러나 우리
> 레스토랑에서 필요한 것은 반응적인 직원이었어요. 물론 주도적
> 자세가 필요한 경우도 있지요. 말하자면 주중에는 그렇습니다. 그
> 러나 일요일 같은 날은 반응적인 자세가 더 필요합니다."

인생이나 사업이나 다 실수 혹은 실패로 점철돼 있게 마련이다.
사업을 하다보면 일시적으로 문제가 생기거나 이상 흐름이 나타나
는 때가 있다. 업종에 따라 이런 일시적 문제가 나타나기 쉬운 부
문이 있는데 레스토랑 사업도 이 가운데 하나다. 조의 경우 이런
일시적 문제를 해결해 줄 사람이 필요했고 그런 다음 이들을 내보
내고 다시 정상 궤도로 돌아가려 했다. 그런데 결과는 조직이 사색
가들 천지가 돼 버렸다.

6개월이 안되어 이 무형의 경고 신호와 불안한 느낌이 결국 표
면화되기 시작했다. 조는 빠릿빠릿한 경주마들을 모두 짐을 잔뜩
실은 노새들로 바꿔 놓고 말았다.

> 66 문제가 분명히 드러나는 데 시간이 좀 걸린 이유는 기존의 직원들이 여전히 예전 방식을 고수하고 있었기 때문이지요. 그러나 이 약발은 오래 지속될 수 없었지요. 이직률은 점점 높아졌고 새로 들어온 직원들이 자신들의 새로운 방식대로 일을 하기 시작하면서 기존의 직원들은 실망감을 느끼며 하나 둘 매장을 떠났지요. 그리고 얼마 못가서 모든 것이 엉망이 되고 말았어요. 99

조는 한 단계 뒤로 물러나지 않을 수 없었다. 조는 처음에 이 피자 왕국을 어떻게 건설했는지를 깨달았다. 그리고 조직에 새로운 피를 수혈하는 동안 기업의 성공 토대였던 문화를 어설프게 뜯어 고치려 해서는 안 되다는 사실도 알게 됐다.

'나를 파티에 데려온 그 사람과 춤을 추라'는 텍사인들의 말처럼 나를 성공에 이르게 한 그 사람들의 역할을 과소평가해서는 안 된다.

다소 시간이 걸리기는 했지만 씨씨즈 피자는 다시 제 자리로 돌아갔고 다시 예전의 활기를 되찾으며 성공 가도를 달리고 있다.

▥ 잃은 것

이루 헤아릴 수 없을 정도임, 6개월의 매출 부진, 예전 수준으로 회복되기까지 걸린 6개월의 기간, 씨씨즈의 기업 문화에 걸맞은 유능한 관리자들

▶ 무엇이 문제였나?

_이력서만 보고 채용하지 말라

사업하는 사람들이 빠지기 쉬운 함정이 바로 이것이다. 대기업에서 한 부서의 장을 지냈던 사람을 보면 당연히 이 사람은 그 부서에 관한 모든 것을 알고 있을 것이라고 생각한다. 거의 대부분 이렇게들 생각한다. 그런데 과연 이 생각이 맞는 것일까?

아니다. 사실, 실상은 이와 전혀 다르다.

"부서장은 그냥 부하 직원들에게 손톱 손질이나 맡기고 있을지도 모르지요. 그리고 자신이 담당한 부서의 업무에 대해 그다지 많이 알지 못할 수도 있어요. 사실 일은 밑에 있는 차장이나 대리들이 도맡아 하지요. 부장이라는 사람은 그저 뉴욕에 있는 애널리스트를 상대하고 주식 거래나 하는 사람들이죠. 우리는 잡지에 나온 이런 사람을 보고 '음, 그래 이 사람을 데려와야 해' 라고 말하지요."

_관리자를 개조시킬 수는 없다

업종에 따라 그 속성상 좀 더 활력이 있어야 하고 역동적이어야 하며 관리자들이 일선에 나서 솔선수범해야 하는 경우가 있다. 이런 유형의 기업에 '사색가'를 영입하여 성공적으로 업무를 완수하게 하는 데는 단 한 가지 방법 외에는 없다. 기업 문화에 관해 그리고 크던 작던 간에 모든 업무에 관해 밤낮을 가리지 않고 가르치고 또 가르치는 수밖에 없다. 그러나 사업하는 사람한테 그럴만한 시간적 여유가 어디에 있겠는가? 수십 년간에 걸쳐 성립된 기업 문화를 한 사람의 경영 마인드에 따라 바꿔 놓기란 불가능하다.

_관리자를 개조하는 것은 어느 정도 가능하다

언뜻 보면 앞에 주장한 내용과 상반되는 것처럼 보인다. 그러나 본질을 따지면 그렇지도 않다. 본래 조의 회사는 행동가들로 이루어져 있었으나 조는 이 회사에 사색가가 필요하다고 생각했다. 그래서 행동가를 몇몇 없애고 그 자리를 사색가들로 채워 넣었다. 그 결과가 어땠는지는 여러분도 잘 알 것이다. 조는 기존에 있던 행동가를 사색가로 변화시킬 수도 있었다.

"이제 와서 하는 말이지만 무작정 사색가를 끌어들이는 대신 우리의 행동가 가운데 몇 사람을 골라 필요한 교육과 훈련을 시킨 후 사색가로서의 업무를 하게 했어야 했지요. 그랬다면 행동가로 바꾸기 거의 불가능한 사색가를 데려다 놓고 비용은 비용대로 들이면서 모든 것을 망치는 따위의 일은 일어나지 않았을 테지요."

질문

+ 아이비리그 졸업생, 월스트리트 근무 경력, 포춘지 선정 500대 기업의 이사 등 화려한 경력을 자랑하는 이력서에 현혹되는가?

+ 채용할 사람이 자사 기업 문화에 걸맞은 성격의 소유자인지 확인했는가?

기업가
정신

Sam
Horn

이　름 **샘 혼**Sam Horn
회사명 **액션세미나/컨설턴트**Action Seminars/Consulting
부　문 **독립 강연자 및 컨설턴트**
연수입 **미공개**

큰 상을 수상하기도 했던 강연자 샘 혼에게는 실패라는 것
이 어울리지 않아 보인다. 하지만 샘 역시 다른 사람과 거
의 같은 실수를 했던 사람이다.

　샘의 실패담 역시 이 책에서 소개한 다른 사람들의 이야기와 마
찬가지로 성공의 길에 놓인 걸림돌이 나쁘게만 작용한 것은 아니
라는 점을 보여준다. 이러한 장애와 걸림돌을 도전 과제로 알고 과
감히 끌어안았을 때 그 걸림돌은 매우 가치 있는 어떤 것이 되 주
기도 했다.

　전 육상선수 출신이자 힐튼헤드아일랜드에서 프로 테니스 선수
로드 라버Rod Laver와 함께 일하기도 했던 테니스 코치 샘은 1970년

대 말에 워싱턴 D.C. 지역에서 비즈니스 마케팅 컨설턴트 일을 시작했다. 처음에는 참석자가 열여섯 명 밖에 되지 않는 보잘 것 없는 수준이었으나 이내 주요 기업과 협회를 고객으로 둔 업계의 떠오르는 강자로 자리매김하기에 이르렀다.

그러나 이내 시련은 찾아왔다. 말하자면 '벨벳 장갑 속의 좌절'이라고 할까? 좀 더 정확하게는 '흰 레이스 장갑 속의 좌절'이라 해야 맞겠다. 샘이 결혼을 한 후 남편과 함께 하와이로 떠나게 된 것이다. 한참 정지 작업을 잘 해 놓고 성장할 일만 남은 셈인 시장을 두고 아는 사람 하나 없는 낯선 시장으로 가야 했던 것이다. 하와이에서는 샘을 아는 사람도 없었고 굳이 누군지 알고 싶어 하는 사람도 없었다.

결혼과 함께 미국의 동쪽 끝에서 서쪽 끝으로 이주하는 일이 아주 없지는 않겠지만 또 그리 흔한 일도 아니다.

그렇지만 어쩔 수 없이 자신이 살던 곳을 떠나 멀리 다른 곳으로 가야하는 사람이 어디 한두 명인가? 그리고 막 자리를 잡아 가던 와중에 다른 곳으로 본거지를 옮겨야 하는 사업가도 한둘은 아닐 것이다. 한참 잘 나가고 있는데 남편 때문에 어쩔 수 없이 다른 곳으로 가야 하는 경우도 있다. 또 가족 때문에 이사를 해야 하는 일도 있다.

어떤 경우이든 간에 잘 뿌리 내리고 있던 곳에서 발을 빼서 산설고 물 설은 '낯선 곳'에서 다시 뿌리를 내리고 처음부터 시작해야 하는 기업인들도 적지 않다.

"한 지역에서 성공적으로 잘 꾸려가고 있는데 아는 사람 하나 없고 또 알려고도 하지 않는 곳으로 가서 다시 시작하는 일이 쉽지만은 않지요. 하지만 계획을 가지고 차분히 풀어나간다면 못할 것도 없지요."

샘은 '사회적 친분'을 매우 중요시한다. 사회적인 친분, 재능, 지성, 자질 등이 다 중요하다. 이 가운데 한 가지만 가지고는 성공을 보장할 수 없다.

"사람들은 자신이 알고 또 좋아하고 존경하는 사람들과 함께 일을 하지요. 그게 바로 인생이기도 하고요."

그래서 샘은 하와이에 도착하자마자 심혈을 기울여 아주 세밀한 계획을 세웠다.

"새로운 환경일 때는 자리를 잡을 수 있는 가장 빠른 방법을 찾아야 해요. 그리고 의사결정자가 누구인지 확인하여 그들에게 어떤 식으로든 영향력을 행사할 수 있어야 합니다. 그래서 우리가 누구인지 알려주어 그 사람들이 우리를 좋아할지, 아니면 또 같이 일을 해도 되는지 등을 판단할 수 있게 해 줘야 합니다."

"가장 중요한 것은 무작정 기다리지 말고 행동을 하라는 것이죠. 우리가 필요로 하는 사람과 접촉을 갖는 일은 전적으로 우리들의 몫입니다. 중간에 다리를 놔줄 사람이 없었다거나 전화 연락이 안 된다거나 뭐 이런 따위의 변명은 통하지 않는다는 말이죠. 푸념을 해서도 안 되고 불평을 해서도 안 되며 변명을 늘어놔서도 안 됩니다. 상황이 어렵다고 해서 일이 틀어지도록 그냥 내버려둬선 안 됩니다."

샘은 전화를 걸어 무작정 조르거나 아무 집이나 찾아가 대문을 두드리는 방식은 좋아하지 않는다. 전쟁을 승리로 이끈 장군의 이야기를 철저히 조사하고 분석하여 미리 방법에 관한 계획을 세운 후 그에 따라 행동하는 스타일이다. 자신이 참가할 전장戰場과 자신이 만날 사람 그리고 그 사람이 기대하는 것이 무엇인가에 관한 정보를 미리 수집한다.

    "사업을 할 때도 그렇고 대부분의 경우에 의사결정자가 누구인지 찾아내는 가장 좋은 접근법은 지역사회나 업계 단체를 통해 알아보는 방법이에요. 그래서 나는 그런 곳으로 찾아가서 적당한 자리 하나를 차지하려고 했어요. 굳이 단체의 위원까지 될 필요도 없지만 그냥 자원봉사 수준에서 존재감 없이 있는 것도 곤란하죠. 내게 필요하다고 생각되는 사람들과 접촉할 수 있을 만큼의 존재감을 보일 수 있는 정도의 자리면 괜찮겠죠. 그리고 내가 하는 일에 지장을 주어서는 물론 안 되겠고요."

예를 들어, 최근에 샘이 하와이에서 다시 워싱턴 D.C.로 돌아왔을 때, 제일 먼저 자신이 목표로 삼은 협회 가운데 한 곳과 접촉하여 자신의 집에서 종일 무료 세미나 개최를 제안한 일이다. 새로운 고객을 확보하겠다는 것이 주된 동기이자 목적이긴 했지만 성심을 다해 일을 추진했다.

> 자기 자신의 이익을 추구하는 것은 전혀 잘못된 일이 아니에요. 성의를 다해 그 대가를 지불한다면 말이죠. 이런 접촉 시도를 통해 많은 사람들에게 내 자신이 노출되는 것이죠. 그래서 고객도 소개받고 입소문을 통해 내가 어떤 서비스를 제공하는지도 알릴 수 있고요. 그러나 이런 자리에 참석한 사람들이 기대한 것보다 훨씬 많은 것을 주고, 또 내가 할 수 있는 한 최상의 서비스를 제공하는 것이 내겐 가장 중요합니다.

절대 전화를 기다려서는 안 된다. 만나고 싶은 사람이 있다면 직접 찾아가라. 그리고 그 만남에 성의를 다해야 한다.

하와이로 가서 다시 사업을 시작하려 했을 때의 일을 살펴보자. 하와이에서의 첫째 주에 샘은 하와이 대학으로 가서 교과과정에 자신의 '콘젠트레이트^ConZentrate'를 편입시키고자 이 강의에 대해 설명을 했다. 샘은 이 작업을 하면서도 한 치의 허술함도 보이지 않았다. 마치 고급 호텔에서 거창하게 조인식을 해야 하는 계약인 듯 빈틈없이 준비를 했다.

"나는 내 나름대로 준비를 했지요. 교과과정에 새로 들어갈 과목의 제안 마감일이 언제인지 알고 있었어요. 그리고 내가 제안한 강의 내용은 기존의 것과는 전혀 다른 것이라는 확신이 있었고요. 그래서 강의 설명서도 준비해 놓았지요. 나는 의사결정자가 누구인지 알고 있었고 우리 둘이 만난 후 상대방이 '다른 자료를 좀 더 보내 주세요' 라고 요청할 것을 예상하고 있었지요. 그래서 나는 한 장짜리 설명 자료와 약력 소개서 등을 준비해 놓고 있다가 전화를 끊자마자 20초 만에 팩스로 이 자료를 보냈지요. 결과는 물론 성공이고요."

어떤 업종이든 또 어떤 지역에서든 간에 샘은 이런 일을 할 때 성공의 열쇠는 모든 요소를 '예' 라는 긍정적인 대답에 맞춰 준비해 두는 것이라고 말한다.

"예를 들어, 나는 그 사람이 서류 몇 개를 더 요청할 것이라는 사실을 알고 있었어요. 내가 만일 이 서류를 우편으로 보낸다면 이 것이 상대방의 손에 들어갈 때까지 족히 2, 3일은 걸릴 겁니다. 우편물이 도착해서도 어쩌면 책상 위에서 며칠은 더 뒹굴고 있을지도 모르지요. 며칠이 훌쩍 지난 다음에 내가 보낸 서류를 읽을 때쯤이면 내가 누구였는지도 잊었을지 모릅니다. 그러니 긍정적인 전화 통화의 감동이 가시기 전에 내가 상대방이 필요로 하는 것을 가지고 있다는 확신을 심어줄 필요가 있습니다."

잠재 고객이나 파트너, 투자자 등이 필요로 하는 것이 무엇인지 예상한 다음에 이것을 준비해 둬야 한다. 미리 조사를 해둔 다음 상대방의 '예' 대답에 맞춰 모든 것을 준비하라.

첫 번째 강의에 등록한 사람은 약 30명 정도였고 이 중 대다수가 샘에게 자신의 회사 또는 소속 협회나 단체에서 강연을 해줄 것을 부탁했다.

샘은 특정 단체에서 발행하는 소식지에 칼럼을 기고하는 방법으로도 자기 자신을 의사결정권자에게 부각시킨다. 이는 자신의 일정상 충분히 소화할 수 있는 것이고 다양한 방법으로 자신에게 필요한 사람들에게 접근할 수 있는 기회가 됐다.

"자신이 어떤 업종에 종사하든 간에 다양한 단체나 협회 소식지를 이용할 수 있고 지역 신문에 칼럼을 기고하는 방법도 활용할 수 있습니다. 칼럼을 쓰는 일이 어렵다면 접촉하고 싶어 했던 재계 거물들과의 인터뷰 기사를 싣는 방법도 있지요. 인터뷰를 하면 만나고 싶었던 회사의 CEO나 업계 유력인물에게 연락을 하거나 접촉을 할 수 있는 핑계거리도 되고 좋지요. 이런 식의 접촉을 통해 이 사람들이 내게서 대화하기 좋은 사람이란 인상을 받게 되는 거지요. 이런 식으로 사회적 친분을 쌓는 겁니다."

만나고 싶은 의사결정자의 관심을 끌 수 있는 방법은 여러 가지가 있다. 하와이로 이주하고 나서 1년이 안되어 샘은 다시 강연하는 일을 업으로 삼을 수 있었다. 그 후 20여 년이 넘는 기간 동안

전국에 있는 수십만 명의 청중을 대상으로 각종 워크숍^{연구발표회}과 기조연설, 세미나 등을 개최한 바 있으며 《대체 무엇이 문제인 가?What's Holding You Back?》, 《콘젠트레이트: 집중하기ConZentrate: Get Focused and Pay Attention》, 《당당하게 맞서라Take the Bully By the Horns》, 《텅 푸! 언쟁에서 상대를 제압하고 자신을 방어하는 방법Tongue Fu!® How to Deflect, Disarm, and Defense Any Verbal Conflict》 등 수많은 저서가 있다.

> "사업가에게 가장 중요한 것은 과감한 추진력입니다. 오늘 하루 우리들에게 일어난 일은 그 전에 우리가 했던 노력의 결과입니다. 나태하고 게으르고, 또 누가 주기만을 기다려서는 아무 것도 얻지 못하지요. 아는 사람도 없고 방법도 잘 모르는데 자신의 아이디어만 가지고 부딪칠 생각을 하면 심장이 두근두근할 지도 모르지요. 어떤 사람한테는 그 자체가 엄청난 스트레스가 될 겁니다. 하지만 사업가라면 이런 난관을 장애물이라 생각하지 말고 오히려 큰 기회라 보고 움츠러들기보다 과감하게 전진해야 합니다."

질문

+ 인생에서 중요한 변화를 맞게 됐는가?
+ 재정적 손실을 극소화하면서 다시 새롭게 경영하는 데 필요한 계획은 세웠는가?

DO AS I SAY
NOT AS I DID

Cynthia
McKay

이 름 **신시아 맥케이**Cynthia McKay

회사명 **르구르메기프트바스켓**Le Gourmet Gift Basket

부 문 **맞춤 선물바구니**

연수입 **200만 달러**

이 책에 소개된 사업가들은 자신이 잘 모르는 어떤 분야 혹은 또 다른 부문에서 정밀한 조사를 하지 못해 낭패를 당했다는 사실을 인정했다. 하지만 신시아의 경우는 단순히 조사를 게을리 했다고 말하기 좀 곤란한 부분이 있다.

신시아는 자신이 해야 할 일이 무엇인지 너무도 잘 알고 있는 베테랑이었고 절대 실수를 할 그런 풋내기가 아니었다. 신시아는 영국 런던 대학에서 인문학을 공부했고 센트럴플로리다 대학에서 문학사 학위를 받았으며 덴버 대학에서 법학사를 취득한 재원이었다. 한 마디로 말해 스마트 쿠키smart cookie, 그러니까 아주 똑똑한 여성이었다.

쿠키 이야기가 나왔으니 하는 말인데, 쿠키는 바로 신시아의 사업 아이템이기도 한다. 신시아는 1992년에 덴버에 르구르메기프트바스켓이라는 작은 재택사업체를 차렸다. 물론 여기서는 쿠키 이외에 아주 다양한 품목을 취급한다. 말하자면 고객의 주문에 맞춰 선물 바구니를 만들어 제공해 주는 고급 맞춤형 선물가게라고 보면 된다.

신시아의 관리 능력을 바탕으로 르구르메기프트바스켓은 전국에 410개 체인 매장을 갖춘 건실한 업체로 성장했다. 신시아는 재택사업이라는 개념을 실용 경제적 측면에서 한층 진일보시켜 수익은 높이면서도 간접비는 줄이는 방법으로 자영업자로서의 사기를 한층 드높였다. 신시아는 자신이 벌인 사업이 성공하기를 바라는 한편, 다른 사람들의 사업 성공을 도와준 공로로 각종 상을 수상하는 영예도 안았다. 여성들에게 기업인으로 성공할 수 있는 기회를 마련해줬다는 이유로 중소기업청Small Business Administration 로부터 '올해의 여성기업인 공로상Women in Business Advocate of the Year Award'을 수상한 것도 여기에 해당한다.

또한 사업적 성과를 인정받아 미대학협회가 수여하는 '선구적 여성 기업인상'도 받았다.

앞에서도 언급했다시피 신시아의 실수는 필요한 조사를 철저히 하지 않았다거나 계약 조항, 특히 불리한 조건이 나열돼 있는 작은 글귀를 읽지 않아서 생긴 것이 아니었다.

지금으로부터 수년 전에 신시아는 사업을 확장하면서 덴버에 있던 작은 사무실에서 나와 가스회사가 사용하던 건물을 사서 리모델링 작업을 마친 후 본사 사옥으로 쓸 계획을 세웠다.

이 작업은 그리 간단한 일이 아니었기 때문에 신시아는 적당한 하청업자를 물색하러 다녔다. 공사 대금을 검토하는 것은 물론이고 하청업자에게 면허가 있는지 보험은 들었는지 등을 꼼꼼히 살폈다. 드디어 공사에 착수하게 됐다.

그런데 리노베이션 공사에 들어간 지 두 달 만에 사고가 발생했다. 하청업자의 인부 가운데 한 명이 옥외 도장 작업을 하다 떨어져서 큰 부상을 입었다. 이 인부는 헐거운 지붕 타일 위에서 미끄러졌다고 주장했다. 물론 신시아는 사고를 당한 사람에게는 안 됐다는 기분이 들었지만 이는 어디까지나 하청업자가 처리해야 할 일이라고 생각했다. 이런 일에 대비하여 보험도 들어났고 면허며 보증도 다 받아났을 테니 말이다.

그런데 어찌된 일인지 의료비 청구서가 신시아에게 날아들기 시작했다. 알고 보니 이 하청업자에게는 면허도 없었고 손해를 보전할 담보도 없었을 뿐 아니라 보험에도 들지 않았던 것이다. 그러니까 이 하청업자는 책임보험도 종업원산재보험도 들어 놓지 않았다. 물론 이 사람은 보험에 가입했다고 분명히 말했고 심지어 각종 광고 전단지에나 마케팅 소책자에도 그런 사실을 명시해 놓았다. 그런데 사실은 이 모든 것이 거짓이었고 인쇄소에서 자기 마음대로 만든 것일 뿐이었다.

"정말 통탄할 일이었지요. 나는 내가 할 일은 충실히 했어요. 또 그랬다고 생각했고요."

돌이켜보면, 신시아에게 보여줬던 보험증서는 유효 기간이 만료된 것이었다. 그리고 한때 적법한 기업이었던 것도 사실이나 그 또한 유효 기간이 만료된 후였다.

생각지도 못한 상황에서, 신시아는 하청업자 소속의 부상 인부를 직접 고용한 것도 아닌데 종업원산재보험 소송과 책임 소송에 휘말리게 됐다.

신시아의 변호인은 이 일에 크게 개의치 않았다. 하청업자에게 책임이 있는 것이 확실하다고 믿었기 때문이다. 하청업자가 제공한 서류는 다 허위인 것으로 드러났고 중요한 사실을 거짓으로 진술했으며 결정적으로 사고를 당한 인부는 신시아 회사 소속 직원이 아니란 것이 그 이유였다. 그리고 신시아는 자신에게 책임이 없다는 것을 입증할만한 결정적인 증거도 확보하고 있었다. 부상당한 인부의 혈액 검사 결과 코카인 양성 반응이 나타난 것이다. 신시아가 알고 있는 지식을 동원해 봐도 그렇고 상식적으로 생각해 봐도 모든 것이 자신에게 유리하다고 생각했다.

그런데 상황이 참으로 묘하게 전개됐다.

콜로라도주 법에 따르면 만약 하창업자가 보험 또는 종업원산재보험에 들지 않은 경우에는 그 하청업자의 고객이 문제에 대한 책임을 지는 것으로 돼 있었다. 참으로 기가 막힐 노릇이고 신시아로 서는 청천벽력과 같은 결과가 아닐 수 없었다.

설상가상으로 판사는 사고 인부의 동의를 받지 않고 혈액 검사 를 실시했다는 이유로 마약 사용을 입증하는 자료를 증거로 채택하 지 않았다. 부상당한 인부와 하청업자가 서로 공모한 증거와 증언 이 분명 있음에도 불구하고 상황은 신시아에게 불리하게 돌아갔다.

결국 신시아는 종업원산재보험 소송에서 패소했고 의료비와 기 타 손실 비용 명목으로 100만 달러 이상을 물어줘야 했다. 그나마 다행스러운 것은 자사 산재보험으로 이 손실 비용을 처리할 수 있 게 해 놓아서 회사에는 직접적인 손해를 입히지 않을 수 있었다는 점이다. 이 때문에 산재보험료율이 매우 높아지긴 했지만 회사 자 본을 잃는 것보다는 훨씬 나았다.

> **"**나는 이 불합리하고 불공정한 결과에 깊은 상처를 받았어요. 도저
> 히 믿어지지도 않았고요. 법은 내 편이 아니었던 거죠. 코카인 검
> 사 결과를 증거로 채택하지 않은 판사의 처사에도 화가 났어요.
> 이 사건은 내 인생에 두고두고 큰 영향을 주었지요.**"**

그렇지만 차근차근 한 가지씩 풀어 나가면서 이 구렁텅이에서 빠져나왔다. 성공한 사업가의 가장 큰 특징은 바로 이러한 불굴의 정신과 끈기다.

"변호사가 내게 어쩌면 모든 것을 잃을 수도 있다고 말했을 때 나는 '괜찮다' 고 대답했어요. 모든 것을 잃으면 또 그때부터 다시 시작하면 그뿐이에요. 모든 것을 다 팔아서라도 난관을 극복해야지요. 결국에는 집을 팔고 방 두 개짜리 아파트로 옮겼어요. 그리고 거기서 밑바닥부터 다시 시작했지요. 이런 어려움이 내 오랜 꿈을 깨뜨리고 앞길을 막는 일은 절대 용서할 수 없었지요."

> 결국 나는 내가 생각했던 것보다 훨씬 강하다는 사실을 알게 됐지요. 그리고 얼마든지 힘든 일을 참아낼 수 있는 사람이라는 것도 깨달았고요. 또 생각했던 것보다 내가 더 똑똑하다는 사실도 말이지요. 그런 일을 겪고 나니 전보다 더 자신감이 생기더군요. 나 자신을 믿고 자질구레한 일에 더 이상 힘을 빼는 일은 하지 않게 되더라고요.

▥ 잃은 것
소송비용과 보험료 수만 달러, 절망스러웠던 1년 6개월의 기간

▶ 무엇이 문제였나?
_적절한 예방 및 보호 조치를 취하지 않았다

사업하는 사람들의 가장 큰 문제이자, 딱히 고칠 방법도 없는 그런 문제가 있다면 바로 이런 것이다. 사업가는 자신이 하는 일과 자신이 세운 목표에 열정적으로 매달려 그 일에 혼신의 힘을 다하기 때문에 다른 사람들도 다 그렇다고 생각한다는 점이다. 낙관주의는 성공의 가장 중요한 요소이기도 하다. 이들은 다른 사람들도 자신처럼 열정적이고 정직하다고 생각한다. 대다수 사업가는 이 하청업자처럼 행동한다는 것 자체를 이해하지 못하는 경우가 많다.

신시아는 하청업자에게 보험증서를 보여 달라고 요청했었다. 그런데 이 사람은 유효기간이 만료된 증서를 보여줬던 것이다. 참으로 대범한 행동이 아닐 수 없다. 아마도 하청업자는 심장이 강철로 돼 있는 모양이었다. 그 당시 요청한 서류를 하다못해 약식절차라도 밟아 좀 더 시간을 두고 살펴봤더라면 그런 불상사는 없었을 것이다.

지금은 하청업자나 가맹점주, 종업원 등의 배경 정보를 확인하는 공식 절차를 마련해 놓고 있다. 해당 당사자에게 사업자 등록증만 요구하는 것이 아니라 주 정부의 관련 기관에서 직접 필요한 서류를 열람한다. 보험이나 면허의 경우 각 증서의 유효 기간을 반드시 확인하고 면허를 내준 해당 기관에 가서 관련 서류를 복사해 둔다.

_법이 항상 사업주의 편만을 들어주지는 않는다

신시아는 법에 대해 어느 정도 알고 있었고 그 내용을 읽고 해석하는 데 별 다른 문제가 없었다. 노동법 전문가는 아니었지만 다른 사람보다는 그래도 많이 알고 있는 편에 속했다. 그리고 이번 일의 경우처럼 콜로라도주 법 때문에 황당한 지경에 처했던 적도 없었다. 그러나 각 주마다 기업인들에게 우호적이지 않은 각종 법률이 많이 있다. 일반 상식으로는 도저히 이해할 수 없는 이상한 법률들도 많이 있다. 상식에 기초한 법률에만 의존하는 것은 그리 현명한 자세가 아니다. 지리적으로나 업종 면에서 새로운 영역에 도전할 때는 전문가의 도움을 받아 미리 관련 정보를 수집하고 조사하는 것이 필요하다.

위 하청업자처럼 마음먹고 남을 속이려 드는 경우에는 웬만해선 그 꼬투리를 잡기 힘들겠지만, 만약 책임보험 등에 관한 법률에 관해 변호사의 조언을 미리 들었다면 하청업자가 제출한 보험증서라든가 각종 서류를 더 꼼꼼히 살펴봤을 것이다.

질문

+ 황당한 일을 당하지 않도록 자신의 고객, 공급업자, 하청업자 등에 관한 조사를 철저히 하는가?

+ 공급업자나 하청업자의 약속을 액면 그대로 믿기 보다는 정밀하고 확실한 조사를 통해 입수한 결과가 아니면 절대 믿어서는 안 되는 것을 알고 있는가?

DO AS I SAY
NOT AS I DID

Susan Jones
Knape

이 름 **수전 존즈 네이프** Susan Jones Knape
회사명 **네이프앤네이프** Knape and Knape
부 문 **종합광고대행**
연수입 **1500만 달러**

수전 네이프는 직업적으로도 성공했고 똑똑하고 매력 있고, 한 마디로 모든 것을 다 갖춘 사람처럼 보였다. 게다가 수 전은 여성 기업인의 선구자이기도 했다. 1980년대는 일부 여성들 이 여전히 남녀 차별적 사회 환경에서 제자리를 찾으려고 노력하 던 시기였다. 이때 수전은 스스로의 길을 개척하겠다는 마음을 먹 고 광고홍보대행사를 차렸다.

하지만 이것이 하루아침에 이루어진 것은 아니다. 패션모델 출 신이자 두 아이의 엄마였고 《머니 룰: 여성들이 돈을 잘 벌 수 있 는 50가지 방법 The Money Rule: 50 Ways Women Can Make More, Save More and Have More》의 저자이기도 했던 수전은 1980년대 초에 자유기고가와

228

성공을 넘어선 CEO

광고전문가로서의 재능을 발휘하고 있었다. 이 분야에 대한 전문 지식과 경험을 바탕으로 좀 더 원대한 프로젝트를 구상하게 됐다. 그런데 이 프로젝트의 규모가 자꾸만 커져서 외부에 하청을 줘야 할 정도까지 됐다. 대규모 광고 및 홍보 업무를 진행하는데 필요한 디자이너와 작가, 회계담당자를 관리 및 감독할 인력과 능력이 필요했던 것이다. 결국 이 모든 요건이 충족됐다고 보고 당시 남편과 함께 종합광고대행사를 설립했다.

그런데 곧 바로 문제가 발생했다.

> 그때 당시 나는 사업을 어떻게 하는지도 모르고 무턱대고 일을 시작한 것이죠. 광고라든가 디자인에 관해서는 거의 모르는 것이 없었고 고객을 어떻게 다뤄야 하는지에 관해서도 잘 알고 있었지만 재정적인 부분에 관해서는 아는 것이 없었어요. 사업이라는 것을 시작해 놓고도 재무라든가 회계와 관련된 전문 지식이 필요하다는 생각은 해보지도 않았어요.

요즘 같으면 삶은 호박에 이도 안 들어갈 생각이지만 수전은 무의식적으로 재무와 관련된 부분은 남자인 남편이 알아서 잘 해줄 것이라고 생각했던 것이다. 수전은 1960년대에 다소 보수적인 가정에서 태어나 자랐기 때문에 남자는 재무와 관련된 부분에 능하니까 이 부분을 담당하면 되고 자신은 창의적인 부분에만 전념하면 된다는 식의 고정관념이 마음 속 깊이 박혀 있었던 것 같다.

그런데 참으로 안타깝게도 남편은 자신보다 재무라든가 회계 분야에 대해 아는 것이 더 없다는 사실을 알게 됐다.

"참, 얼토당토 않은 가정을 해놓고는 마음 턱 놓고 있었던 거지요. 나는 남편에게 내가 필요로 하는 부분의 능력이 있다고만 생각했어요. 그런데 그런 능력이 있기는 커녕 오히려 나만도 못했죠."

지금에 와서 하는 생각이지만 두 사람 모두 재무에는 문외한이란 사실을 깨달았으면 그때부터라도 회사의 재무나 회계 부분에 관한 공부를 했어야 한다는 것이 수전의 생각이다.

"사업을 하다보면 언젠가는 이 문제가 꼭 발목을 잡게 되지요." 수전은 예전의 그 실수가 못내 아쉬운 듯 아주 단호하게 말했다. "그런데 나는 아주 순진하게도 창의적인 부분에만 매달리면 된다는 생각을 했고 그래서 직접 재무 관련 공부를 하는 대신 외부에서 CFO최고재무책임자*를 영입하는 방법을 택했죠."

수전이 채용한 마크*라는 사람은 댈러스에 있는 다른 광고 및 홍보 대행사에서 재무 관리를 담당한 경력이 있는 CPA였다.

CFO*
Chief financial officer
일반적으로 자금담당
부사장으로 불린다.

수전은 마크를 영입한 후 회사의 재무 관련 업무 일체를 마크에게 일임했다. 마크가 CPA였기 때문에 외부 전문 업체와의 계약도 취소하고 세금 관련 업무도 모두 마크에게 맡겼다.

수전은 이후 2년여 동안 회사의 재무 문제에는 전혀 신경 쓰지

않았다. 대기업에서 인수 제의가 들어왔을 때 조차도 이 부분을 점
검할 생각은 꿈에도 하지 않았다.

"마크에게 회사 재정 상태가 어떠냐고 물으면 항상 '좋습니다'
라고 대답했고 그러면 그냥 그것으로 끝이었지요." 이렇게 말하는
수전의 목소리와 태도에는 자책의 빛이 역력했다.

네이프앤네이프의 인수 계약이 몇 달 안에 성사될 것으로 보이던
즈음, 마크가 수전을 찾아와 모든 것을 털어놨다. 마크는 수금을 제
대로 하지 못했다. 광고대행사는 자사 고객을 대신하여 각종 매체
에 광고를 싣고 필요한 제품을 구매한 후 수수료를 포함한 서비스
대금을 직접 고객에게 청구한다. 그런데 광고대행사와 거래하는 벤
더서비스 공급업자는 일정 시기마다, 즉 정기적으로 서비스 대금을 수령
한다. 만약에 광고대행사가 벤더에게 정해진 시기에 꼬박꼬박 대금
을 지불하는데 고객으로부터는 대금을 수령하지 못한다면 현금 흐
름에 문제가 생길 수밖에 없다. 그런데 마크는 고객한테서 받아야
할 대금을 오랫동안 수령하지 못했고 따라서 벤더에게 지불해야 할
대금을 제때 주지 못하는 상황이 됐다. 마크는 IRS개인퇴직계좌보다는
벤더에게 대금을 지불하는 것이 더 중요하다고 판단하고 지급급여
세를 납부하지 않기 시작했다. 결국 회사는 25만 달러의 세금을 미
납한 상태가 됐고 IRS 문제는 점점 더 심각해졌다.

벤더에게 지불해야 할 대금 때문에 IRS를 희생시켜서는 절대로
안 된다. 이런 선택은 결국은 어떤 형태로든 자신의 발목을 잡는

결과로 나타난다.

"나는 즉시 마크를 해고하고 인수 협상을 진행하고 있던 라켄미더앤샤이델Larken, Meader and Scheidell: LMS과 세금 미납분도 인수 대금에 포함시키기로 합의를 봤어요. 이렇게 해서 IRS 문제에서는 해방될 수 있었지만 LMS에 지불해야 하는 이자를 비롯하여 기타 손실 비용을 메우기 위해 더 많은 시간을 일에 매달려야 했지요. 범칙금에다 위약금, 이자까지 합치면 결과적으로 35만 달러의 손실을 본 셈이죠."

■ 잃은 것

35만 달러, 직원에 대한 신뢰감

▶ 무엇이 문제였나?

_CFO를 고용할 때 이력서를 충분히 검토하라

아마 이 책을 읽고 있는 초보 사업가들은 대다수 사업가들이 미처 신경 쓰지 않고 넘어 가는 부분을 찾아 제대로 긁어주는 등의 서비스 대행사업을 하면 되겠다는 생각을 할지 모르겠다. 아마 거의 성공할 것이다. 어쨌거나 수전은 마크의 이력서를 검토하지 않았다. 약력란에 표기된 다수 대행사에서의 화려한 재무관리 경력만 믿고 안심했던 것이다.

"그때 당시 나는 너무 바빠서 상세한 내용을 검토할 시간이 없었어요." 이렇게 말하는 수전의 표정은 매우 언짢아 보였다. "돌이켜 보면 너무 안타깝지요. 몇 군데 전화해서 알아보는데 한 시간이 걸리겠어요 아님 두 시간이 걸리겠어요? 그런데 그 한 시간을 내지 못한 탓에 35만 달러를 날린 거지요."

_자기 돈은 자신이 신경 써서 지켜라

남녀를 불문하고 장부를 끌어안고 씨름하기 좋아하는 사업가는 많지 않다. 이는 기질적인 문제이지 남녀 간의 성차는 아니다. 일반적으로 사업하는 사람들은 몽상가에 가깝다. 따라서 숫자와 같은 세세한 부분에는 거의 신경을 쓰지 않는다. 하루 종일 스프레드시트와 씨름하는 일이 좋았다면 회계사가 됐지 사업가는 되지 않았을 것이다.

그러나 이런 일을 다른 전문가에게 떠맡기고 여기에는 아예 신경을 끊고 싶은 마음이 굴뚝같더라도 완전히 일임한 채 나 몰라라 해서는 안 된다. 이 분야에 있어서도 어떤 형태로든 전반적인 관리, 감독은 해야 한다.

일주일 혹은 한 달에 한번 재무 상황 보고를 받는 한이 있더라도 외부 CPA 업체를 통해 사내 CFO의 업무를 감시하는 시스템이 마련되어 있어야 한다. 대차대조표는 매우 방대하고 복잡한 내용을 담고 있기 때문에 잘 모르는 사람이 보면 알기 힘든 심각한 문제가 숨겨져 있을 수 있다. 재무나 회계에 관해 스스로 공부할 여력이 없다면 외부 전문업체를 통해 필요한 부분을 관리해야 한다.

> ❝자신이 직접 관여해야 해요. 회사는 다른 누구의 것도 아닌 바로 내 회사니까요. 아무도 나를 대신할 수도 없지요.❞

┃성공의 **그늘**

그 당시 수전을 괴롭혔던 문제가 이것 뿐은 아니었다. IRS 관련 문제로도 충분히 골머리를 썩었는데 부동산 문제까지 속을 썩였다. 처음 네이프앤네이프를 창업했을 때 5년 만기로 사무실을 임대했다. 임대 계약을 체결할 당시 건물주는 수전에게 임대에 관한 개인 보증을 할 것을 요구했다. 수전 측 변호인은 이것이 '통상적인 조건'이라고 말했고 따라서 수전은 그런가보다 하고 별 생각 없이 요구를 받아들였다.

그런데 임대 계약을 맺고 2년 만에 회사를 매각하게 되자 5년 계약이 문제가 됐다. 그래서 건물주를 찾아갔다.

"더 이상 사무실을 사용할 필요가 없으니 남은 3년 부분에 대해 재협상을 하자고 요구했지요. 그런데 건물주는 절대 안 된다고 하더군요. 5년 계약을 했으니 내가 그 공간을 사용하든 안 하든 임대료를 계속 지불해야 한다는 거였죠."

건물주의 입장은 아주 강경했다. 수전에게 남은 3년 기간 동안에 지불해야 할 임대료 1만 7000달러를 지불할 의무가 있다는 것이었다.

"남은 기간에 대한 전대^{轉貸}를 주선하겠다고 했지만 건물주는 한 치도 양보하려 하지 않더군요."

수전의 법률 자문은 개인 파산을 신청하는 수밖에 다른 방법이 없다고 말했다. 수전으로서는 지금껏 다른 개인 채무가 없었기 때문에 이 일로 파산 신청을 한다는 자체가 내키지 않았지만 어쩔 수가 없었다.

▥ 잃은 것
시간과 돈, 그리고 7년 동안이나 개인 신용 보고서에 개인 파산 기록이 남아 있게 된 황당한 경험

▶ 무엇이 문제였나?
_자신의 권리를 주장하라

IRS 문제 외에도 부동산 문제 때문에 큰 손실을 봤다. 부동산 관련 계약을 할 때 많은 사업가들이 건물주와 자신의 중개인 사이에서 어정쩡한 자세를 취하게 되는 경우가 많다. 그러나 중개인의 입장에서 보면 자신이 그 중개인의 고객이고 건물주의 입장에서도 자신이 고객이다.

그러니 절대 겁을 먹고 위축될 필요가 없다. 질문하는 일을 두려워 말라. 잘 이해되지 않는 부분이 있으면 이해가 될 때까지 물어보라. 부동산 거래라는 것은 처음부터 끝까지가 협상의 대상이다. 중개인은 고분고분 상대방의 요구만 들어줄 것이 아니라 공격적으로 취할 것을 취해야 한다.

'통상적인 조건'이라는 이유만으로 그냥 '수긍'하고 받아들여서는 안 된다.

> **"**결론부터 말하자면 모든 사안에 당당하게 맞서서 취할 것은 취하고 안 되겠다 싶으면, 과감히 거래 중단을 선언하고 물러나야 합니다. 물론 이런 방식은 남자보다는 여자들에게 힘든 일입니다. 그러나 자신의 권리를 찾는 방법을 포기해서는 안 되지요.**"**

_옷차림

지금부터 할 이야기는 남자나 여자 모두에게 해당되는 부분이다. 하지만 여자들이 좀 더 신경 써서 들어야 할 이야기다. 여자들은 어떤 상황에서든 최대한 잘 차려입으려고 한다. 반면에 남자들은 꼭 그래야만 하는 이유가 있을 때만 정장을 하는 편이다.

수전은 건물주와 담판을 지으려 했을 때 상대방이 그토록 완강하게 자기 뜻을 관철했던 이유 가운데 하나가 자신의 옷차림 때문이었다고 생각한다. 아쉬운 소리를 하러 가는 사람이 프라다 핸드백에다 샤넬 옷으로 곱게 치장을 하고 돈 냄새를 풀풀 풍겼으니 상대방에게 아쉬운 소리가 먹힐 리 없었다. 사실, IRS 문제가 발생했을 때도 마찬가지였다.

"나는 재정적으로 상황이 안 좋다는 소리를 하려고 그곳에 간 겁니다. 그런데 상대방에게 비친 내 모습은 고급 옷과 비싼 구두로 한껏 멋을 낸 미스 댈러스 같았겠지요. 그 사람들은 아마 말로만 돈이 없다고 그러지 실상은 재벌가 자제쯤 될 것이라 생각했을지 모릅니다."

아쉬운 소리를 해야 할 때는 상대방에게 최대한 불쌍하게 보여야 하고 또 그러기 위해서는 그에 걸맞은 차림을 해야 한다. 사람들은 겉모습을 보고 그 사람을 평가한다. 성공한 사람처럼 보여야 할 때는 되도록 그렇게 보이려고 노력해야 한다. 그렇다면 이 논리를 역으로 적용해 보자. 건물주나 채권자들에게 아쉬운 소리를 하러 갈 때는 되도록 불쌍하게 보이는 것이 낫다.

이는 남자보다는 여자에게 더 적합한 교훈으로 보인다. 하지만 실제로는 남녀 할 것 없이 누구나 유념해야 할 부분이다.

" 역경을 통해 거듭난다는 말이 있습니다. 아무리 어려운 일이라도 거기서 교훈을 얻고 앞으로 나아가야 합니다. 이 세상에 원인 없는 결과란 없고 아무 이유 없이 일어나는 일은 없지요. 역경이나 시련이 있었다면 거기엔 다 그만한 이유가 있을 겁니다. 고난을 통해 거듭나는 기회로 삼는다면 내게 고난이 찾아와 준 이유를 찾을 수 있는 것이겠지요. "

질문

+ 사업적 지식이 없는 경우 회사의 기본적 재무 상황을 파악할 수 있을 정도의 재무, 회계 지식을 획득할 준비가 돼 있는가?

+ 법정 문서를 작성할 때 여기서 발생할 수 있는 여러 가지 문제 상황에 대해 충분히 검토하고 필요한 대비책을 강구했는가?

+ 거래처 방문시 상황에 맞는 옷차림을 하고 있는가?

* 가명임

Hal
Brierley

이 름 **할 브리얼리**Hal Brierley
회사명 **앱실런데이터매니지먼트**Epsilon Data Management
부 문 **데이터베이스 마케팅**
연수입 **5000만 달러**

이 책의 앞부분에서 진부한 표현들이 계속해서 회자되는 데는 다 그만한 이유가 있다고 했다. 귀에 못이 막히도록 들어 잘 알고 있는 말이지만 그만큼 생명력이 길다는 것은 그 오랜 동안 시간의 검증을 거쳤다는 말이고 누구도 이의를 달지 못할 정도로 자명한 이치라는 뜻이리라. '겉표지로 그 책을 평가하지 말라'는 말도 아마 여기에 속하지 않을까 싶다. 좀 더 최근에 회자되는 말로는 '믿어라, 그러나 그것이 정말 믿을 만한지 반드시 확인하라'라는 러시아 속담도 있다. 그런데 다시 한 번 말하지만 아주 훌륭한 사업가 중에도 이런 오랜 진리를 그냥 흘려보내는 사람들이 꽤 있다.

할 브리얼리는 절대 멍청한 사람이 아니다. 타고난 사업가에다 엔지니어 공부까지 했던 할은 1970년에 일렉트로닉데이터시스템즈Electronic Data Systems라는 회사가 시스템 관리 분야에서 성공을 거두는 것을 보고 자신도 이 분야에 진출할 것을 결심했다. 그래서 하버드경영대학원 동창생 한 명과 함께 엡실런데이터매지니지먼트EDM를 공동 설립하고 세계적으로 유명한 샌디에이고 동물원이나 세계야생동물기금과 같은 비영리단체 그리고 미국스키대표팀 등에 특히 관심을 보였다.

사업하는 사람들이 대부분 그렇듯이 할 역시 자신의 회사를 일정 궤도에 올려놓기 위해서는 팔방미인이 되지 않으면 안 됐다. 하지만 할은 회계 분야에 취약한 자신의 한계를 잘 알고 있었다. 처음에는 단식부기 정도로 장부 정리 문제를 대충 해결했다. 그러나 이 정도도 다른 사업가들에 비하면 양호한 편이었다. 어쨌거나 사업가는 숲을 보는 사람이지 나무를 세는 사람은 아니니 말이다.

그러나 사업 규모가 커짐에 따라 추가 자금 동원의 필요성이 더 높아졌다. 그러나 단식부기장만으로는 은행가나 모험자본가들의 기대를 충족시킬 수 없었다.

"일류 CPA 업체의 힘을 빌려 은행이나 투자자에게 긍정적인 인상을 남길 필요가 있었지요. 그래서 그때 당시 유명한 회계법인 프라이스워터하우스Price Waterhouse에 의뢰하여 회계 감사 업무를 수행하게 했지요. 바로 이때 케네스*를 만난 겁니다. 이 사람은 프레젠테이션 능력으로 보나 학력으로 보나 뭐 하나 나무랄 것 없어 보이는 아주 유능한 젊은이였어요."

물론 업무 위임이야말로 이 사업의 성공을 위한 핵심 요소이고 할 역시 이런 사실을 잘 알고 있었다. 외주 데이터 관리라는 사업 아이템 역시 업무 위임에 기초한 것이고 책임자의 능력에 크게 좌우되는 측면이 강했다.

"나는 케네스를 고용하기로 하고 케네스에게 회계감사관의 업무를 맡겼지요. 그래서 나는 매출과 성장 부문에만 신경을 썼어요."

실제로 케네스가 들어 온 후 할은 회사의 성장에만 주력했다. 케네스는 그런 할을 실망시키지 않았다. 사실 몇 년 동안은 아무런 문제가 없는 것처럼 보였다. 케네스는 매달 재무보고서를 제출했고 보고서 상으로는 회사가 내부적으로 급성장을 한 것으로 나타났다. 재정 상태도 흑자였다. 사실, 1973년 12월까지도 재정적으로는 아무 문제도 없어 보였다. 그래서 할은 성장의 길로 한 단계 더 나아가기 위해 20만 달러의 자금을 더 동원하기로 했다.

EDM호는 암초도 협곡도 없는 대해를 전속력으로 달려가는 것처럼 보였다. 그러나 실제로는 선체에 물이 스며들고 있었고 앞에는 빠져 나가기 힘든 협곡이 떡 버티고 있었다.

1974년 봄, EDM의 규모가 커지자 케네스의 상부 관리자로서 회사의 재무 관리를 총괄할 부사장이 필요했다. 그런데 새 부사장이 들어오자 케네스는 돌연 사표를 내버렸다. 이때 뭔가 문제가 있다는 사실을 눈치 챘어야 했다. 그런데 사람들은 그때까지 일 잘하고 있던 케네스가 갑자기 그만 두자 너무도 실망스럽고 서운한 마음에 다른 것은 생각할 여력이 없었다. 결국 앞으로 어떤 엄청난 일이 벌어질지 아무도 알지 못했다.

"케네스가 맡았던 업무를 인수하려고 사무실로 들어갔는데 아주 엉망이더군요. 사무실 집기가 그렇다는 것이 아니라는 것은 알겠지요? 장부가 믿을 수 없을 정도로 엉망이었어요."

25년이 지난 지금도 그때 일을 생각하면 분노가 치밀어 오르는 듯 이렇게 말하는 할의 목소리에는 불쾌감이 가득 차 있었다.

빈틈없어 보이던 수치도 월간 재무보고서도 모두 가짜인 것으로 드러났다. 그리고 처리되지 않고 남아 있는 청구서가 산더미처럼 쌓여 있었다. 지출 비용은 모두 자산으로 기록되어 있었다. 흑자를 나타내는 검은 잉크는 스티븐 킹의 공포 소설에서나 나올법한 핏빛보다 더 끔찍한 빨간 잉크로 변해버렸다. 자본 걱정 없는 탄탄한 회사에서 하루아침에 급속히 침몰하는 한심한 회사로 전락하고 말았다.

"일이 얼마나 끔찍했는지 케네스가 저질러 놓은 일을 가까스로 처리한 후 3일 만에 새 부사장도 그만두고 말았지요."

할을 비롯하여 남겨진 사람들은 참담한 상황에 처하게 됐다. 모든 것을 스스로 처리해야 했던 것이다. 그나마 다행스러운 것은 케네스가 장부를 조작하느라 여념이 없을 때 할은 1초의 시간도 헛되이 쓰지 않았다는 점이다. 부지런히 계약을 따 내고 밀린 청구서를 해결해 나갔다. 그야말로 허리띠를 졸라매고 채권자들에게 각별히 신경을 썼으며 회사의 지불능력과 이미지 회복을 위해 부단히 노력했다. 그 동안의 손실을 복구한 것은 결코 마법도 아니고 조작의 결과도 아니었다. 오직 우직한 끈기와 적극적인 자세로 난관을 극복할 수 있었다. 1978년이 되자 회사 재정은 다시 흑자로 돌아섰고 매출 1000만 달러에 순수익 10%를 기록하기에 이르렀다.

▥ 잃은 것
성장의 기회를 앗아간 1년, 숱한 불면의 밤, 회사의 이미지와 신용도

▶ 무엇이 문제였나?
_모르는 것은 결코 약이 아니다

우리는 지금껏 대다수 사업가들에게서 볼 수 있는 결정적인 약점에 관해 말하고 있다. 상세한 부분에 신경 쓰는 사업가들이 별로 없다는 것이다. 대부분이 인생에 있어서나 천성적으로 대단히 낙관적인 사람들이라 자신이 듣고 싶어 하는 이야기만 듣는 경우가 종종 있다. 자신들이 잘 알지 못하는 주제에 관해서는 과장된 이야기에도 금방 귀가 솔깃해진다. 나름의 비전을 품고 창업을 한 사람들은 정직을 최고의 가치로 꼽는 경우가 많다. 따라서 사기와 거짓을 밥 먹듯 하는 사람들은 이런 사업가들에게는 치명적인 손상을 안겨주는 존재다. 물론 사업하는 사람들도 사기꾼이 존재한다는 사실을 알고 거짓말을 하는 사람이 있다는 사실도 안다. 그러나 머리로는 그런 가능성을 인정하면서도 체질적으로 그런 사실을 확인하는 일에는 아주 서툴다는 것이 문제다.

> "잘 모르는 분야라고 해서 사업의 중요한 부분을 나 몰라라 해서는 절대 안 됩니다. 전문가에게 위임한 업무의 경우에도 마찬가지지요. 어떤 일의 진행 자체에 대한 책임은 비껴갈 수 있지만 그 일의 결과에 대한 책임까지 포기해서는 안 됩니다. 어떤 일이든 결국에는 자신의 책임이거든요."

현재 200명의 직원을 두고 고객관계 관리를 전문으로 하는 브리얼리앤파트너즈Brierley and Partners의 창립자이자 충성도 구축 담당자인 할로서는 EDM에서 얻은 교훈이 여러 가지로 도움이 되고 있다.

교훈

사장은 골치 아픈 일거리에서 해방될 '특권'이 있다. 그러나 귀찮다고

또 잘 모르겠다고 남에게만 맡겨놨다가는, 결국 큰 코 다치는 것은 다른 누구도 아닌 자기 자신이다.

상호 점검 시스템이 반드시 갖춰져 있어야 한다. 설사 같은 CPA라도 다른 외부 CPA에게 자사 회계장부를 검토하게 하는 시스템이 되어 있다. 뭔가 좀 이상하다거나 지나치게 이가 잘 들어맞는다 싶을 때는 자신의 직감을 믿고 확인하고 넘어가는 것이 좋다. 모르는 것이 죄는 아니다. 너무 기초적인 것을 질문한다고 창피하게 여길 것은 없다. 결과적으로 바보 같은 행동을 하느니 '바보 같은' 질문을 하는 편이 백번 낫다.

질문

+ 사업상의 중요한 업무를 직접 챙기지 않았는가?
+ 잘 모르는 분야의 일을 다른 전문가를 고용하여 일임했는가?

* 가명임

DO AS I SAY
NOT AS I DID

Larry Winget

이 름 **래리 윈젯**Larry Winget
회사명 **애드텔**adtel, Inc.
부 문 **텔레커뮤니케이션**
연수입 **200만 달러**

리 윈젯 앞에서는 우는 소리를 하지 말라. 웬만한 실패 스
토리가 아니면 래리 앞에선 명함도 못 내민다. 지금은 미
국에서 최고 대우를 받는 전문 강연자이고 책도 열아홉 권이나 낸
유명인사지만 래리로서는 이런 성공담으로 자신의 실패담을 대충
얼버무릴 생각은 추호도 없다.

"자, 힘내서 다시 한 번 도약하자"

현재 래리는 아주 정열적인 동기 유발 전문 강연자로 유명하다.
래리는 성공에 관한 이야기를 유쾌하게 풀어나갈 줄 아는 성공 철

성공을 넘어선 **CEO**

학가다. 어떤 분야이든 간에 한 기업을 이끌어가는 데 필요한 보편적 원칙을 가르친다. 간단한 예를 들어가면서 이해하기 쉽고 실행하기 편한 이야기를 재미있게 풀어나가는 것이 래리의 강연 특성이다.

래리는 사업을 하는 사람이 발전해야 사업도 발전하는 것이고 우리가 더 나아졌을 때 인생의 모든 것들이 더 나아진다고 가르친다. 우리 자신이 더 나아질 때까지는 아무 것도 더 나아지지 않는다는 것이다. 즉, 우리 자신이 나아져야 우리가 원하는 다른 모든 것들도 나아진다는 말일 게다. 래리는 또 자기 연민에 빠지는 일을 용납하지 않는다.

이런 태도가 래리의 성공에 도움이 됐을 것이다. 래리는 1980년대에 이동통신회사를 차려 업계 수위 자리에까지 올려 놓았던 적이 있다. 그러나 그 이후에 모든 것을 잃고 말았다. 하다못해 집 안에 있던 숟가락 한 자루까지 모조리 잃었다.

래리가 걸어온 길은 여느 사람들과는 좀 다른 면이 있다. 래리는 오클라호마주 머스코지의 한 작은 마을에서 태어났다. 양계장을 놀이터 삼아 자란 래리는 그 자신의 표현대로 '백인 빈곤층' 출신으로 인생을 시작했다.

대학에서 심리학과 도서관학을 전공한 후 사우스웨스턴벨Southwestern Bell에서 최초의 남성 교환수로 일했다. 그러다 탁월한 판매 능력을 인정받아 판매 및 마케팅 분야에서 일하다 AT&T 캔

자스 지역 판매 총괄책임자가 됐다.

1980년대 초에 단행된 기업 분할 당시 래리는 1년 치 월급에 해당하는 돈을 해고 수당으로 받고 회사를 나온 첫 번째 사람이었다. 당시 래리에게는 어느 누구에게든 팔지 못할 것이 아무 것도 없다는 신념 외에 다른 것은 없었고 사업을 운영하는 것에 관해서는 아무 것도 모르는 상태였다.

그러나 다른 사업가들과 마찬가지로 래리 역시 나무를 보는 사람은 아니었다. 뭐든지 할 수 있다는 신념과 자신감이 있었기 때문에 세부적인 것을 모른다는 사실이 래리 자신을 주저앉힐 수는 없었다. 그래서 래리는 오클라호마주 털사로 가서 이동통신회사를 차렸다.

"사업에 관해서는 아는 것이 아무 것도 없었지만 한 가지 기술만은 확실히 있었지요." 래리는 남서부 지역 특유의 느긋한 말투로 그러나 자신감에 찬 단호한 어조로 말했다. "다른 누구보다도 판매에는 자신이 있었어요. 그런데 거기서 설치기술자를 한 사람 만났지요. 얼마 안 가 그 사람이 다 소화할 수 없을 정도로 많은 계약을 성사시켰지요. 그래서 우리는 직원을 더 많이 채용하게 됐지요. 2년이라는 아주 짧은 시간 동안 우리는 오클라호마주 최대의 독립 이동통신회사를 차릴 수 있게 된 겁니다."

래리의 사업 운영 스타일은 다른 어떤 일을 할 때든 동일하게 나타났다. 즉, 자신감을 가지고 과감하게 밀고 나가되 자잘한 것에는

성공을 넘어선 CEO

과히 괘념치 않는 주의였다. 다른 많은 사업가들처럼 래리 역시 한 조직의 리더였지 관리자는 아니었다. 래리는 숫자 나부랭이와 서류 뭉치 자체를 싫어했고 하루 종일 책상 앞에 앉아 있는 부류의 인간도 아니었다.

오직 큰 그림에만 관심이 있었고 어찌 보면 단순 무식한 해법을 사용하고 있었는지도 모른다. 현금 흐름이 나빠지고 수입이 줄면 매출을 늘리면 된다는 식이었다. 그래서 더 많이 팔았고 그렇게 해서 위기를 모면하곤 했다.

그렇게 몇 년 동안 회사가 계속 성장해 나가자 그 일에 흥미가 줄어들기 시작했다. 이동통신 사업은 이제 전만큼 래리의 흥미를 끌지 못했다.

> " 내가 진짜 되고 싶어 했던 것은 강연자라는 것을 나 자신도 잘 알고 있었지요. 이야기를 할 수 있는 무대와 내 이야기를 들어줄 청중이 있으면 참 행복하겠다는 생각을 했어요."

그래서 더 깊이 생각하지도 않고 일단 일을 저질렀다. 래리는 지금까지 일을 잘 해준 관리자들을 믿고 이들에게 회사 운영을 맡긴 후 자신은 연설 관련 훈련이나 교육을 받으러 다녔다. 합리적 해법이라는 생각이 드는가? 사업은 사업대로 하면서 자신이 원하던 것도 추진하고 말이다. 회사는 연매출 200만 달러를 기록했고 여전히 성장세를 유지하고 있었다. 그렇다면 뭐가 문제란 말인가?

찾으려고 하면 못 찾을 것도 없겠지만 이렇게 잘 나가던 회사가 눈 깜짝할 정도로 순식간에 몰락하는 사례는 아마 그리 흔치 않을 것이다.

"나는 숫자에는 영 젬병이었고 그런 데 흥미도 없었습니다. 그래서 매출이 얼마나 떨어졌는지 또 지출이 얼마나 늘었는지 전혀 몰랐지요."

> "정말 몇 달도 못가서 회사는 벼랑 아래로 곤두박질 치고 말았지요. 내가 회사 운영을 유능한 관리자들에게 거의 맡기다시피 하기 전에도 세세한 부분에는 신경을 쓰지 않았지요. 문제는 내가 있을 당시에는 관리자들이 내 지시에 잘 따라 주어 조직을 무리 없이 이끌 수 있었지만 리더가 사라진 후에는 선장 잃은 배처럼 방향을 잃고 떠돌다 그냥 침몰해 버리기 쉽다는 거지요."

게다가 더 심각한 것은 래리가 회사를 잘 운영해 줄 것으로 믿었던 '훌륭한 관리자'들이 근 1년 동안 지급급여세를 납부하지 않았다는 사실이다. 래리는 사태의 심각성을 깨닫고 다시 회사로 복귀하여 사태를 수습하려 했지만 때는 이미 너무 늦은 후였다. 한번 기울기 시작한 배는 가속도가 붙어 더는 걷잡을 수 없는 지경까지 됐다. 이제 남은 것은 파산뿐이었다. 결국 래리는 1989년에 파산 신청을 하고 말았다.

"과도한 지출과 과도한 확장이 패인이었어요. 우리가 바로 '스스로 거둔 성공의 피해자'라고 할 수 있지요. 나는 다 잃었어요. 모든 것을 말이죠. IRS에 빚도 지고요. 아주 끔찍했지요. 수화기를 드는 것도 겁이 날 지경이었으니까요. 집까지 잃게 될까봐 정말 두려웠어요. 융자금을 내느라고 롤렉스시계까지 내다 팔았어요. 그리고 거의 매주 차고 세일을 했지요. 생각하면 이보다 비참한 상황도 아마 없을 겁니다. 먹고 살기 위해 살림살이와 이것저것을 내다 팔아야 했으니 말이죠."

조금 눈치 빠른 독자라면 여기서 끝은 아닐 것이라 짐작할 것이다. 사실, 래리에게 이 완벽한 실패는 또 다른 성공의 시작을 의미했다.

> **"**아무 것도 없이 정말 맨손으로 시작했던 10년 전이 생각나더군요. 그래서 내 자신한테 '넌 다시 할 수 있어'라고 말했지요. 돌이켜 보면 잘 된 일이란 생각이 들더군요. 사업에 실패하지 않았다면 오늘날과 같이 성공한 강연자로서의 나도 존재하지 않을 테니까요. 실패를 했기 때문에 수 천 권이나 되는 책을 읽고 또 읽으면서 오래 전부터 꿈꿔 왔던 강연자로서의 길로 들어 설 수 있었던 거지요.**"**

래리가 강연자의 길로 나서기 위해 가장 먼저 했던 일은 자신이 가장 자신 있어 했던 일, 즉 판매 기술을 전수하는 일이었다. 래리는 우선 기업체 명부를 펼쳐 놓고 한 군데 한 군데 전화를 걸었다. 영업 사원이 한 명이든 백 명이든 간에 원한다면 그 사람들을 훈련시키는 일을 하겠다고 제의했다.

"강연료는 3시간에 50달러로 아주 저렴하게 책정했지요. 그리고 영업사원이 단 한 명이라 해도 갈 작정이었습니다."

그 후 약 두 달이 채 못된 어느 날 생활비를 탈탈 털어 25달러를 내고 오클라호마강연자협회에서 마련한 공개 강좌에 참석하여 다른 전문가들의 조언을 듣게 됐다.

"강연으로 밥벌이를 할 수 있을 정도가 되려면 족히 5, 6년은 걸린다고 하더군요. 그렇지만 나는 단 5, 6주 만에 강연으로 돈을 벌 수 있었지요. 이제는 정말 내가 하고 싶어 하는 일을 하면서 돈을 벌 수 있게 된 거지요."

그래서 래리는 자신이 잘 모르는 분야에 억지로 머리를 들이밀 필요 없이 전화를 해서 자신이 하고픈 일을 하고 또 했다. 37일 만에 래리는 8만 5000달러를 벌어들였다.

래리는 어려웠던 그 시절에 연연하지 않는다. 이제 래리는 미국에서 최고의 대우를 받으며 1년에 300일을 강연을 하며 보낸다.

> **"** 오늘날의 내가 있게 된 것은 내게 성공할 수 능력이 있다는 믿음
> 을 단 한 순간도 놓지 않았던 때문이지요. 나는 그냥 강연자가
> 아니라 가장 뛰어나고 가장 유능하며 가장 유명한 강연자가 된
> 겁니다. 나는 누구나 성공할 수 있다고 믿습니다. 그러나 성공하
> 겠다는 의지와 성공할 수 있다는 믿음이 없다면 불가능한 일이
> 지요. 죽도 밥도 아닌 어정쩡한 자세로는 아무 것도 얻어내지 못
> 합니다. **"**

▥ 잃은 것

**수천만 달러의 돈, 잘 나갔던 이동통신회사, 이동통신 업계가 최고 호황
을 누리던 1990년대 직전에 회사의 파산 신청**

▶ 무엇이 문제였나?

_관리 및 감독 시스템을 구축하라

사업가가 된 사람들은 어쩌면 다른 사람들의 장단에 따라 춤추
는 것을 못해서 그 길로 들어섰는지도 모른다. 이들은 큰 그림을
그리는 사람들이다. 나무보다는 숲을 보기 좋아하는 그런 사람들
이다. 자신의 시야가 미치지 못하는 부분이 있다면 이런 부분에 관
심이 있는 전문가를 고용할 필요가 있다.

래리는 숫자라면 치가 떨리는 사람이다. 그래서 자기 대신 재무

나 회계 업무를 처리할 사람이 필요했다. 그리고 래리는 자신이 이런 목적으로 고용한 사람들이 맡은 일을 제대로 해 줄 것이라고 믿었다. 그러나 사실은 그렇지 못했다. 사장이 잘 모르는 부분이 있어 이에 대한 조사와 감시를 잘 할 수 없다면 그런 일을 하라고 고용한 사람도 제대로 감시할 수 없다. 그러므로 제대로 된 관리 및 감시 시스템이 마련되어 있어야 한다. 맹목적인 믿음은 실패의 지름길이다.

> "다 내 불찰이었어요. 좀 더 관심을 기울였어야 했지요. 제대로 된 회계 관리 및 책임 시스템이 없었어요. 그러니까 내가 믿던 관리 자들이 회사에 대해 주인 의식을 갖지 못했던 거지요. 사실 나만 큼 회사에 애착이 있는 사람이 또 누가 있겠습니까?"

_성공을 향해 가지만 또한 그 성공을 경계해야 한다

의아하게 들릴지 모르겠지만 '성공'이 사업하는 사람의 최대의 적이 될 수도 있다. 일단 그토록 원하던 성공에 이르게 되면 나태 한 마음이 들게 마련이다. 그래서 애초에 성공의 디딤돌이 됐던 것 들에 대해 전보다 신경을 덜 쓰게 된다.

"성공처럼 위험한 것도 없지요. 우리는 너무 많은 돈을 너무 빨 리 벌었고 또 너무 많은 돈을 너무 빨리 써버렸어요."

_마음이 떠났으면 깨끗이 정리하라

지금 하고 있는 일을 좋아하는가? 그렇지 않다면 팔아버리거나 아니면 공식적으로 사표를 내고 물러나라. 제대로 관리하지도 않고 감독도 하지 않는 회사를 붙들고 있으면 문제가 생길 수밖에 없다. 이렇게 생각할지도 모르겠다. "저 사람들이 잘 해 주겠지. 나는 거기서 수익만 올리면 돼." 때로는 이런 예상대로 일이 잘 풀릴 수도 있다. 하지만 반대의 경우도 생각해야 한다. "저들이 일을 그르치는 날에는 난 빚더미에 올라앉는 거야."

자신의 회사를 자신만큼 걱정하는 사람은 아무도 없다. 일을 그만 하면 싶다면 깨끗하게 정리하고 나가야 한다.

_'할 수 없어'란 말은 듣지 말라 : 그리고 소신껏 밀고 나가라

바보는 다른 사람들의 충고를 듣지 않는다. 하지만 이보다 더 큰 바보는 남의 말만 믿고 그 틀 안에 자신을 가둬 버리는 사람이다. 다른 사람의 충고를 귀담아 들어라. 하지만 안 된다는 말에 지레 포기하지 말고 자신이 생각한 바를 소신 있게 밀고 나가라.

래리는 강연을 업業으로 삼을 정도가 되려면 몇 년은 걸려야 한다는 말에 수긍하지 않고 나름대로 자신의 길을 개척했다.

"성공하는 데 필요한 것을 배우고 익히려는 의지 없이 그저 성공의 달콤한 열매만을 좇는 사람들이 많습니다. 나는 어두컴컴한 지하실에 꾸벅꾸벅 졸고 있는 키와니스 클럽사업가들의 봉사단체—역주 회원 십여 명을 모아 놓고도 얼마든지 강연을 할 용의가 있습니다. 이를 통해 배우는 것이 있고 또 내 강연 기술을 더 가다듬을 수 있는 기회라고 생각하기 때문이지요. 이런 자세가 바로 오늘의 나를 있게 한 겁니다."

질문

+ 이미 운영하는 사업이 있으면서 또 다른 일을 할 계획을 준비하고 있는가?

+ 기존 회사 직원들에게 일일 관리 책임을 부여할 계획이라면 엄격한 보고 일정이라든지 지속적인 감시와 개입 등과 같은 적절한 관리 및 감시 절차를 수립해 놓았는가?

+ 지금 하고 있는 일이 자신이 정말 하고 싶어서 하는 일인가? 아니면 개인적으로 큰 가치는 없지만 성공을 위해 필요한 일이라서 하는 것인가?

Chapter6

고난의 시간

Jo Ann
Brumit

이 름 **조 앤 브루밋** Jo Ann Brumit
회사명 **칼리** Karlee
부 문 **주문생산**
연수입 **8000만 달러**

조 앤 브루밋은 다른 사업가와는 좀 다른 길을 걸어왔다. 한 사업가의 딸로 태어난 조 앤은 다른 사람보다는 늦게 사업가의 길로 들어선 경우다. 결혼을 빨리 했고 고등학교를 졸업하자마자 엄마가 됐으니 말이다. 그렇지만 여느 주부들처럼 그냥 집에만 있지는 않았다. 조 앤은 작은 회사에 나가 일하면서 야간 학교를 나가 회계 공부를 했다.

> "회계 감사 일을 하면서 내 사업을 해보고 싶은 생각이 들기 시작하더군요."

그러나 불행하게도 둘째 아이를 낳은 직후 이혼을 하게 됐다. 항상 그런 것은 아니지만 철없을 적 불장난으로 인한 때 이른 결혼은 이렇게 끝나는 경우가 종종 있다.

"아버지는 항상 내게 자신의 인생을 통제하면서 진정한 행복을 느낄 수 있는 유일한 길은 자기 사업을 하는 것이라고 말했지요. 처음에는 아버지 말을 귀 밖으로 들었지만 결국은 아버지 말대로 되고 말았네요."

조 앤은 회계와 경영, 재무 등에 관한 수업을 듣고 세미나에 참여하면서 사업에 필요한 기술을 익혀나갔다. 그러다가 세미나 참석 차 댈러스에 갔을 때 종업원 15명의 작은 석유가스회사를 운영하는 사람을 만났다.

"세미나에서 이 사람은 종업원들의 급여와 관련 업무를 처리하는 데 세 명의 여사원이 매달린다고 말하더군요. 그러면서 나에게 그 문제를 해결할 수 없겠는지 묻더라고요. 내가 컨설턴트가 되어 관련 업무를 능률적으로 처리할 수 있게 해 준 뒤로는 세 사람이 매달릴 이유가 없게 됐지요."

당시 작은 석유가스회사였던 칼리사의 사장은 이 일에 아주 깊은 인상을 받았고 그래서 조 앤을 전일제 사원으로 고용하고 싶어 했다.

조 앤은 이렇게 회상한다. "아버지가 항상 했던 말을 기억한 나는 그 일을 하기는 하겠지만, 어떤 형태로든 그 사업체와 관련을 맺을 생각은 없다는 점을 분명히 했고 그 사람도 내 뜻을 받아 들여 줬어요.”

상대방에게 뭔가를 요구할 때 최악의 경우라 해봐야 '안 됩니다'라는 거절밖에 더 당하겠는가? 주저하지 말고 대범하게 나가라.

사장은 조 앤의 능력에 좋은 인상을 받았고 일이 진행되는 1년여 동안 급기야 두 사람 사이에는 사랑이 싹텄다. 약 1년 후 사장은 조 앤에게 청혼을 했다. 그 후 20여 년 동안 두 사람은 작은 회사를 연매출 8000만 달러에 직원 수가 500여명에 이르는 대기업으로 키워냈다.

조 앤의 생각은 소비자의 요구에 맞춰 특화된 제품을 공급할 수 있도록 관련 분야의 지식과 기술을 갖춘 업계 최고 전문가들로 팀을 구성하고 역시 최고의 제작 공정을 통해 고객 서비스에 초점을 맞춘 종합 제조 기업으로 성장하는 것이었다. 이에 따라 소규모 석유 및 가스 공급업체에 불과했던 회사는 판금 가공, 정밀 기계, 배선, 전기기계 조립, 코팅 등 맞춤형 통합 제조 서비스 공급자로 발전했다. 1990년대 말에는 고객을 기반으로 한 이동통신 사업과 반도체 사업에 주력했다.

회사는 성공 가도를 달렸으며 2000년에는 실적과 수익성, 우수성 등을 평가받아 말콤볼드리지상Malcolm Bald-rige Award*을 수상하는 영예를 안기도 했다.

같은 해에 이 회사 경영진은 백악관에도 초청됐다. 전임 대통령이 물러나고 후임 대통령

말콤 볼드리지상*
1987년 8월 20일 당시 로널드레이건 대통령에 의해 최종적으로 승인된 말콤 볼드리지 국가품질 개선법에 의해 제정된 미국의 국가품질대상

성공을 넘어선 **CEO**

이 백악관으로 들어오는 해였기 때문에 대통령 집무실로 칼리 경영진을 초청한 것은 빌 클린턴 대통령이었지만 2001년에 실제로 상을 수여한 대통령은 조지 W. 부시였다.

겉으로는 그보다 더 좋을 수 없어 보였을 그때 이미 문제는 벌어지고 있었다.

"더할 나위 없는 최고 호시절을 구가하던 우리 앞에 내리막길이 펼쳐지기 시작했지요. 그리고는 6개월도 채 못가서 매출이 급감하더군요. 어떻게든 버텨보려 애썼으나 직원들을 해고하는 강수를 쓰지 않으면 안 된다는 사실을 깨닫게 됐지요. 그래서 직원을 해고하기는 했지만 그 시기가 좀 더 빨랐어야 했어요. 적어도 6개월 안에는 그 작업을 완료했어야 했는데 그렇게 하질 못했지요. 1년 안에 직원을 500명에서 185명으로 줄여야 했어요. 그 동안 단 한 명의 직원도 해고한 적이 없던 회사였는데 말이지요. 우리는 1980년 이후 매년 매출과 수익 증가 분야에서의 성장을 의심해 본 적이 없었어요. 그런데 환산 연매출은 8000만 달러에서 1200만 달러로 감소했어요. 이 정도 수준이며 대부분의 기업이 생존에 위협을 받지요."

"한 마디로 우리는 이런 상황에 준비가 돼 있지 않았어요. 사업 다각화를 완수하지 못한 거죠. 개인적으로 나는 자본을 동원하는 부분에 대해서는 아는 바가 거의 없었어요. 회사 자원의 85%를 이동통신 분야에 할애했는데 이동통신 업계의 거품이 꺼지고 만 거죠. 이 때문에 주문이 감소했음은 물론이고 이미 주문받은 제품 대금도 회수하지 못하는 상황이 됐지요. 이동통신 업계가 호황을 누리던 1990년대 중반까지 이 분야를 중심으로 사업 다각화를 진행했고 이러한 기회를 놓치고 싶지 않았던 거지요."

아무리 수익성이 좋은 분야라고 해도 달걀을 한 바구니에 몰아 담는 것은 위험하다. 업종 X에 투자하면 더 많은 수익을 낼 수 있다고 해도 그 X의 호황이 종말을 고하게 되면 그곳에 올인 했던 사업 또한 같은 운명을 맞게 된다는 점을 명심해야 한다. 그러므로 어떤 업종이든 어떤 분야에서든 사업 다각화는 반드시 필요한 전략이다.

> "한 마디로 우리는 상황 변화에 신속히 대응하지 못한 거지요. 아무리 고통스러운 일이라 해도 늦기 전에 좀 더 빨리 감원 조치를 취했어야 했어요. 당시 가장 중요한 것은 현금 보유고였으니까요."

당시 조 앤이 취했던 것과 같이 대충 선혜엄을 치는 것만으로는 거센 물살을 헤치고 수면 위로 나올 수가 없다. 조직의 몸집을 줄이고 비용을 절감하면서 앞으로 나아가지 않으면 곧 기진맥진하여 물속으로 가라앉고 만다.

조 앤은 투자자와 거래 은행을 찾아가서 도움을 요청했다. 악화된 자금 사정을 호전시키려면 대출금 상환 기간 연장이나 신규 대출 혹은 추가 자금 지원이 필요했다. 그러나 이들의 반응은 냉담하기만 했다.

> "오직 한 은행과 거래한 것이 큰 실수였어요. 내게는 달리 자금을 동원할 힘도 능력도 없었지요. 나는 완전히 궁지에 몰린 셈이었어요."

다시 한 번 말하지만 평소에 선택지를 여럿 만들어 놓지 않으면 난감한 처지에 몰릴 수 있다. 그리고 건강은 건강할 때 지키라는 말이 있다. 이와 마찬가지로 상황이 좋을 때 상황이 나빠졌을 때를 대비해야 한다. 유감스러운 일이지만 돈을 갈퀴로 긁어모을 때는 자금을 융통하기도 쉽다. 그러나 정말 상황이 어려워져서 상대방에게 아쉬운 소리를 해야 할 때는 거절당하기가 쉬운 것이 업계의 현실이다.

이런 어려움을 몸소 겪은 조 앤으로서는 이제 수입과 지출 부분에 더 한층 세심한 주의를 기울이는 한편 수입과 지출의 적정 비율에 관한 원칙도 정해 놓았다. 그리고 지출이 이 기준을 초과하는 경우에는 가차 없이 비용 절감 작업에 돌입한다.

> "조직의 일면이 아니라 전체적인 면을 고려해야 해요. 가장 힘든 부분은 인사 문제지요. 회사 사정이 어려워졌다는 이유로 그동안

고락을 함께 했던 직원을 해고해야 한다는 일이 결코 쉬운 것은 아니지요. 모든 직원과 끝까지 함께 가고 싶은 마음이야 굴뚝같지요. 하지만 전체를 위해 개인이 희생을 해야 할 때도 있다는 사실을 받아들일 수밖에 없었어요.*

수입이 줄어들면 최대한 지출을 줄여야 한다. 상황이 호전되면 언제든 이들을 다시 불러들일 수 있지만 현금 흐름은 인체의 생명줄인 혈액의 흐름과 같아서 한번 잘못되면 회복이 불가능할 수 있다.

원 상태로 회복되기까지는 결코 쉽지 않은 여정이었고 아직도 힘겨운 투쟁은 계속되고 있다. 이들은 이제 좀 더 다각화된 분야에서의 매출에 초점을 맞추고 있다. 그리고 인사 부문에 있어서는 되도록 솔직하고 정직하게 직원들에게 상황을 설명하는 방법을 택하고 있다.

"우리는 직원들에게 솔직한 자세로 상황을 설명하려고 해요. '지금 회사 사정이 이렇다. 그래서 몇 명을 해고할 수밖에 없는 처지다. 자신의 업무에 최선을 다해 주고 고객의 요구에 부응해주기를 바란다. 이렇게 하지 않으면 더 많은 사람들을 해고해야 할지 모른다. 하지만 몇 명을 해고하는 선에서 일을 마무리하면 고객도 지키고 우리 회사 직원도 지킬 수가 있다'는 식으로 직원들에게 호소합니다. 직원들은 회사가 어려운 지경에 처해 있다는 사실을 인정하게 되고, 또 우리는 최대한 솔직해지려고 노력합니다. 덕분에 회사가 직원들을 위해 최선을 다하고 있다고 믿기 때문에 미래가 아무리 불확실하다 해도 직원들이 각자 자신의 업무에 최선을 다 하는 것이지요."

솔직함과 남다른 주인 의식이야말로 직원들을 다루는 최고의 무기다. 칼리는 2003년에 매출 1900만 달러를 기록했고 2004년에는 2800만 달러를 달성했다. 모든 것이 차츰 제자리를 찾아갔고 앞으로 나아갈 성장 동력도 차분히 충전되고 있다.

> " 이 모든 경험이 내 신념을 시험하더군요. 처음에는 단 하루도 마음 편하게 지낸 날이 없었어요. 하지만 며칠이 몇 주가 되고 또 몇 주가 몇 달이 되는 식으로 시간이 흐르면서 칼리의 침몰이 어쩌면 내겐 다행스러운 일이란 생각이 들더군요. 칼리와 연관된 모든 사람들과 함께 회사가 성장하는 것이 내 목적이었어요. 지금은 하나님이 모든 계획을 다 세워놓았고 나는 그저 내 신념에 따라 걸어가서 하나님이 열리도록 미리 준비해 놓은 그 문을 하나씩 열기만 하면 된다는 사실을 깨달았지요. 전혀 예상치 못한 그리고 잘 알지도 못하는 일과 씨름하면서도 두려움 없이 또 확실한 자신감을 가지고 그 일에 임할 수 있다는 사실 자체가 얼마나 경이로운 일인지 모르겠어요. "

"회사 직원들이 너나 할 것 없이 모두 힘을 합쳐 회사를 살리려고 노력하는 모습을 지켜보는 것은 정말 기쁘고 행복한 일이었어요. 회사를 위해 월급 삭감까지 감수해 준 직원들의 마음이 경이롭기까지 했지요. 요즘 칼리는 회사 재무 상태에 신경을 많이 쓰고 있어요. 그리고 사업 다각화에 좀 더 주력하는 한편 조직의 취약 부분에 더 신경을 쓰고 있습니다."

▥ 잃은 것
수백 만 달러의 매출고, 연이은 매출 증가 기록, 수 많은 직원

▶ 무엇이 문제였나?
_미래에 대한 대비를 철저히 하라

앞으로 걸어가야 할 길은 바위투성이의 험로다. 인생의 다른 모든 것이 그렇듯이 성공 공식에는 갖가지 변수들을 다 포함시켜야 한다. 현재의 상황만 보고 모든 것을 판단해서는 곤란하다. 수입의 변화, 시장의 변화, 고객 요구의 변화 등 앞으로 벌어질 일들과 그 결과들까지 내다볼 줄 아는 보다 장기적인 계획이 필요하다. 현재의 자금원과 앞으로의 상황, 특히 자금처에 변동이 생겼을 때의 대안 자금원 등을 미리 생각해 둬야 한다.

요컨대, 어떤 분야이든 또 어떤 문제이든 간에 상황이 어려워졌을 때 선택할 수 있도록 여러 대안을 항상 마련해 놓아야 한다.

교훈

당시 큰 호황을 누리던 이동통신 업계가 그렇게 급속히 쇠락할 것이라 예상한 사람은 아무도 없었다. 하지만 예상치 못한 일은 일어났고 그 결과 수많은 업체가 철퇴를 맞았다. 가능한 한 다양한 업종과 분야로 사업을 다각화해야만 위험을 최소화할 수 있으며 그래야만 투자자나 인수 제안자와의 협상에서 좀 더 유리한 고지를 점할 수 있다.

질문

+ 고객 기반이 다각화되어 있는가?
+ 현재 종사하고 있는 업종에서 지속적인 수익을 낼 수 있을 것이라고 전망하는가?

Rob
Solomon

이　름　**롭 솔로몬** Rob Solomon
회사명　**유에스온라인홀딩즈** US Online Holdings, Inc.
부　문　**이동통신**
연수입　**4000만 달러**

만약 힘써 얻은 모든 것을

단 한 번의 도박에 걸 수 있다면

그 도박으로 모든 것을 잃고도 다시 시작할 수 있다면

그리고 잃어버린 것에 연연하거나 실패한 사실에 대해

한마디 불평도 하지 않을 수 있다면

―루드야드 키플링 Rudyard Kipling의 '만약 If' 中

이 장에서는 지금까지와는 좀 다른 이야기를 하려고 한다. 좀 더 전체적이고 철학적인 시각에서 문제에 접근하도록 하겠다. 롭 솔로몬의 이야기는 다른 사업가의 이야기와 크게 차이가 나지는 않는다. 롭 역시 자신의 실패담이 어디에서나 또 누구에게나 있을 법한 매우 흔한 것이라고 말한다. 한 가지 다른 부분이 있다면 그것은 실패를 경험하고 난 후 그 어려움에서 벗어나기 위해 애쓴 과정에 있다 하겠다. 아무리 똑똑하고 유능하고 또 만반의 준비를 해 온 사람이라고 해도 실패를 딛고 성공에 이르기란 그리 쉬운 일이 아니다.

하지만 실패를 극복하는 일은 적어도 성공을 향한 노력만큼이나 중요한 가치가 있다. 따라서 이 장에서는 롭이 어떤 실수를 저질렀는지에 관해 상세히 설명하기 보다는 그러한 실패의 벽에 부딪히고 난 후 어떻게 했는지 하는 부분에 초점을 맞춰 설명할 생각이다.

롭은 고학으로 대학을 졸업했다는 점에서 여러 모로 사업가적 기질이 강한 사람이라고 볼 수 있다. 창업 부동산 업체에 파트너로 참여하면서 직업 세계에 발을 들여놓았다. 그로부터 1년이 채 안 돼 텍사스 지역을 기반으로 다가구 주택에 관한 투자 및 관리, 개발을 전문으로 하는 종합 부동산회사를 차렸다.

1996년에 롭은 아주 우연히 이동통신 사업에 손을 대게 됐다. 샌안토니오 지역에 있는 자사 소유 다가구 주택의 케이블 공급자와 의견 충돌이 벌어져, 결국 이 다가구 주택 단지의 케이블 작업을 직접 하기로 결정했다. 이렇게 시작한 케이블 사업은 자사의 다른 주택 단지로까지 급속도로 확장됐고 결국에는 유에스온라인US

Online이란 상호로 사업부를 분리시키는 정도로까지 성장했다. 유에스온라인은 장거리 통신, 지역 통신, 유선, 인터넷 등 분야로 고객 기반을 넓혀나갔다.

그 때는 소비자 지향 이동통신 사업의 전성기였고 전 세계가 케이블로 연결되다시피 했다.

"처음에는 직원 한 명, 고객 한 명 없이 시작했고 당연히 수입도 전혀 없었지요. 하지만 3년 안에 9개 도시로 사업 지역을 넓혔고 4000만 달러의 수입을 올렸으며 직원 수는 100명을 넘었지요. 그리고 우리는 곧 상장을 했고 시가총액으로 1억 달러 규모의 거대 회사로 성장한 거지요. 매출은 날로 증가했고 기술 업계와 이동통신 업계가 최고 정점에서 호황을 누리던 그 시절을 만끽하고 있었다고 봐야지요. 당시는 불처럼 타오르는 성장의 기세에 모두가 어느 정도는 정신이 나가서 수익보다는 매출 증대에 혈안이 돼 있었고 가입자 수는 증가하는데 수입은 늘지 않는 이상 현상이 나타났지만 아무도 개의치 않는 것 같았어요."

66 이동통신 사업자는 성장이냐 수익성이냐를 놓고 양자택일을 해야 했어요. 성장을 택한다면 그 부분에 자금을 쏟아 부어야 했지요. 우리는 점점 마약 중독과 같은 상태에 빠지게 되더군요. 수요를 충당할 수 있을 만큼 충분한 자금을 동원할 수 없게 됐지요. 99

성공을 넘어선 **CEO**

이동통신 사업 자체의 복잡성 때문에 상황은 더욱 복잡해졌다. 특히 롭처럼 기술자 출신이 아닌 사람의 경우에는 문제가 더욱 심각했다.

> "이동통신 사업은 기술, 규제, 다가구 주택 단지 특유의 역동성, 자본적인 요소 등 매우 다양한 요소로 구성된 복합체였지요"

'수익'이 아니라 '성장'을 택한 롭은 그야말로 밑 빠진 독에 물을 쏟아 붓듯 계속해서 자금을 투입하기 위해 몇 차례에 걸친 외부 차입에 나서야 했다. 근 1년이라는 시간을 오직 회사 일에만 매달렸다. 좀 더 정확하게 말하자면 투자 자금을 긁어모으는 일에 매달렸다. 그 동안 쌓은 항공 마일리지가 20만 포인트나 됐다. 그러는 동안 가족의 생일을 그냥 넘어가는 것은 고사하고 결혼 생활까지 위험한 지경이 됐다. 모험 자본을 끌어들이는데 성공했다고 믿었다가 마지막 순간에 모든 것이 틀어진 것이 한두 번이 아니다.

그렇게 투자자를 찾아 1년 여를 허송하다, 롭은 마침내 기업을 공개하기로 결심했다. 그러나 때는 1998년 말이었고 러셀 2000_{소형}^{주 지수-역주}은 급락한 상황이었다. 이는 소규모 이동통신 업체가 효과적으로 상장되기 힘든 상황임을 의미한다. 그러나 주변의 말만 듣고 미리 포기할 이유는 없었다. 그래서 롭은 상장기업과의 역합병을 추진했고 생각대로 합병을 이뤄냈다.

"이것이 우리가 상장할 수 있는 최선의 방법이라는 판단이 선 이 상 남은 일은 이 거래를 성사시키는 데 필요한 지분을 확보하는 일이었지요. 그래서 우리는 신규 자본 1억 달러를 확보하는 데 성 공했지요."

그러나 그 이후 얼마 못 가 난감한 상황이 발생하게 됐다. 롭은 자신은 이제 더 이상 자기 회사의 의사결정자가 아니라는 사실을 깨달았다.

"내가 소유했고 내가 관리했던 내 회사였는데 이제는 그저 조금 큰 지분을 가진 직원에 불과한 처지로 '전락'한 거지요. 모든 일이 민주적 절차를 통해 진행됐고 감시위원이 부과한 규정이 하도 많아 전처럼 내 뜻대로 의사 결정을 할 수가 없었어요. 게다가 나는 주주총회와 사외 이사회에 나가 각종 질문에 답변을 해야 했고요. 경기가 호황에서 불황으로 접어들면서 여기서 받는 스트레스는 더욱 심해졌지요."

다음 해까지, 즉 1999년부터 2000년에 이르는 기간 동안 이동통 신과 기술 산업 분야에 일었던 거품 경기는 꺼져 버리고 말았다. 업계의 모든 사람들이 나락으로 떨어진 것은 물론이다. 업계 거물 이건 소기업이건 간에 그야말로 하루 아침에 망하고 말았다.

"이동통신 시장에서 자본이 빠져나가는 소리가 귀를 때릴 정도 로 크게 들렸지요. 그리고 가입자 수 위주에서 수익 위주로 기업에 대한 평가 기준이 달라졌어요. 상황이 좋은 기업이든 나쁜 기업이든 한꺼번에 엮여 몰락하는 형국이었지요. 한 마디로 끔찍한 한 편의 연극을 보는 것 같았지요."

그 끔찍한 상황이 어떻게 전개됐는지에 관해서는 상세히 설명하지 않겠다. 다만 롭과 이사회와의 관계는 더욱 악화됐고 결국 롭은 회사를 떠났다. 그 후 얼마 지나지 않아 회사도 몰락의 길로 접어들고 말았다. 물론 아직은 목숨이 붙어 있긴 하지만 예전의 영광과는 거리가 먼 상태로 성장은 거의 멈춰진 상태였다.

여기서 중요한 것은 그 실패의 여파다.

"내가 겪은 일들을 돌이켜보고 반성하는 데 많은 시간을 보냈어요. 4000만 달러 규모의 회사가 졸지에 망하는 것을 지켜본 심정은 이루 말할 수 없이 참담했지만 그 때문에 더 큰 수렁에 빠지는 것은 내 자신이 용납하질 않았어요. 그래서 나는 그 참담한 실패를 통해 뭔가 내게 도움이 되는 것을 찾을 수 없을까 생각했지요. 그리고 자본 시장에 관해, 사람과 기술에 관해 또 정부의 규제와 자본에 관해 많은 것을 알게 됐다는 사실을 깨달았지요."

> "더 중요한 것은 나 자신에게 슈퍼맨 콤플렉스*가 있다는 사실을 알게 된 점이지요. 그리고 현실을 직시할 수 있는 겸손함이 생긴 것도 다행이라면 다행한 일이지요. 또 정부 규정이나 기

슈퍼맨 콤플렉스*
남자가 남성다움을 과시하려면 모든 능력을 갖추어야 한다고 생각하는 것

술 등 내가 제대로 알지 못하는 분야에 관해서는 이래라 저래라 할 수 없다는 사실도 알게 됐지요. 그런데도 내 전공 분야도 아닌 것에 관해 감 내놔라 대추 내놔라 하고 있었던 거죠.**"**

"그리고 처음부터 끝까지 유에스온라인에 관해서는 어떤 목표도 갖고 있질 않았다는 사실도 알게 됐고요. 말하자면 B.H.A.G, 즉 크고big 대담하고hairy 도전적인audacious 목표goal를 세우지 않았던 거죠. 최종 목표가 뭔지도 모르는데 어떻게 성공할 수 있었겠어요?"

결국 롭은 자신이 사업에 관해 어떤 비전을 가지고 있는지 명확히 파악할 수 있게 됐다. 자신이 관리할 수 없는 일이나 분야가 있을 수 있으며 자신이 잘 모르는 분야가 있다는 사실을 인정할 수 있을 만큼의 겸손함을 갖춰야 한다는 점을 배웠다. 이는 A 유형 성격의 소유자경쟁적이고 공격적이며 야심이 크고 성공을 향한 열망이 강함–역주라면 받아들이기 매우 힘든 사실이기도 하다.

"유에스온라인을 운영할 때 내가 변화시킬 수 없는 일들에 대해서는 그저 수동적으로 반응만하고 있더라고요. 그것은 시간 낭비일 뿐 아무런 의미도 없는 행동이었지요. 그저 수동적으로 반응할 뿐 내 자신이 영향력을 행사할 수 없는 곳에서는 아무 것도 할 수 없다는 사실을 깨달았어요. 지금은 내가 잘 알고 또 통제할 수도 있는 사업에만 주력하고 있지요. 많은 돈과 인원, 정부의 간섭을 요하는 분야에는 관심을 두지 않습니다. 사업에 관한 한 나는 굉장히 이해타산적인 사람이지요. '단순한 것이 최고'라는 것이 내 좌우명입니다."

"내 주변에는 나보다 똑똑한 사람들로 포진되어 있지요. 이제는 내가 잘 모르는 분야에서 대장 노릇을 하려고 애쓰는 따위의 소모적인 일은 하지 않습니다. 사업에 관한 강박관념 때문에 가족을 포함한 인간관계도 또 건강도 해치고 난 후, 인생과 일 그리고 결혼생활과 건강 등 모든 것이 균형을 이뤄야 한다는 사실을 깨달았다는 것이 중요하지요."

현재 롭은 아내 트레이시 그리고 두 아들과 함께 텍사스주 오스틴에서 살고 있다. 타고난 사업가인 롭은 유에스온라인에서의 실패 경험을 인생의 모든 측면에 적용하고 있다.

현재 롭은 미국과 캐나다 지역 중소기업과 대기업을 대상으로 오디오, 웹, 화상회의 플랫폼 등을 포함한 통합 커뮤니케이션 솔루션 제공업체 불독솔루션즈 Bulldog Solutions를 운영하고 있다. 또한 의류업체인 키도유에스에이 Keedo의 CEO도 맡고 있다. 이외에 한 투자 조직을 이끄는 동시에 미국에서 가장 오래된 미 해안 경비대 항해 협회 가운데 하나이며 안내 지침, 규정, 유지관리, 중개 등의 서비스를 제공하는 텍사스항해협회 Texas Sailing Academy를 운영하고 있다.

□ 잃은 것

4000만 달러 규모의 회사

얻은 것

진정한 인생, 목표 의식과 새로운 비전

질문

+ 자신의 통제 범위를 벗어난 어떤 상황으로 인해 기업이 좌초
할 수 있다는 사실에 대해, 또는 그러한 상황에 대해 정신적으
로 혹은 영적으로 준비가 되어 있는가?

Merle
Volding

이 름 **멀 볼딩**Merle Volding
회사명 **뱅크텍**Banctec Inc.
부 문 **최첨단 은행업무 처리시스템**
연수입 **6억 달러**

때로는 일반적인 원칙이나 관행에서 벗어나야 하는 경우가
있다. 이번에 소개할 이야기는 바로 그런 내용이며 심지
어 이 책에서 줄기차게 주장하는 것과 다소 거리가 있는 것일 수
도 있다.

나이 80에 아직도 스키와 하이킹을 즐기는 멀 볼딩의 인생 기록
을 살펴보면 인류 근현대사의 굵직굵직한 사건이 전부 망라돼 있
다. 제2차 세계대전 당시 아직 10대였던 멀은 태평양 전쟁에 참전
하여 암호해독가로 활약하기도 했다. 1950년대에는 댈러스 지역
에 소재한 주요 기업에서 회계사와 회계감사관으로 일했다. IBM
의 황금기라 할 수 있는 1950년대 말부터 1960년대에는 빅블루IBM

의 애칭-역주의 프로그래머와 매니저, 마케터, 영업담당자로 일했다. 1971년, 2억 달러 규모의 또 다른 회사에서 부사장까지 지낸 후 일부 사람들은 조기 은퇴를 고려할 시점에 멀은 뱅크텍이란 회사를 차렸다.

아이오와주 농가에서 태어난 멀은 농부 집안 출신치고는 그다지 나쁘지 않은 경로를 밟을 수 있었다. 제대군인원호법의 혜택을 받아 정규 교육 과정을 이수할 수 있었고 아이오와 대학에서 회계학으로 학사 학위까지 받았다. 그러나 사업가로서의 측면을 고려하면 멀이 이룬 성과들은 그 자체로 하나의 끝이 아니라 또 다른 성과와 성공을 위한 디딤돌이었음을 알게 된다.

수십 년 동안 샐러리맨으로 일한 후 처음으로 사업가의 꿈을 키우게 된 때는 레코그니션이큅먼트Recognition Equipment, Inc.에 부사장으로 근무하면서였다. 멀은 창업자는 아니었지만 회사 창업 초부터 함께 하여 회사가 2억 달러 규모로까지 성장하는 것을 지켜봤다. 하지만 회사가 성장하고 또한 여러 가지 사업가적 성향을 습득함에 따라 그 회사의 운영 방식이 마음에 들지 않게 됐다. 그래서 은행과 신용카드사를 상대로 최첨단 업무 처리 시스템을 개발하는 데 중점을 둔 회사를 차리기로 결심했다. 이렇게 해서 탄생한 것이 뱅크텍이었다.

1971년부터 1980년대 초반까지 뱅크텍은 주로 소형 기술 품목 덕분에 4000만 달러 규모의 회사로 성장했다. 하지만 정작 이 회사의 목표는 수백만 달러 상당의 IMPAC 시스템처럼 규모가 좀 더 큰 통합 처리 시스템을 개발하여 판매하는 것이었다.

1983년 시티뱅크사우스다코타에 최초의 IMPAC 시스템을 판매했을 당시 미국 경제는 하락세에 접어들고 있었다.

"경기가 안 좋을 때 대기업으로 하여금 수백만 달러에 달하는 고가 제품을 구매하게 하는 일이란 여간 어려운 일이 아니지요. 그것도 작은 기업이 판매자인 경우에는 더 말해 뭣하겠습니까. 가뜩이나 경기도 안 좋은 데 검증도 안 된 소기업 제품을 그것도 고가의 제품을 덥석 구매하는 것은 위험천만한 일이니까요."

IMPAC 시스템을 개발하여 계속해서 성능 향상 작업에 매달리는 데 엄청난 비용이 들어갔고 제품 구매 협상이 교착상태에 빠지면서 수백만 달러1983년 당시 기준의 수익을 내던 튼튼한 회사가 졸지에 수백만 달러의 적자를 보는 회사로 전락했다.

> "우리는 이사회를 열어 경비를 얼마나 줄일 수 있는지에 관해 논의했고 비용이 너무 많이 들어간다는 이유로 제품 개발 분야를 축소해야 한다는 의견까지 나왔었지요. 하지만 제품 개발 분야에 메스를 가한다는 것은 사업 자체를 포기한다는 것과 같기 때문에 절대 이 의견을 받아들일 수 없었지요."

제품 개발을 제외한 모든 분야를 대상으로 허리띠를 졸라맬 수 있는 데까지 졸라맸다. 인원 감축과 같은 어려운 결정도 내려야 했다. 거래가 성사될 듯 말듯하면서도 결정이 나지 않는 것 같으면 직접 나서서 거래가 이뤄지도록 도와야 했다.

"우리 같은 소기업이 시티뱅크나 아메리칸익스프레스와 같은 대기업을 상대로 고가의 제품을 판매하려 할 때는 상대방 쪽에서 일개 영업사원이 아닌 회사 CEO와 직접 상대하고 싶어 하게 마련이지요."

그러다 보니 회사 전반에 걸쳐 관리와 감독을 할 시간이 부족할 수밖에 없었다. 그러나 다행스럽게도 레코그니션이큅먼트에 재직할 당시 유능한 재무 전문가를 만났고 그 사람을 절대적으로 신임할 수 있었다. 멀 자신은 외부로 나가 제품 판매에 나섰고 믿을만한 재무 전문가를 고용하여 회사 운영을 맡겼다.

끈기와 인내를 바탕으로 열심히 일했고 눈물을 머금고 인원 감축도 단행했으며, 몸소 제품 판매에 나선 덕분에 회사를 수렁에서 건져낼 수 있었다. 1987년이 되자 경기가 다시 좋아졌고 멀은 경영일선에서 물러났지만 1994년까지 이사직은 보유하고 있었다.

▣ 잃은 것
회사 전체를 잃을 뻔함

▶ 무엇이 문제였나?

_통제할 수 있는 것은 아무 것도 없었지만 어려움을 타개할 방법은 있다

세상을 살다 보면 경기 침체기를 경험하기도 한다. 이럴 때는 사업하는 사람 누구나 어려움을 겪을 수밖에 없다. 그러나 멀은 어려움에 굴하지 않고 오히려 과감한 행보를 보여 회사를 구해냈으며 이러한 과정에서 귀중한 교훈을 얻었다.

_비상시국에는 기존의 원칙을 과감히 깨보라

자기 자신만큼 회사에 신경을 쓰는 사람은 아무도 없다. 그리고 그 어느 것 하나 간과해도 될 부분은 없다. 누구에게나 시련은 있게 마련이고 그 시련이 자신의 통제 범위를 벗어난 곳에서 발생하는 일도 있다. 이럴 때는 자신의 모든 것을 걸고 대범하게 맞서 싸우는 수밖에 다른 방도가 없다. 이 과정이 자신이 지금껏 따랐던 원칙에서 벗어나는 것이라 해도 그러한 파격이 오히려 필요할 때가 있는 법이다. 자신이 믿고 모든 것을 맡길 수 있을 만한 인물이 있었다는 면에서 멀은 행운아라고 할 수 있다.

_비판에 귀를 기울여라

낙관론은 사업가에게 가장 좋은 친구이자 최대 성장 동력이다. 그렇지만 이런 낙관론이 사업가의 아킬레스건으로 작용하기도 한다. 자세한 내용을 말하지 않더라도 1983년 당시 문제의 징후가 몇 가지 나타났다는 사실을 멀 자신도 알고 있었다. 그러나 멀은 확신을 가지고 거래를 성사시켰고 침몰 위기의 회사를 정상 궤도에 올려놓는 데 성공했다.

부하 직원들이 매사에 '예, 예'만 하게 하는 분위기로 만들어서는 곤란하다. 소위 예스맨은 필요치 않다. 이들의 말에 동조할 수도 없고 또 동조해서도 안 되긴 하지만 이들이 말하려고 하는 것 혹은 의도하는 것이 무엇인지에 관해서 생각해 볼 가치는 있다.

자신이 정말로 신임하는 사람이 있다면, 설사 그 사람이 부정적 관점을 좋아하지 않는다 해도 사장과 만난 자리에서 거리낌 없이 반대 의견을 내놓을 수 있는 그런 사람이 되도록 격려해야 한다. 이 것은 무엇이 잘 되고 있는지 또 무엇이 잘못되고 있는지 정확히 파악할 수 있게 해 주는 귀중한 도구가 돼 줄 것이다. 그래야 문제가 발생하기 전에 미리 사태를 수습할 수 있는 기회를 얻을 수 있다.

질문

+ 당장 내일 현금 흐름에 문제가 생긴다면 부가가치 서비스로 수익을 올리는 데 필요한 다른 자금원은 있는가?

+ 기존 고객을 계속해서 유지할 수 있는 방안은 있는가?

+ 자신의 일을 믿고 맡길 만한 사람이 있는가? 이 경우에 믿고서 다른 일에만 신경을 써도 된다고 생각하는가?

+ 재정 상황이 악화됐을 때 이를 타개하는 데 필요한 과감한 조치를 내릴 용기와 의지가 있는가?

Rosemary
Rosetti

이　름 **로즈메리 로제티** Rosemary Rosetti
회사명 **로제티엔터프라이지즈** Rosetti enterprises
부　문 **컨설턴트, 저자, 강연자**
연수입 **미공개**

로즈메리 로제티의 이야기는 이 책에 소개한 다른 사업가의
이야기와는 좀 다른 면이 있다. 로즈메리가 당한 시련은
마케팅이나 재무, 영업, 인사, 동업자, 법정 다툼 등과는 관계가 없
는 것으로 인해 발생했다. 로즈메리 자신의 실수 때문도 아니고 다
른 사람의 잘못으로 인한 것도 아니었다. 또한 경기가 나빠졌기 때
문도 아니었다. 한 마디로 말해 천재지변에 가까운 우연한 사고가
시련의 원인이었다.

그렇다면 이 이야기를 여기서 풀어놓는 이유는 무엇일까? 사업
은 로즈메리의 일이고 또 인생 그 자체였다.

사업하는 사람들은 자신의 길을 개척해 나가는 사람들이다. 결코 한 '회사' 자체에 연연하거나 의지하지 않는다. 자신이 세운 회사의 리더로서 불가결한 구성 요소로서의 역할을 하기도 하고 또 조직이라는 기관차를 끌고 가는 엔진 역할도 한다. 어떤 사업이든 어떤 업종이든 또 어떤 유형의 시장이든 간에 사업가는 항상 비상시에 대비한 대책을 세워두어야 한다.

1998년, 로즈메리가 오하이오 주립대학 교수 자리를 버리고 전문 트레이너이자 강연자, 저자, 비즈니스 컨설턴트 일을 시작하고 나서 1년 후의 일이었다. 사실, 농학 교수이자 원예학자, 원예 지침서 《건강한 실내 식물The Healthy Indoor Plant》의 공동 저자로 활약하던 일이 불과 몇 개월 전의 일인 듯 생생하게 떠오른다. 마치 영화의 한 장면에서와 같이 비극은 우연처럼 찾아왔다.

세 번째 결혼기념일인 6월 13일 이었다. 로즈메리는 남편 마크와 함께 오하이오주 콜럼버스로 자전거 여행을 떠나기로 했다. 그래서 둘은 눈부시게 아름다운 여름 햇살을 받으며 자전거를 차에 싣고 작은 오솔길까지 차를 몰고 갔다.

"목적지에 도착한 우리는 차에서 자전거를 끌어내렸지요. 정말 아름다운 날이었어요. 하늘은 푸르렀고 날씨도 완벽했지요. 우리 둘은 각자 자전거 페달을 밟으며 앞으로 나아갔죠. 자전거에서 내리면 아이스크림을 사 먹을 생각이었지요."

그런데 '저쪽을 봐, 뭔가 떨어지고 있어' 하고 외치는 남편의 목소리가 들렸다. 로즈메리의 눈에는 나뭇잎 몇 개가 날려 떨어지는 것이 보였다. '한 여름에 낙엽이라니' 이상한 생각이 든 로즈메리는 직감적으로 속도를 올려야겠다는 생각이 들었다. "조심해!" 마크가 소리쳤다. 그러나 피하기에는 이미 너무 늦었다. 로즈메리는 자신의 위로 뭔가 떨어지는 것을 보지 못했다.

80피트약 24미터 크기의 큰 나무가 길 위로 떨어지면서 로즈메리를 덮친 것이다. 눈 깜짝할 사이에 로즈메리의 인생은 완전히 바뀌고 말았다. 이 사고로 경추 다섯 개와 목뼈 두 개가 부서지는 중상을 입었고 이로 인해 허리 아래로 신경이 마비돼 버렸다.

엉덩이에서 등으로 뼈를 이식하는 수술을 포함한 복잡하고 어려운 대수술을 거친 후 5일 동안 집중치료실에 있다가 5주 동안 재활치료를 받았다.

사고 당시 로즈메리는 강연 및 훈련, 컨설팅 전문 회사와 출판사 등 두 개 회사를 운영하고 있었다. 그러나 로즈메리의 말대로 이런 부상을 입으면 거의 회복 불능이 된다. "이런 정도의 중상을 입으면 누구라도 중증 장애인이 되지요. 그나마 다행인 것은 장애인소득보장 보험을 가입했다는 사실이지요. 그래서 재정적으로 파탄 지경에 빠지지 않고 생계를 이어갈 수 있었어요."

친구이자 동료 강연자였던 랜들 리더Randall Reader는 매일 병원으로 문병을 왔고 다른 친구들에게 매일 이메일을 보내 로즈메리의 상태를 일일이 알려주는 수고를 아끼지 않았다. 로즈메리가 마침내 퇴원을 하고 나서도 직업 및 재활 치료를 받으러 일주일에 세 번씩 병원을 오가며 장장 2년이란 세월을 보내야 했다.

대부분의 사람들, 남다른 끈기를 보이는 사업가들조차 이쯤 되면 정상적인 삶을 포기하고 장애인으로서 적당히 살아가는 쪽을 택할 것이다. 그러나 로즈메리도 그의 친구 랜들도 여기서 포기하지 않았다. 랜들은 로즈메리가 퇴원하고 나서 두 달 만에 강연 일을 함께 하자고 제의했다. 참으로 아이러니하게도 강연 주제가 '대중 연설의 공포를 극복하는 방법'이었다. 휠체어를 타고 첫 강단에 서야 하는 로즈메리로서는 무대 공포증을 느낄 만도 한 상황이었다. 이런 그가 그러한 공포를 극복하는 방법에 관해 강연을 한다는 사실이 좀 우습다는 생각이 들었던 것이다.

이 일은 결코 쉽지 않았다. 사고가 나기 전에 했던 강연 예약 건을 다 소화할 수도 없었다. 그러나 참으로 다행스럽게도 이럴 때를 대비하여 자신을 대신하여 강연을 해줄 예비 강연자를 대기시켜 놓을 정도로 선견지명이 있었던 것이다. 그러나 커뮤니케이션 관리 시스템이 갖춰져 있지 않고 처음 몇 주 동안은 고통스런 약물 치료의 후유증 때문에 기억력이나 컨디션 상태가 최상은 아니었다. 그래서 오래된 프랭클린 플래너수첩 혹은 다이어리-역주에 약속 사항을 기록해 뒀다. 남편은 좀 더 편리하게 일정을 관리할 수 있는 시스템을 만들어보려고 애를 썼지만 생각처럼 쉽지는 않았다.

여러 사람의 도움을 받고 또 스스로 열심히 노력한 덕분에 그런대로 무리 없이 일을 꾸려 나갈 수는 있었다. 그러나 걸려오는 전화를 다 받지도 못했고 많은 일을 다 처리할 수도 없었다. 이제 확인하게 되겠지만 이런 문제점을 해결할 수 있는 방법은 미리 적절한 계획을 세우는 것 밖에 없다.

다행스럽게도 로즈메리는 건강 보험은 물론이고 장애인소득보장 보험도 미리 가입했다. 처음 사업을 시작하는 사람들은 대부분 개인 지출은 되도록 줄이려고 한다. 그래서 보험료를 많이 내야 하는 보험은 잘 들려고 하지 않는다.

> " 보험 내용을 잘 살펴보고 최악의 상황에 대비한 안전 수단인지 확인해야 합니다. "

로즈메리는 글자 그대로 인생의 마지막이 될 수도 있었던 끔찍한 사고를 이겨내고 다시 우뚝 섰다. 불굴의 의지와 끈기, 윤리 의식, 야심과 패기, 단호한 결단력 등이 신체적 위협을 이겨낸 것이다. 로즈메리를 지탱해 주었던 이러한 미덕이 사업을 지속할 수 있게 해 주었고 그 이후에는 다른 쪽으로 방향 전환을 할 수 있게 했다.

현재 로즈메리는 성공한 사업가로서 훈련 및 컨설팅 업무 외에 동기 유발 강연에도 주력하고 있다. 원예에 관한 책에 국한됐던 저술 작업은 이제 사고를 극복한 인생의 생생한 이야기를 전하는 내용으로 주제 범위가 넓어졌다. 또한 로즈메리는 출간 경험이 있는 칼럼니스트이기도 하다. 그러나 이 모든 일을 자신의 의지만으로 이뤄냈는지에 관해서는 의문의 여지가 있다. 로즈메리는 장래에 대한 대비책을 여러 모로 세워 놓았었다. 모든 것에 대한 대비책은 아니었지만 다시 시작할 수 있기에 충분한 정도는 됐다. 지금에 와서 하는 말이지만 로즈메리는 그때 보험보장 범위가 더 넓은 보험을 들었어야 한다고 생각한다.

사업가는 모두 자신이 만든 우주 속에서는 전지전능한 신이나 마찬가지다. 모든 구성 물질 위에 존재하는 가장 기본적인 요소이기도 하다. 또 양을 지키는 개와 양치기 목동이다. 다시 말해, 자기 자신에 대한 절대적인 믿음이 사업가에게 가장 중요한 덕목이다. 그렇지 않다면 사업가는 그저 다른 누군가에게 고용된 직원에 다름 아닌 존재일 뿐이다. 사업가는 앞에서 모든 것을 이끌어나가야 하는 존재다.

하지만 때로는 원로원에서 기사 작위를 받게 된 줄리어스 시저처럼 옆에서 따라가며 '곧 죽게 될 것'이란 사실을 자신에게 넌지시 알려주는 그런 사람도 필요하다.

일시적으로 사업가를 큰 그림판에서 사라지게 만드는 일이 일어날 수 있다. 현명한 사업가는 이럴 때를 대비하여 자신이 없는 동안 현금 흐름과 커뮤니케이션이 원활해질 수 있는 방안을 미리 마련해 놓는다. 개인적으로든 사업적으로든 간에 최상의 상황에 대비하는 것도 필요하지만 그에 못지않게 중요한 것은 최악의 상황에 대비하는 일이다.

세상을 자신의 어깨 위에 때 멘다고 누가 뭐라 하지는 않는다. 다만, 잠시 자신이 그 세상을 내려 놔야 할 상황이 생겼을 때 자신을 대신하여 그 세상을 때 메고 있을 누군가 혹은 무언가가 반드시 필요하다.

질문

+ 예상치 못한 사고로 전신이 마비되는 것을 생각해 본 적이 있는가?

+ 유사시 개인 자산이나 회사 자산을 보호하기 위한 대비책을 마련해 두었는가?

+ 자신이 직접 일을 처리하지 못하는 동안 다른 사람이 그 일을 맡아 처리할 수 있도록 일정표를 정리해 두었는가?

+ 로즈메리에게 닥친 사고와 같이 예기치 못한 사고에 대비하여 관련 보험에 가입했는가?

성공을 넘어선 **CEO**

기업 매각

Jeff
Stepler

이 름 **제프 스테플러**Jeff Stepler

회사명 **텔컴트레이닝**Telcom Training

부 문 **기업 훈련**

연수입 **2000만 달러**

제프 스테플러는 대부 3편에서 분노와 비탄에 잠긴 마이클 꼴레오네가 했던 대사, 즉 '막 나가려고 생각하고 있는데 그들이 자꾸 나를 잡아 끌었어!' 가 딱 자신의 심정을 표현한 것이라 생각할 것이다.

　캐나다에서 태어난 제프는 남을 가르치는 일에 남다른 재능을 보였고 1989년에 노텔Nortel: 통신장비업체—역주에서 코스웨어 교육용 소프트웨어—역주를 개발하는 일을 담당했다. 제프는 일찍이 이동통신 업계의 호황 조짐에 주목했다. 제프는 기술 및 판매 코스웨어를 개발했고 노텔은 이 새로운 제품을 대량 시판했다.

　그런데 1년이 지나자 문제가 발생했다. 대개 사업가들의 성향이 그렇듯이 제프 역시 대기업에서 일하는 것을 좋아하지 않았다. 그래서 스스로 창업을 했다. 그렇지만 제프의 업무 능력에 만족했던 노텔은 계속해서 코스웨어를 제작해 줄 것을 원했고 이에 따라 코스웨어 공급 계약을 체결하자고 제의해 왔다.

제프 혼자서는 업무를 모두 소화할 수 없었기 때문에 자신을 도와 코스웨어를 제작할 수 있는 사람을 고용했다. 사업 영역은 단순 기술 코스웨어에서 '트레이너용 훈련' 코스웨어로까지 확대됐다. 그렇게 회사는 계속해서 성장했다. 이렇게 해서 탄생한 것이 텔컴이었다.

2년이 지난 후 유에스웨스트US West에서 400명에서 500명에 이르는 프로젝트 매니저와 디자이너, 교육 담당자 등을 대상으로 한 훈련 프로그램이 필요하다고 했다. 이에 제프의 회사는 매우 인상적인 성과를 이끌어냈으며 유에스웨스트는 제프의 코스웨어를 자사 교육 표준으로 삼기에 이르렀다.

1990년대 말, 텔컴의 수익은 400만 달러가 됐고 직원 수는 40명 가까이 됐다. 제프의 회사는 이렇게 제자리를 잡아갔다. 벨캐나다 Bell Canada가 기업 훈련 프로그램을 외주 제작하기로 했는데 텔컴이 이 기회를 잡았다. 그야말로 하루 아침에 이 회사는 직원이 40명이던 조직에서 직원이 250명인 큰 조직으로 성장했다. 이동통신 업계에 대한 각종 규제 철폐로 이동통신사업이 천문학적인 규모로 성장함에 따라 텔컴이 수주한 계약 건수도 눈덩이처럼 불어났다.

텔컴은 노텔의 시청각 교육 전반을 책임지게 됐다. 그 이후 GTE 현 버라이즌Verizon: 미 통신업체-역주 또한 모든 훈련 프로그램의 외주 제작을 텔컴에 의뢰했다. 학습이 쉽지 않은 최첨단 기술 교육 및 훈련 비용은 인건비와 부동산 비용만큼이나 비용 부담이 큰 항목이다.

1990년대 말, 텔컴은 북미 지역에 7개 사업소를 두고 2000만 달러의 수익을 올리는 기업으로 성장했다. 그리고 100대 고속 성장 기업에도 이름을 올렸다.

> ❝이 시점에서 우리에게는 성장을 위한 추가 자금이 필요했어요. 그래서 이동통신 사업에 진출하고 싶어 하는 후보자들과 협상을 시작했지요.❞

후보 대상들은 모험자본가, 그리고 중소 업체들이 난립하고 있는 세분화된 업종에서 몇몇 소기업을 하나로 묶어 큰 기업으로 만들고 싶어 하는 업계의 큰손들이었다. 텔컴에게 손짓을 보낸 업체는 어드벤티지Advantage였다.

"나는 매사에 신중했다고 생각했고 향후 3년 동안 매년 3분의 1씩 회사를 인수하는 조건으로 계약을 체결했어요. 이런 방법을 취해야만 그 회사에 대해 알 수 있는 기회가 생길 것이라 생각했고 매각이 완료됐을 때 개인적으로나 회사로서도 괜찮은 조건의 거래였는지 확인할 수 있다고 봤지요."

몇 개월간에 걸친 협상 후 텔컴과 어드밴티지는 마침내 거래 성사를 확인하는 계약에 서명했다. 이 계약에 따라 텔컴에게는 100만 달러가 제시됐다.

또한, 계약 대금의 절반은 텔컴 주주들에게 현금으로 지불하기로 했고 나머지 절반은 어드밴티지 주식을 배당하기로 했다. 여기서 주식은 일정 금액 기준이 아니라 수량 기준이었다. 결국에는 이것이 문제의 발단이 됐다. 거래를 마치고 나서 얼마 후에 일주일 상관으로 어드밴티지측에 불미스런 일이 연이어 터졌다. 문제가 생긴 그 일주일 동안은 정말 엉망진창이라고 밖에 표현할 길이 없는 시간이었다.

어드밴티지의 CEO가 아내와 이혼을 하면서 위자료로 자신이 보유한 회사 주식의 절반을 전 아내에게 주었고 그 아내는 이 주식을 전부 처분한 것이었다. 내막을 모르는 사람들에게는 어드밴티지의 CEO가 자기가 보유했던 주식 절반을 시장에 내놓은 것으로 비쳐졌을 것이다. 설상가상으로 이 회사는 1000만 달러 규모의 구조조정을 단행한다고 발표했다. 게다가 3/4분기 목표 실적을 달성할 수 없을 것이란 소식도 들려왔다. 이런 일들이 하나씩 터졌다면 아무 일 없이 지나갈 수 있었을지 모른다. 그러나 이 부정적인 소식이 일주일 동안 연이어 터졌다면 상황은 달라진다. 결국 어드밴티지의 주식은 주당 26달러에서 13달러로 폭락했다.

제프는 이렇게 회고한다.

"나는 거래를 파기하고 싶었고 그래서 그 회사로 찾아가 내 뜻을 전했지요. 나한테는 그러한 것을 요구할만한 소구권이 없었어요. 그래서 상대편이 내놓는 제의에 대해 가부간에 결정을 내릴 수 있는 정도밖에 안됐죠. 다행히 나와 상대방의 창업자가 좋은 관계를 유지하고 있었던 덕분에 거래 파기로 협상의 방향을 몰아갈 수 있었지요. 그렇지만 어디까지나 칼자루는 상대편이 쥐고 있었지요. 거래를 파기하려면 100만 달러를 되돌려 줘야 했고 여기에다 50만 달러까지 얹어줘야 했어요. 내 최초의 매각 시도는 50만 달러를 손해 보는 것으로 끝을 맺고 만거죠."

■ 잃은 것

매각 실패로 인한 현금 50만 달러

▶ **무엇이 문제였나?**

_중도 파기

만약 주식 게임을 하고 있다면, 다시 말해 인수 문제와 관련하여 상장 기업과 거래를 하고 있다면 좀 더 철저한 사전 조사가 필요하다. 제프가 주가 폭락 사태까지야 예측하지 못했을 수 있으나 인수 및 매각 거래 분야의 초심자로서 상대 회사 CEO가 알고 있는 만큼 그 회사의 수치 자료에 관해 상세하고 알고 있어야 했다.

모든 계약이 다 동일할 수 없는 법이지만 특히 제프와 어드밴티지와의 거래시 주식의 수량이 아니라 총 가액을 기준으로 계약을 체결했어야 했다. 또는 최종 매각 시점에 매도자에게 지불할 대금의 최저 한도를 정해 놓는 것도 한 방법이 될 수 있었다.

┃반복된 **실수**

최초의 매각 시도가 손실만 안겨준 채 그렇게 끝난 후 제프는 다시 회사의 '운전석'에 앉았다. 이번에 인수 제의자는 프론트라인 Front Line이었다. 시카고의 대형 모험자본의 지원을 받고 있는 이 회사는 텔컴 인수에 관심을 보였다.

"이번에는 계약 대금의 절반을 현금으로 달라고 말했지요. 매각 대금은 총 1100만 달러였고요. 우리는 이 가운데 600만 달러는 주식으로 그리고 500만 달러는 현금으로 지불한다는 데 합의했습니다. 그래서 이 가운데 선불로 250만 달러를 받았고 나머지는 6개월 후에 우리 회사가 일정 수준의 목표치를 달성하게 되면 그때 받기로 했지요."

그러나 이번에도 역시 일이 뜻대로 되지 않았다. 여러 기업을 계속해서 인수했던 프론트라인은 모험자본가들에게 점차 '돈만 잡아먹는 귀신'처럼 보이기 시작했다. 과거 2년여 동안 프론트라인이 인수했던 기업 중에 제대로 실적을 내는 곳이 거의 없었기 때문에 모험자본가들이 투자 자본을 모두 회수해 버렸다. 한편, 텔컴은 계약 조건에 따라 약속했던 목표치를 달성했고, 따라서 나머지 250만 달러가 들어오기를 학수고대했다.

"프론트라인측에서 계약서에 서명할 때 그렇게 하겠다고 했기 때문에 그 돈이 이미 제3자수치 기관에 예치되어 있거나 지불을 위해 따로 비축되어 있을 것이라고 생각했지요. 따로 이 부분에 관한 계약을 체결하지는 않았어요. 그리고 만약 상대방이 이 금액을 지불하지 않는 경우에 위약금을 물리는 따위의 조항도 명시하지 않았지요. 프론트라인측이 계약을 불이행한 것이 분명했지만 우리는 프론트라인뿐 아니라 GE 캐피털까지를 상대로 소송을 제기해야 했기 때문에 아주 어정쩡한 상황에 몰릴 수밖에 없었던 거지요."

제프는 더 이상의 손실을 보지 않기로 결정했다.

"그때 당시 나는 회사 매각 때문에 근 2년 6개월을 허송세월했고 또다시 그런 전철을 밟고 있다는 사실을 알게 됐지요." 제프는 자기 자신에게 어이없는 웃음을 지어 보이며 말했다. "그래서 프론트라인측과 회사 매각에 대한 재협상에 돌입했고 매각 수익을 절반씩 나누기로 했지요."

그 후 얼마 안 있어 연간 매출 3억 달러 규모의 스마트포스Smart Force가 인수 제의를 해왔고 제프는 텔컴을 스마트포스에 매각했다. 매각 대금은 전액 현금으로 지불하기로 했다. 최종 매각은 2002년 6월에 이뤄졌으며 프론트라인은 약속한 지분을 챙겼고 제프와 스마트포스는 함께 가기로 했다.

거래가 성사된 후 몇 개월이 지나 스킬소프트SkillSoft라고 하는 또 다른 회사가 스마트포스에 대한 인수 제의를 해왔다. 그런데 여기에는 약간의 문제가 있었다. 물론 제프 자신의 잘못과는 관련이 없는 문제였다. 스킬소프트는 텔컴의 외주 서비스를 원치 않았다. 그래서 제프에게 회사를 다시 인수할 생각이 없느냐고 물어왔다. 스킬소프트는 불필요한 사업부를 폐쇄하는 데만 100만 달러의 비용이 들고 제프에게는 500만 달러이 가운데 절반은 프론트라인에게 지급를 지불해야 했으므로 어느 쪽이든 스킬소프트로서는 손실이 발생한다.

제프로서는 적어도 지금까지는 만족스런 결과를 얻어냈고 그래서 스킬소프트와 계약서를 작성하게 됐다. 제프는 다른 인수자들이 있을 수 있고, 그렇다면 스킬소프트로서는 사업부 축소 또는 폐지에 들어가는 비용을 절약할 수 있게 된다는 사실을 알지 못했다. 이번만은 제프가 유리한 입장에 서서 거래 상황을 통제할 수 있게 됐다. 하지만 거래가 성사될 것처럼 보였으나 스킬소프트는 또 다른 인수 희망자를 찾았고 제프는 회사를 매각하고 필요한 세금을 납부한 후 3년이 지나 회사에서 완전히 떠날 수 있었다.

현재 제프는 회사 매각 대금을 사용하여 다음 사업을 구상 중에 있다. 이미 이룬 성공에 오래도록 만족하며 매달려 있는 사업가는 거의 없다. 그러나 사업을 시작하고 또 그 회사를 어느 정도 성장시킨 후, 한 번도 아니고 두 번, 세 번씩이나 매각하려고 했으나 뜻대로 되지 않았던 힘겨운 경험을 통해 많은 것을 배웠다.

▥ 잃은 것

350만 달러와 다른 사업을 시작할 수 있는 기회

▶ 무엇이 문제였나?

_자기 보호

    " 자신의 회사보다 규모가 열 배는 더 큰 회사라 해도 그 안정성에 관해서는 확인하고 넘어가야 합니다. 큰 기업이든 작은 기업이든 간에 주의하고 또 주의해야 하는 것이죠."

    그리고 최종 잔금이 자신의 계좌로 입금 완료될 때까지는 거래가 완전히 끝난 것이 아니라는 사실을 명심해야 한다.

    "프론트라인의 경우 대금 지불이 완료되기도 전에 불리한 조건하에 내가 가진 것을 넘겨 버렸어요. 프론트라인과의 거래가 틀어졌을 때 그랬던 것처럼 거래를 재조정할 필요가 생길 수 있으므로 대금 지불이 완료되기 전까지는 자신이 가진 것을 넘겨서는 안 됩니다."

계약서에 거래가 성사되지 않았을 때의 결과에 대한 부분도 명시하는 것이 좋다. 계약 불이행이 있을 시 회사에 대한 소유권은 자동으로 원 소유주에게 복귀되는 것으로 해야 한다. 이런 조항을 명시해 놓지 않으면 언제 일이 마무리될지 알 수 없는 상황이 된다.

교훈

그 회사에 다시 복귀할 생각이 아니라면 인수 희망자에 관한 자료를 꼼꼼히 살펴보고 철저히 조사하여 나중에 엉뚱한 상황이 발생하지 않도록 해야 한다.

질문

+ 회사 매각을 고려하고 있는가?

+ 매각 대금을 주식으로 받는 경우에, 향후 이 주식의 가격이 폭락했을 때에 대비한 대책은 마련해 두었는가?

DO AS I SAY
NOT AS I DID

Trent
Voight

이 름 **트렌트 보이트**Trent Voight
회사명 **프로세스엔터프라이지즈**Process Enterprises
부 문 **신용카드 업무 처리**
연수입 **500만 달러**

하락장 때문에 고전하는 때도 있고 그 하락장 때문에 흥하는 때도 있다. 그리고, 때로는 자신의 실수가 큰 기회의 시발점이 되기도 하고 또 때로는 실수가 인생의 큰 걸림돌이 되기도 한다. 여기서 들려줄 이야기는 바로 이런 것에 관한 내용이다.

트렌트는 이 모든 것을 시련을 통해 배웠다. 악의 없는 사소한 실수가 끔찍한 상황을 야기하기도 한다. 예컨대 평소에 자신의 편이라고 믿었고, 또 그 사람들 역시 그렇게 주장했지만 한창 키워주다가 나중에는 몰락의 길로 안내하는 그런 상황 말이다. 마치 공들여 키운 양들을 도살하듯 말이다.

스스로 양을 지키는 개로 변하는 양을 믿지 않는 것이 문제라면

성공을 넘어선 **CEO**

문제였다.

고학으로 베일러 대학 컴퓨터 공학과를 졸업한 트렌트는 댈러스로 가서 편의점 체인 사우스랜드 코퍼레이션Southland Corporation : 세븐일레븐-역주에서 일했다. 트렌트가 맡은 첫 번째 프로젝트는 신용카드와 ATM현금자동인출기 카드를 이용하여 공연이나 행사 티켓을 자동 판매하는 시스템을 개발하는 일이었다. 트렌트는 티켓 퀵티켓 신속 발급 시스템의 수석 엔지니어로서 신용카드 처리에 관한 정보를 아주 빨리 습득하게 됐다.

"그 당시에 아내를 만났지요. 아내는 마침 로스쿨 면접이 있어서 왔고 나는 프로젝트 때문에 48시간을 일한 후에 잠깐 쉬려고 동료와 함께 나이트클럽 갔다가 거기서 서로 만나게 됐으니 운명적 만남이라고 봐도 괜찮겠지요. 나중에 내 회사를 차렸을 때 우리 두 사람의 관계가 얼마나 특별한 것인지 깨달았어요. 사업을 한다는 것이 얼마나 힘든 일인지, 특히 결혼 생활을 하는 사람에게 사업이 얼마나 큰 스트레스인지 아는 사람은 잘 알 겁니다. 오랜 시간 일을 하는데도 수입은 변변치 않지요. 사업과 결혼을 병행하는 것도 어렵거니와 이제 막 창업을 한 경우에는 웬만한 인내심을 가진 배우자가 아니고서는 그 스트레스를 견뎌내기 힘듭니다."

그런데 트렌트는 자신의 회사 프로세스엔터프라이지즈와 함께 결혼 생활도 성공적으로 유지할 수 있었다고 자랑스레 말했다. 1990년에 창업한 회사는 고급 판매시점관리 프로그램개발 회사로 시작하여 신용카드처리 회사로 발전했다. 1997년이 되자 이 회사는 전국 신용카드처리 회사 중 열세 번째로 큰 기업이 됐다. 직원 수는 약 30명이고 수익은 500만 달러 규모였다.

1999년 중반에 우량 투자회사의 지원을 받는 벤처기업 벡트릭스코퍼레이션Vectrix Corporation이 트렌트의 회사에 관심을 보였다. 이 회사는 앞으로 전자상거래 사업에 진출할 계획을 갖고 있었고 그러자면 상거래 처리 업무를 담당할 회사가 필요했던 것이다. 든든한 투자자들도 있고 IPO상장도 임박한 상황인데다 해당 사업부에 대한 통제권까지 준다는데 마다할 이유가 없을 듯 보였다. 이만한 인수 조건이라면 그 누구라도 외면하기 어려웠을 것 같다.

트렌트는 매각 대금의 반은 현금으로 받고 나머지 절반은 주식으로 받는 조건으로 거래를 마무리 지었다. 주식으로 받기로 합의한 이면에는 상장이 임박해 있다는 사실에 주가가 상승할 것으로 기대한 측면이 강하다. 받기로 한 현금과 주식의 절반은 선지불하고 나머지 절반은 1년 후 회사를 넘기는 것과 동시에 받기로 했다. 이 거래는 1999년 12월에 성사됐고 처음 몇 개월간은 별 문제 없이 진행되는 것처럼 보였다. 트렌트는 자신이 맡은 사업부를 책임졌고 벡트릭스는 다른 기업을 인수하면서 몸집을 불려나갔다.

트렌트가 운영하는 사업부는 성공 가도를 달렸다. 그런데 한 가지 문제가 발생했다. 벡트릭스 사업부 가운데 수익을 내는 부문은 트렌트가 맡은 상거래처리 부서 뿐인 듯 보였다. 지금에 와서 느끼는 것이지만, 그때 당시 벡트릭스의 CEO는 권력의 중심이 자신에게서 트렌트 쪽으로 옮겨가는 것이 아닌가 매우 우려했던 것으로 보인다.

"돌이켜보면, 절대 자랑하고자 하는 말이 아니고 회사 전체를 내 사업부가 먹여 살리다시피 하는 상황 자체가 당시 CEO에게는 대단한 위협으로 느껴졌을 겁니다. 게다가 내 성격 유형은 A형이라 어떤 경우라도 기가 죽거나 움츠리는 스타일이 아니었어요. 그래서 사람들이 이러저러한 일을 해야 할 필요가 있다고 말하는데 내가 생각하기에 완전히 어리석은 판단이라 느껴지는 경우에는 상대방에 대한 배려라고는 눈곱만큼도 없이 '세상에 그런 말도 안 되는 일을 하다니요'라는 식으로 직설적으로 말해버렸지요. 그렇게 지나치게 솔직하게 혹은 너무 퉁명스럽게 이야기 하는 사람은 다른 사람에게 호감을 주기 힘들지요."

"예를 들어, 이들은 우리가 업무를 처리하면서 입수한 고객 정보를 달라고 한 다음 전화번호부 회사나 마케팅 회사에 이 자료를 팔아넘길 수도 있어요." 처음 이런 이야기를 들었을 때처럼 심한 반감이 아직도 가시지 않은 듯 불쾌한 어조로 말했다. "이런 정보는 개인의 사생활에 관한 것이에요. 그런데 이들은 관련 규칙을 느슨하게 조정하거나 이를 무시하려고 했지요. 그래서 나는 이러한 요청을 단호히 거절했고 이제와 생각하면 그것이 문제였던 것 같아요."

이런 팽팽한 상태로 상황이 진전되면서 트렌트는 시카고에 있는 디스커버카드Discover Card®사에서 마케팅 전문가 한 사람을 고용했다. 그런데 트렌트는 벡트릭스의 CEO와 다른 고위 경영진이 이 마케팅 전문가에게 접근하여 이 사람에게 트렌트의 사업부를 맡기겠다는 제의를 한 사실을 전혀 알지 못했다.

그 다음에 어떤 일이 벌어졌는지는 이미 짐작할 수 있을 것이다. 트렌트는 그야말로 불시에 일격을 당했다.

"회사의 구조조정을 이유로 내 사업부에 대한 통제권을 박탈했어요. 그리고 어느 토요일 아침, 새 조직기구표에서 내 이름이 쏙 빠지고 없더군요. 내가 해고당한 것은 아니었어요. 다만 그 조직의 일원에서 제외된 거지요. 그 당시에는 내가 해고됐는데 그 사람들이 내게 말을 해 주지 않은 것으로만 알았어요. 내 자리는 내가 고용했던 그 마케팅 전문가가 차지했더라고요."

"그 사람들은 나를 밖으로 몰아내려고 갖은 수단을 다 동원했더군요. 상거래 처리에 관한 의사결정권은 주지 않고 그저 사업 개발 업무만 맡으라고 했지요. 사실, 그동안 상거래 처리 사업부에 발생한 문제를 해결하려 노력했던 시간 때문에라도 이 어처구니없는 처사에 수도 없이 분통을 터뜨렸었지요. 그리고는 이 모든 것이 권력 다툼에서 비롯된 것임을 알게 됐어요."

회사에서는 트렌트에게 사업 개발 업무만 수행할 것을 원했으므로 트렌트는 나와서 이 사업에 착수했다. 트렌트는 샌프란시스코에 있는 고객과 접촉하여 수백만 달러짜리 계정을 확보했다. 그런데 그 정확한 이유를 알 수 없었으나 회사에서는 어찌된 일인지 이계정의 처리를 자꾸만 미뤘다.

트렌트가 확보한 계정을 거들떠보지도 않았던 벡트릭스의 처사는 트렌트 개인적으로 큰 수치로 남았고, 이 일이 있고 나서 창업을 해야겠다는 결심이 단단히 선 것 같았다. 그리고 자신의 인생을 새롭게 시작할 계획을 수립하여 착착 진행시켜 나갔다. 그러는 와중에도 자신의 업무에는 한 치의 소홀함도 보이지 않았다. 뱅크오브오마하Bank of Omaha 계정을 하나 더 추가시켰던 것이다. 이 계정은 2000년 추수감사절 이후 개시하기로 돼 있었다. 추수감사절은 연중 가장 바쁜 쇼핑철이자 소위 '대목'이라 할 수 있는 시기다. 일주일에 30만 건의 인가 처리가 수행됐다. 상거래 처리 업계로서는 실로 엄청난 실적이 아닐 수 없었다.

그러나 이 계정의 처리 개시 이후의 첫 주말에 트렌트는 뱅크오브오마하로부터 뭔가 문제가 생겼다는 내용의 전화 한 통을 받았다. 상인 ID 오류가 발생했다는 것이다. 확인 결과 입력 오류가 있었던 것으로 밝혀졌고 이런 오류는 종종 발생하는 것으로 그리 심각한 문제는 아니었다. 그리고 복구하는 데 채 3분도 걸리지 않는 일이었다. 엔지니어들과 전화 한 통화 할 시간에 오류 수정이 끝날 정도로 간단한 일이기도 했다.

"약속했던 1년을 10일 정도 앞 둔 어느 날 벡트릭스의 CEO가 사무실로 나를 부르더니 회사에 누를 끼쳤는데도 이를 방관했다는 이유로 나를 해고하겠다고 말하더군요. 요컨대 내 실수시스템 오류로 인해 회사와 뱅크오브오마하와의 관계에 상처를 입혔다는 것이죠. 정말 말도 안 되는 억지였어요. 이 사람들은 내 회사인 프로세스엔터프라이지즈를 인수하면서 지불하기로 했던 나머지 돈을 어떤 꼬투리를 잡아서든 주지 않으려했던 거지요."

벡트릭스측 경영진은 자신들이 양을 도살장으로 끌고 가는데 성공했다고 생각했다. 문제는 트렌트는 이미 양을 지키는 개로 바뀌었다는 사실이다.

트렌트가 했던 모든 것, 그리고 회사를 위해 했던 모든 일이 자신이 사용하던 휴대용 컴퓨터 안에 다 들어 있었다. 물론 이 컴퓨터는 벡트릭스 소유였다. 그래서 트렌트는 밖으로 나와 동종 컴퓨터를 구입한 후 그곳에 이전 컴퓨터에 들어 있던 모든 것을 복사했다. 트렌트는 '벡트릭스' 사무실에서 자신의 책상 위에 놓인 '벡트릭스'의 컴퓨터를 마음대로 유린하고 있었던 것이다.

"그래서 그 사람들이 나를 해고한 그날 내 컴퓨터를 인수하겠다고 말하더군요. 서랍 안에 있으니 가서 찾아보라고 말했지요. 물론 그 사람들이 찾아낸 컴퓨터에는 운영체제와 뭐 그런 것들밖에 남아 있지 않았지만요. 필요한 파일과 계약 사항 등은 모두 내 컴퓨터에 저장했고 그 회사를 나온 다음 날 한 벤처기업과 함께 사무실을 차렸지요. 그러자 그 사람들은 내 사무실을 폐쇄할 것을 요구하더군요. 나는 이런 일이 있을 것이란 사실을 예상하고 있었고 그들이 생각했던 것보다 훨씬 철저하게 대비를 해 놓았지요. 나는 그 사람들의 숨통을 조였고 이들은 한 마디로 '악' 소리 한번 못하고 기습을 당한 격이었지요. 내 변호사는 이런 일에 대비하여 벌써 대책을 세워 놓았지요."

일반적인 중범죄와 상도의에 관한 조항은 별개로 하더라도, 인수 계약에 따른 트렌트와의 고용계약서 상에는 트렌트가 '회사에 누가 되는 행위'를 했을 때 해고할 수 있는 권리를 벡트릭스측에 부여하는 것으로 돼 있었다. 역으로 생각하면 해고된 이후에는 어떤 행동을 해도 제재할 방법이 없었다. 이 점을 십분 이용한 것이다.

이로부터 5개월 뒤 트렌트와 벡트릭스 경영진은 중재 협상에 들어갔다. 중재 역사상 그렇게 일사천리로 끝난 경우도 아마 없을 것이다. 결국 트렌트는 받을 돈을 모두 받고 자신이 보유했던 주식을 전부 돌려줬다. 트렌트로서는 훌륭한 선택이었던 셈이다.

"그 회사가 하락세에 있다는 사실을 알았어요. 그래서 현금을 원했던 거지요."

트렌트는 경쟁 업종에 종사할 수 없는 기간인 12개월이 다 지나기를 기다렸다가 새로 상거래처리 회사를 차릴 계획을 세웠다. 그런데 자신이 담당했던 벡트릭스의 상거래처리 사업부의 수입이 절반으로 떨어진 상태라는 것을 알았다. 그래서 트렌트는 벡트릭스로 찾아가 자신의 회사를 되팔 생각이 없는지 의사를 타진했다. 벡트릭스는 두말도 않고 이 제의를 거절했다.

그래서 트렌트는 자신의 계획대로 창업을 추진하는 한편 명목상의 회사일명 쉘컴퍼니를 구매자로 하여 자신의 옛 회사를 되찾기로 결정했다. 실사 조사가 시작되기 전까지 협상은 순조로웠다. 트렌트는 상대편의 질문 공세에 대비하여 명목상의 회사와 사전에 여러 가지를 준비하고 입을 맞췄다. 벡트릭스는 그 질문과 답변 내용이 너무 상세한 것을 이상하게 여겼다. 결국 명목상의 인수자 뒤에 트렌트가 있다는 사실을 알았고 협상은 결렬됐다.

"순전히 개인적인 감정 때문에 일어난 일이지요."

그렇지만 여기서 끝은 아니다. 오히려 상황은 더 유리해졌다. 트렌트가 해고된 지 약 18개월 만에 벡트릭스는 파산 신청을 했다. 그래서 아직도 자신의 회사를 되찾겠다는 생각에 변함이 없었던 트렌트는 파산에 몰린 이 회사를 인수할 수도 있겠다는 생각을 했다.

"입찰자들이 인수 대상 회사에 대한 실사 조사를 할 기회가 주어졌지요. 그래서 벡트릭스는 모든 입찰자에게 자사 재무보고서를 나눠줬어요. 물론 저만 빼놓고요. 우리 CFO에게는 남는 재무보고서를 복사하는 것조차 허용하지 않았지요. 하지만 뭐 괜찮았어요.

우리 CEO는 뭐가 필요한지 잘 알고 있었고 입찰이 진행되는 동안 나와 통화를 하며 정보를 교환 했거든요."

입찰가를 너무 낮게 쓴 것은 아닐까? 그렇지도 않다. 최종적으로 남은 입찰 후보자는 트렌트와 뉴욕에 있는 한 회사였다. 경매 당일 벡트릭스 변호인은 판정단에게 트렌트가 재무제표를 제출하지 않았기 때문에 입찰자로서의 자격이 없다고 주장했다. 그러나 다행스럽게도 판정단과 채권자 모두 트렌트의 입찰자 자격에 문제가 없다는데 의견을 같이 했다.

2001년 9월 4일, 드디어 트렌트는 인수에 성공한다.

프로세스엔터프라이지즈는 이제 다시 트렌트의 소유가 됐다. 당시 이 회사의 고객은 단 한 곳밖에 남아 있지 않았지만 그것은 전혀 문제되지 않았다. 트렌트는 옛 직원들을 다시 모았고 회사를 어느 정도 안정선 상에 올려놓는데 3개월이란 시간이 걸렸다. 인수 후 7개월 째 되던 시점에 대부분의 재정 균형이 맞춰졌다. 이 때부터 상승세를 타기 시작했고 그 추세를 결코 늦추지 않았다.

"올해에 다시 500만 달러의 수입을 올렸고 수익률도 괜찮았지요. 출발부터 상황이 좋았어요. 우리에게 필요한 것은 제대로 된 직원과 올바른 방향성 뿐이었지요."

■ 잃은 것

법정 비용과 손실액 42만 2000달러, 벡트릭스가 인수하지 않았을 경우에 가능했을지도 모를 엄청난 성장 기회

▶ 무엇이 문제였나?

_모든 것을 분명히 하라

　인수에 따른 고용계약은 양 당사자의 권리를 보호하는 쪽으로 작성되게 마련이다. 따라서 그 안에는 항상 주고 받는 관계가 형성된다. 그러므로 어느 것 하나 애매한 상태로 남겨둬서는 안 된다.

> "나는 이제 고용계약서 안에 내 행보에 걸림돌이 될 만한 조항이 들어가는 것을 용납하지 않을 겁니다. 중범죄 조항이나 상도의에 관한 조항을 넣는 것에는 이의를 제기하지 않겠지만 그 외에 일반적이고 포괄적인 조항을 명시하지는 않을 겁니다. 그리고 내게 지불해야 할 돈을 지불하지 않으려는 데 사용할 수 있을만한 애매한 조항은 아예 집어넣지 않을 생각입니다."

_손안의 새?

　자신의 회사를 매각하려 한다면 좀 더 오래 그리고 신중히 생각할 필요가 있다. 어떤 쪽을 택해도 도박이다. 트렌트는 다시 그런

기회가 온다면 현금을 더 많이 요구할 것이라고 했다. IPO가 임박했다는 소식에 많은 것을 걸면 곤란하다. 결국 벡트릭스의 경우에 회사는 파산 직전에 몰렸고 회사의 가치는 곤두박질쳤다.

_정보 수집

트렌트의 회사는 벡트릭스가 인수했던 두 번째 혹은 세 번째 회사에 불과했다. 그래서 이전에 벡트릭스가 인수했던 회사의 전 사장들에게 벡트릭스가 인수 회사와 직원들을 어떻게 대우했는지 물어볼 기회가 거의 없었다.

지금에서야 하는 말이지만 그래도 개인 투자자에게게라도 필요한 부분을 물었어야 했다. 몇몇 개인투자자들은 5만 달러에서 10만 달러까지 벡트릭스에 투자했다.

> ❝개인 투자자들에게 개인적으로 어떤 생각을 갖고 있는지 물어봤어야 했어요. 개인투자자들이 이 회사에 관해 그다지 좋은 인상은 갖고 있지 않다는 사실을 나중에야 알았으니까요. 이들은 좋은 정보를 얻지 못했고 이런 부분에 관해 내게 귀띔을 해줬더라면 참 좋았을 텐데 말이지요.❞

매각을 고려하고 있다면 인수 희망자에 관해 모든 것을 조사하여 필요한 정보를 입수해야 한다.

질문

+ 인수 혹은 합병 과정에서 자신의 자산을 보호하는 데 필요한 충분한 조치를 해 두었는가?

+ 서명하고 있는 계약서 안에 트로이의 목마 안에 들어있던 병사와 같은 복병이 숨어 있는 것은 아닌가?

+ 거래 대상에 관한 실사 조사를 충분히 실시한 후에 그 거래 대상자와 접촉한 적이 있는 다른 회사나 투자자의 의견은 들어보았는가?

+ 거래 상대방과의 관계가 악화됐을 때도 받기로 한 돈을 받는데 어렵거나 문제가 없는지 확인했는가?

이 세상에 끈기와 인내를 대신할 것은 아무 것도 없다. 재능은 성공의 열쇠가 아니다. 재능이 있는데도 성공하지 못한 사람이 부지기수다. 천재도 필요 없다. 천재라고 해서 특별히 큰 혜택을 봤다는 이야기도 별로 듣지 못했다. 학력도 문제될 것이 없다. 이 세상은 고학력 낙오자들로 가득 차 있다. 가장 중요한 것 그리고 가장 강력한 무기는 끈기와 결단력이다.

— 캘빈 쿨리지|Calvin coolidge

이 책에서 읽은 사업가들의 이야기는 매우 흥미진진했을 것이다. 마치 롤러코스터를 타듯 성공의 정점에서 절망의 나락을 오가다 사업가 특유의 끈기와 불굴의 의지로 시련을 극복하고 다시 정상에 선 사람들의 이야기였다. 이들이 쓰디 쓴 실패의 경험을 들려주는 이유는 단지 다른 사람의 동정심을 유발하려는 것이 아니라 자신의 사업체를 존속시키는 선을 넘어 성공에 이르게 하는 길을 다른 후배 사업가들에게 알려주고자 함이었다. 이러한 성공의 도구를 다른 사람과 공유하고자 하는 이들의 열망과 의지는 우리가 생각하는 것보다 훨씬 강하고 절실하다.

사업이라는 전장에서 벌이는 치열한 전투에서 살아남는 과정은 너무도 힘들고 벅찬 여정이다. 이로 인해 건강은 물론이고 감정을 다치는 일도 다반사다. 어떻게 하면 역경을 딛고 성공에 이를 수 있을까? 수십 명의 시련과 고난 극복의 역사를 분석한 결과 실패를 딛고 다시 성공하는 데 필요한 것은 그리 엄청난 것도 아니고 아무나 흉내 낼 수 없는 거창한 그 무엇도 아니었다.

가장 첫 번째 요소이자 가장 중요한 것은 여러 가지 선택지를 확보하고 있어야 한다는 점이다. 앞서 소개했던 사업가들에게는 이런 부분이 결여돼 있었기 때문에 실패를 맛볼 수밖에 없었다. 사업에서든 인생에서든 다른 대안을 미리 준비해 둔다면 그것이 바로 성공의 힘이요 자유요 평화의 근원이 돼 준다. 사람들은 막다른 골목에 다다랐을 때 실수를 하게 된다. 여러 가지 갈림길을 마련해 뒀더라면 그렇게 꼼짝없이 당하는 일은 없었을 것이다. 절대 달걀을 한 바구니에 몰아 담지 말고 여러 바구니에 나눠 담아라. 그래야만 성공의 기회는 극대화되고 스트레스는 극소화된다.

둘째, 주변에 자신을 지지하고 도와줄 수 있는 '지원부대'를 만들어 두는 것이 중요하다. 실패를 딛고 다시 일어서는 데 도움을 줄만한 업종 단체가 있는가? 우리는 어려운 일에 부딪쳤을 때 혼자서 그 일을 감당하려 한다. 그러나 찾아보면 내편에 서서 도움을 줄 단체나 기관이 얼마든지 있다. 청년실업인모임www.yeo.org이나 청년사장모임www.ypo.org, CEO 클럽www.ceoclubs.org, 경영자협회 The Executive Committee: www.teconline.com, 여성기업인협회National

Association of Women Business Owners: www.nawbo.org 등이 여기에 해당된다.

찾아보면 업종 단체 외에도 귀중한 교훈과 가르침을 줄만한 사람들이 꽤 많이 있다. 유능한 경영 전문가들도 기꺼이 자신의 경험담과 지혜, 통찰력 등을 다른 사람들에게 전수하려 한다. 위에 소개한 단체나 기관 중에는 소속 회원들에게 교육 및 훈련 프로그램을 제공하기도 한다.

어려운 시기를 겪고 있을 때는 건전한 정신과 균형 잡힌 생활방식이 무엇보다 중요하다. 스트레스는 뇌 신경계에 심각한 악영향을 미친다. 좌절을 딛고 일어서게 하고 상처 받은 마음에 또 다시 동기를 부여해 주는 것이 무엇인가? 달리기, 테니스, 낚시, 골프, 자선활동 중 어느 것이 그런 역할을 하는가? 건전한 생활 방식과 태도를 지닌 사람들은 스트레스에 대한 저항력이 더 강하고 실패에 대한 회복력도 더 강하다. 필자의 경우는 규칙적인 운동이 최선의 '치료제'였다. 만약 이것이 없었다면 그 숱한 어려움에도 제정신을 잃지 않고 버텨내기 힘들었을 것이다.

사업하는 사람들이 하기 쉬운 가장 공통적인 실수는 철저하게 조사하지 않은 상태에서 상대방이나 상대 회사를 너무 쉽게 믿어버리는 것이라고 생각한다. 자신에게 제출된 자료와 정보를 검토할 기회가 생겼을 때 철저히 조사하고 분석하여 그 진위를 분명히 확인한다면 실패할 가능성이 현격히 줄어든다. 참조 목록에 들어있는 않은 사람이나 기관, 회사의 의견을 들어보는 것도 큰 도움이 된다. 거래하고자 하는 사람 혹은 상대 회사의 실상을 제대로 파악할 수 있는 방법 가운데 외부인들의 의견을 듣는 것만큼 객관적이고 확실한 것은 많지 않을 것이다.

성공의 또 다른 열쇠로는 '열정'을 들 수 있겠다. 어떤 사업이나 업종에 관한 전문 지식과 정보가 있다는 것과 그 분야에 관심이 있다는 것은 별개의 문제다. 그 분야에서의 일이 자신의 삶에 어떤 의미가 있는 것이 아니라면 그 일에 몰두하기 어렵다. 자신이 하는 일에 애착을 가지면 그 분야에 대한 이해력과 사고력도 증진되는 반면 억지로 하는 일에서는 지력마저 떨어진다는 과학적인 근거도 있다. 자신의 일에 열정과 패기를 가진다면 절대 가능해 보이지 않는 일도 해낼 수 있으며 어떤 어려움도 이겨낼 힘이 생긴다.

마지막으로, 사업이든 인생이든 간에 매사에 진지함과 성실함 그리고 끈기와 인내로 임하라. 때로는 목표를 달성할 수도 있고 또 때로는 실패를 할 수도 있다. 중요한 것은 어떤 경우이든 방관자가 돼서는 안 된다는 사실이다. 언제나 일선에 서서 전심전력을 다해야 한다는 것이다. 그곳에서 경험과 지혜를 얻고 또 이를 통해 성공에 이르게 된다.

성공을
넘어선
CEO

초판인쇄 2008년 10월 27일
초판발행 2008년 10월 29일

지은이 프랭크 캐롤
옮긴이 이은주
펴낸곳 아인북스
펴낸이 윤영진
마케팅 이재일
관 리 박성민
등록번호 제305-2008-00019호
주소 서울시 동대문구 신설동 신설빌딩 307호
전화 02-926-3018 팩스 02-926-3019
E-mail 365book@hanmail.net
ISBN 978-89-91042-25-4 03320

값 12,000원

당신은 아름다운 사람입니다

현재의 모습에 연연하지 않고
무한한 미래의 가능성을 향해 마음을 열고 기다릴 줄 아는 당신,
자신이 하고 싶은 말을 하기보다는
다른 사람의 이야기에 조용히 귀 기울일 줄 아는 당신,
대박의 환상, 성공한 이들의 화려함에 취하지 않고
진정한 최후의 승자가 되기 위해
다른 이들의 실패를 타산지석으로 삼을 줄 아는 당신,

당신은 진정 아름다운 사람입니다.